GESELLSCHAFTLICHES UND POLITISCHES LERNEN IM SACHUNTERRICHT

SACHUNTERRICHT KONKRET

herausgegeben von
Helmut Schreier

GESELLSCHAFTLICHES UND POLITISCHES LERNEN IM SACHUNTERRICHT

herausgegeben von
Dagmar Richter

Die Deutsche Bibliothek – CIP-Einheitsaufnahme

Ein Titelsatz für diese Publikation ist bei der Deutschen Bibliothek erhältlich.

2004.6.Ir.
© by Julius Klinkhardt, Bad Heilbrunn
und Westermann Schulbuchverlag GmbH, Braunschweig
Das Werk ist einschließlich aller seiner Teile urheberrechtlich geschützt.
Jede Verwertung außerhalb der engen Grenzen des Urheberrechtsgesetzes
ist ohne Zustimmung des Verlages unzulässig und strafbar. Das gilt insbesondere für
Vervielfältigungen, Übersetzungen, Mikroverfilmungen und die
Einspeicherung und Verarbeitung in elektronischen Systemen.
Satz: Sarahsatz, Hamburg
Druck und Bindung: LegoPrint, Lavis bei Trento
Printed in Italy 2004.
Gedruckt auf chlorfrei gebleichtem alterungsbeständigem Papier
ISBN 3-7815-1294-0 (Julius Klinkhardt)
ISBN 3-14-162067-9 (westermann)

Inhalt

Dagmar Richter
Einleitung 7

Werte, Konflikte, Friedenserziehung 21

1 Richard Meier
In Schule und Unterricht Werte erleben, Werte gestalten 23

2 Hans-Werner Kuhn
Konflikte. Thema und Methode 37

3 Dagmar Richter
Friedenserziehung als ästhetische Auseinandersetzung mit Schreckensbildern 53

Ähnlichkeiten und Differenzen der Kulturen 71

4 Kerstin Michalik
Pluralismus als Botschaft und Ziel des Philosophierens mit Kindern 73

5 Hanna Kiper
Lehren und Lernen mit kulturell heterogenen Gruppen 85

6 Sigrid Luchtenberg
Die europäische Dimension im Sachunterricht 105

7 Astrid Kaiser
Interkulturelle Dimensionen des Lernens mit neuen Medien 119

Leben in der Gesellschaft 135

8 Ingrid Prote
Partizipation an Entscheidungen im schulischen Leben 137

9 Marlies Hempel
Vom Lebensentwurf zur Lebensplanung – das „eigene Leben" als Thema 145

Inhalt

10 Kristina Calvert
Wer bin ich? Philosophieren mit Kindern 163

Ökonomisches und politisches Lernen 171

11 Eva Gläser
Modernisierte Arbeitsgesellschaft – didaktisch-methodische Überlegungen
zum ökonomischen Lernen 173

12 Volker Schwier
Konsumbildung – Vom Taschengeld zum Lebensstil 189

13 Georg Weißeno
Lernen über politische Institutionen – Kritik und Alternativen
dargestellt an Beispielen in Schulbüchern 211

Kommentiertes Literaturverzeichnis 229
Autoren und Autorinnen 234

Dagmar Richter
Einleitung

Ist Lernen über Kultur und Gesellschaft im neuen Jahrtausend schwieriger geworden? Können wir schon Grundschüler/innen komplexe Themen vermitteln? ‚Was' sollte ihnen ‚wie' im zeitgemäßen Sachunterricht ‚warum' und ‚wozu' vermittelt werden? – Fragen, auf die dieser Band exemplarisch einzugehen versucht. In den Beiträgen werden zu relevanten und aktuellen Themen aus Kultur und Gesellschaft kurz zentrale theoretische Grundlagen vorgestellt, wichtige Unterrichtsziele genannt, allgemeine didaktisch-methodische Hinweise gegeben sowie Unterrichtsbeispiele bzw. -bausteine präsentiert. Mit ihrer Hilfe sollen Lehrpersonen des Sachunterrichts für ihre Schüler/innen ‚passende' Unterrichtseinheiten konstruieren, durchführen und anschließend reflektieren können. Geschrieben sind die Beiträge insbesondere auch für Leser/innen, die im sozial- und kulturwissenschaftlichen Sachunterricht jetzt oder künftig quasi fachfremd unterrichten: Leser/innen, die kaum oder keine sozial- und kulturwissenschaftlichen Fachdidaktiken studiert haben oder in den studierten Einzelfachdidaktiken den Bezug auf die Grundschule und den fächerintegrierenden Sachunterricht vermissen.

Gesellschaftliche Herausforderungen

Das Lernfeld „Kultur und Gesellschaft" ist ein weitgespannter Bereich. Es umfasst aktuelle Ereignisse, die Tagesgespräch sind, sowie grundlegende Zusammenhänge, für die Basiswissen zu vermitteln ist und es bezieht sich auf gesellschaftliche Problemlagen bzw. Herausforderungen, die neue Perspektiven auf Teile der ‚Welt', auf die Gestaltung von Gesellschaft oder auf bisherige Werthaltungen erforderlich machen können. Insbesondere die gesellschaftlichen Herausforderungen führen zur Notwendigkeit, das Lernfeld „Kultur und Gesellschaft" von Zeit zu Zeit zu überarbeiten. Sachunterricht ist in mehrfacher Hinsicht eingebunden und bezogen auf die Auswirkungen gesellschaftlicher Transformationsprozesse: Sie spiegeln sich in den Lernvoraussetzungen und Interessen der Grundschüler/innen und sollten sich daher in den Unterrichtsthemen und Methoden wiederfinden, so dass das Ziel erreicht werden kann, das *Selbst- und Weltverstehen* sowie *Kritik- und Handlungsfähigkeit* zu fördern, zu differenzieren und zu ergänzen.
Welche Problemlagen unserer Lebens-, Handlungs- und Denkzusammenhänge erscheinen heute als zentral, nachhaltig wirksam oder als Zukunftsaufgabe? In zahlrei-

chen sozialwissenschaftlichen Veröffentlichungen und in der Presse wird über Auswirkungen gesellschaftlicher Transformationsprozesse auf die Lebenswelten und Sozialisationsprozesse der Schüler/innen sowie auf Unterricht und Schulen berichtet. In der Gesellschaft und in den Schulen werden zunehmende Gewaltbereitschaft und Fremdenfeindlichkeit wahrgenommen (Symptome sozialmoralischer Deprivation und Anomie), ein Desinteresse an ‚alten Werten' wie Solidarität, Gerechtigkeit und Gleichberechtigung festgestellt und eine Gleichgültigkeit gegenüber der Anerkennung von Menschenrechten; auch über Politik- und Schulverdrossenheit sowie über stärker werdendes Misstrauen gegenüber Lehrer/innen, über ein allgemeines Sinnlosigkeitsempfinden und Gefährdungen der Selbstachtung besonders bei Jugendlichen wird berichtet – manche empirischen Untersuchungen sprechen aber auch dagegen. Ob die pessimistischen Analysen und diesbezüglichen Sorgen nun berechtigt sind oder nicht: Der Grad an Aufmerksamkeit, den diese Faktoren erlangen, verdeutlicht zumindest (auch jenseits möglicher partikularer Interessen von Presse oder Politik) ihre individuelle und gesellschaftliche Relevanz. Insofern muss sich auch die Didaktik des Sachunterrichts mit ihnen auseinander setzen.

Zum *Bildungsauftrag der Grundschule* gehört es, die individuellen und gesellschaftlichen Bedürfnisse und Anforderungen aufeinander zu beziehen. Andeutungsweise lassen sich beide ‚Seiten', die Schüler/innen und die Gesellschaft mit ihren Bedürfnissen und Anforderungen skizzieren: Kinder und Jugendliche brauchen Unterricht, in dem sie Respekt und Anerkennung erfahren und lernen, zwischenmenschliche Beziehungen in diesem Sinne selbst zu gestalten. Sie haben ein Recht darauf, Lernen als gehaltvoll, also Sinnhaftigkeit in Lernprozessen zu erfahren, relevantes Wissen vermittelt zu bekommen sowie ein Selbstwertgefühl und Kompetenzen des Selbst- und Weltverstehens entwickeln zu können. Sie brauchen diese Erfahrungs- und Lernmöglichkeiten, damit sie eine Chance haben, in heutigen Gesellschaften jetzt und künftig gut leben können. Und demokratische Gesellschaften brauchen aufgeklärte, wachsame und prinzipiell engagierte Bürger/innen; Einwanderungsgesellschaften brauchen tolerante, selbstbewusste und verständigungsorientierte Bürger/innen; soziale Marktwirtschaften brauchen Wertorientierungen wie Solidarität und Gerechtigkeit. Die Gesellschaft braucht diese Bürger/innen, damit sie sich gut reproduzieren und weiterentwickeln kann. *Lernen über Kultur und Gesellschaft ist werthaltig.* Dies charakterisiert die Unterrichtsthemen, aber auch die Methoden und Schule generell: Die Hinwendung zum Grundschulkind, als Unterrichtsprinzip ‚Kindorientierung' oder ‚Subjektorientierung' genannt, basiert darauf, es in seiner Menschenwürde anzuerkennen. Die Schulkultur orientiert sich an demokratischen Werten.

Die „sozial- und kulturwissenschaftliche Perspektive"

Sachunterricht hat die Aufgabe, Lernen über Kultur und Gesellschaft anzuregen und zu fördern. Daneben gibt es vier weitere „Perspektiven" im Perspektivrahmen der Gesellschaft für Didaktik des Sachunterrichts, der als Orientierung für Ziele und Inhalte des Sachunterrichts entwickelt wurde. Die Perspektive auf sozial- und kulturwissenschaftliches Lernen ist eine Grundlage für die Konzeption dieses Praxisbandes

(GDSU 2002). Die Bezeichnung verdeutlicht: Es geht hier nicht nur (aber auch) um soziales Lernen und das Einüben kultureller Werte, die unwidersprochen zu jedem Unterricht gehören. Sondern der Anspruch des Sachunterrichtes ist darüber hinaus, diese Aspekte als *reflektierte Inhalte* im Unterricht zu thematisieren, indem sie bewusst wahrgenommen und diskutiert, also verhandlungsfähig und damit ggf. auch veränderbar werden. Die Bezeichnung „sozial- und kulturwissenschaftlich" betont diesen hohen Anspruch, also die inhaltliche Orientierung an den Sozial- und Kulturwissenschaften und zugleich die Reflexionen der Schüler/innen über das Soziale und Kulturelle, über die eigene Sozialisation und Enkulturation, über tatsächliches und wünschenswertes bzw. mögliches Verhalten der Individuen in einer lebendigen und demokratischen, heterogenen und stark differenzierten Gesellschaft. Die Bezeichnung der Perspektive betont den mit ihr verbundenen Bildungsanspruch. Der Titel dieses Bandes betont hingegen das Lernfeld – passend zum hier gewünschten Praxisbezug und zu den anderen Bänden dieser Praxisreihe.

Über Kultur und Gesellschaft lernen

Im Sachunterricht sind die Bereiche Kultur und Gesellschaft als Einheit zu verstehen. Eine Klärung der Begriffe ist hilfreich, bevor diese Einheit in exemplarischen Themen vorgestellt wird.

Kultur

Kultur lässt sich in unterschiedlichen Sichtweisen wahrnehmen und deuten. Fuchs hat vier Kulturkonzepte zusammengestellt, die den Begriff im Zusammenhang mit den hier fokussierten Bildungs- und Lernprozessen im Sachunterricht umfassend kennzeichnen und als systematisierende Grundlage dienen sollen:

a) „Kultur ist die – symbolisch verhandelte – Sphäre der *Werte und Normen* in der Gesellschaft. Dies ist ein in der Soziologie verbreitetes Kulturkonzept" (Fuchs 1999, S. 220). Die symbolische Verhandlung von Normen und Werten, oft auch mit *Sinnfragen* verknüpft, ist in den Beiträgen von MEIER, CALVERT und MICHALIK besonders sichtbar. In Europa begründen sich die Normen und Werte u. a. aus der säkularen Identität der europäischen Demokratien, aus den individuellen Menschenrechten, der Zivilgesellschaft, aus dem Verständnis von Toleranz als Respekt und Akzeptanz von religiösem und kulturellem Pluralismus sowie aus der Geltung der Erkenntnisse der Vernunft (dem Prinzip der Reflexivität; vgl. Tibi 2001. Siehe hierzu auch den Beitrag von LUCHTENBERG). Selbständigkeit, Entscheidungs- und Urteilsfähigkeit sowie Solidarität, das Eintreten für soziale Gerechtigkeit und Verantwortungsbereitschaft sind anerkannte wertgebundene Fähigkeiten, die ein Leben in Freiheit, ein Mitbestimmen im sozialen und gesellschaftlichen Umfeld (z. B. auch im Unterricht und in Bereichen schulischen Lebens; siehe den Beitrag von PROTE) ermöglichen sollen.

b) „Kultur ist human gestaltete Lebensweise. Dies ist ein *normatives Konzept* von Kultur, das Lebensweise nicht ungewertet hinnimmt, wie sie nun einmal ist, sondern das Ansprüche wie ‚Menschenwürde' ... einklagt" (Fuchs 1999, S. 220). Dieses Konzept ist für pädagogisches Handeln wichtig, da es in *Bildungszielen* des Lernens über Kultur und Gesellschaft integriert ist. Spätestens dann, wenn verschiedene Lebensweisen in Beziehung miteinander treten, ist es zu reflektieren (siehe hierzu den Beitrag von KIPER). ‚Kultur' in diesem Sinne fokussiert Differenzen zwischen, aber auch innerhalb von Gesellschaften und wird in Diskussionen über Globalisierung oder (National-) Kultur verhandelt. „Insofern Kulturen andere Kulturen, also ein Außen als Horizont der Selbstkonstitution benötigen, um sich als besondere zu begreifen, sind Ähnlichkeiten und Differenzen die bestimmenden Merkmale. Sie dürfen nicht im Begriff ‚Interkulturalität' aufgelöst werden" (Wulf 1997, S. 91; Herv. fortgelassen). Dies ist zu beachten, auch wenn sich in der Erziehungswissenschaft und Pädagogik der Begriff „Interkulturelles Lernen" durchgesetzt hat. Im Sachunterricht ist an Differenzen ein toleranter Umgang mit Differenzen zu lernen: Entwicklungsdifferenzen, Interessensgegensätze oder sozio-kulturelle Differenzen sind jeweils kontextbezogen zu verstehen und dann zu tolerieren, wenn sie der Menschenwürde, demokratischen Werten und Orientierungen nicht widersprechen. Differenzen sind in ihren jeweiligen Vorzügen anzuerkennen.

c) „Kultur ist *Lebensweise* schlechthin: Kultur ist, wie der Mensch lebt und arbeitet. Dies ist der ethnologische Kulturbegriff" (Fuchs 1999, S. 220). Das soziale Milieu von Menschen wird in diesem Konzept betont; hier ließe sich z. B. von Jugend- und Soziokultur sprechen. Formen der *Vergesellschaftung*, also Lernvoraussetzungen von Schüler/innen, ihre Selbstdarstellung und ihre Lebensstile, ihr Habitus geraten mit dieser Perspektive in den Blick und der Begriff Kultur ist im Plural möglich: Kulturen (vgl. die Beiträge von HEMPEL, SCHWIER, GLÄSER). ‚Kultur' wird als Mittel der Selbststilisierung genutzt, z. B. zur sozialästhetischen Differenzierung durch Mode. Diese Form sozialer Differenzierung ist teilweise an die Stelle der sozioökonomischen Klassenteilung der Gesellschaft getreten. Ihre Mechanismen zu durchschauen kann damit zur ‚ökonomischen Ressource' werden, d. h. sie ist eine Quelle für die sozioökonomische Positionierung in der Gesellschaft. Eine Reflexivität hierüber ist für die Gestaltung des eigenen Lebens und für das Verstehen von Gesellschaft wichtig, denn die Kulturen setzen zugleich immer auch Grenzen für mögliches Verhalten und für das Reflektieren des Verhaltens (Geertz 1973).

d) „Kultur ist *Kunst*" (Fuchs 1999, S. 220). Gegenwartskultur und (abwertend:) ihre Transformation in Massenkultur, Hochkultur oder Populärkultur sind differenzierende Begriffe in diesem Konzept. Kulturpädagogik sowie Kultur- und Bildungspolitik greifen dieses Konzept auf. Die Ausbildung von ‚*Kulturtechniken*', die Zugänge zur Kultur eröffnet, sind hier zu nennen. Zu ihnen zählen Lesen und Schreiben von Zeichen oder Symbolen jeglicher Art, aber auch Medienkompetenzen (vgl. den Beitrag von KAISER) oder Aspekte ästhetischen Lernens (siehe das Beispiel im Beitrag von RICHTER). Das Erlernen von Symbolsprachen ist wichtig für „die Ausbildung von Sinnverstehen und für das Erschließen von Wirklichkeit" (Duncker 1997a, S. 165).

Gesellschaft

Soziales Lernen, z. B. Freundschaften knüpfen und aufrechterhalten, ist eine Basis für die wichtige Integration aller Schüler/innen in eine Klassengemeinschaft (dass dies nicht immer so ist: siehe Petillon 1993). Doch lassen sich freundschaftliche Regeln des Miteinander-Umgehens im Raum des Privaten nicht einfach zu gemeinschaftlichem Handeln oder gesellschaftlichem Handeln ‚weiterentwickeln'. Die ‚Regeln' sind unterschiedlich, wenn auch nicht trennscharf voneinander geschieden. In der *Gemeinschaft*, als „kleine Vereinigung (Gruppe) von Menschen mit besonders ausgeprägtem Zusammengehörigkeitsgefühl" (Neumann 1992a, S. 293) sind affektive Bindungen vorhanden, die auch im Fall von negativen Einstellungen zu Einzelnen oder bei Konflikten innerhalb der Gruppe dazu führen sollten, sich selbst als Gruppenmitglied zu verstehen, zwischen den Interessen von Einzelnen und Gruppeninteressen unterscheiden zu können, Gruppeninteressen an eine/n Sprecher/in zu delegieren oder kooperativ die Konflikte zu lösen (siehe hierzu den Beitrag von KUHN). Gemeinschaften wie die Klassengemeinschaft befinden sich in einem ‚halböffentlichen' Raum zwischen freundschaftlichen Beziehungen und der Institution Schule. Sollen z. B. Interessen der Klasse (als Kollektiv) in der Schule durchgesetzt werden, wird bei diesem Prozess ihr öffentlicher Charakter betont.

Der Begriff *Gesellschaft* bezieht die ökonomischen, politischen und kulturellen Verhältnisse mit ein, die auf die sozialen Beziehungen der Menschen wirken. Mit dem Begriff Gesellschaft wird ausgedrückt:

„1. dass diese sozialen Beziehungen wesentlich durch Über- und Unterordnung, d. h. durch Herrschaftsverhältnisse bestimmt sind (Macht und Herrschaft);
2. dass Gesellschaft mehr als die Summe aller Einzelnen ist, was auch heißt, dass sie überindividuelle, objektive Strukturen hat, deren Wirkungsweisen sich die Individuen kaum entziehen können;
3. dass diese strukturellen Bedingungen (z. B. des Wirtschaftens) keine Naturkonstanten sind, d. h. von menschlichem Denken und Handeln abhängen und damit auch von Menschen verändert werden können" (Christoph 1992, S. 301).

In der Gesellschaft gelten andere Regeln des Miteinander-Umgehens und der Bewältigung von Situationen als im Privaten, wobei die Grenze nicht trennscharf zu ziehen ist: Die Basis der Regeln in der Gesellschaft sind verallgemeinerungsfähige Kriterien der Geltung von Argumenten, Grundsätzen und Handlungen. Es sind Regeln der Öffentlichkeit, in der Kinder lernen müssen sich zu bewegen und zu handeln. So kommt es z. B. *im Privaten* darauf an, Persönliches zu berichten und dabei authentisch zu sein, damit eine intime Beziehung hergestellt, über eigene Bedürfnisse berichtet oder fürsorglich miteinander umgegangen werden kann. Die Rollen sind diffus, offen für spontane Handlungen und emotionale Äußerungen und können von den Interagierenden verändert werden. *Im Öffentlichen* hingegen gelten allgemeine Formen der wechselseitigen Anerkennung; spezifische Rollen und definierte Handlungsbereiche sind (zumindest zunächst) festgesetzt innerhalb eines Rahmens bestehender Strukturen, durch die Rollenerwartungen, -zuschreibungen und Rollenverteilungen bestimmt sind. Rechte und Pflichten sind geregelt, Wahrheit und Rich-

tigkeit sind die anerkannten Kriterien für geltende Argumente und Handlungen. *Lernen über Gesellschaft heißt*, neben dem *Erwerb von Kenntnissen*, diese *Perspektivenwechsel vollziehen* zu können. Von den ‚Innenperspektiven auf eigene Bedürfnisse' ist zu wechseln zu den ‚Außenperspektiven auf eine Gruppe'. Während die ‚Innenperspektive' ihre primäre Bedeutung hat für das Private und für die Persönlichkeitsentwicklung, dient die ‚Außenperspektive' verstärkt dem Aufbau der Gruppenidentität, der Gemeinschaft und ist wichtig für die Rolle als Gesellschaftsmitglied. Viele der nachfolgenden Unterrichtsthemen beziehen sich auch auf die ‚Außenperspektiven', auf das Öffentliche. Die ‚Außenperspektiven' sind normativ mit demokratischer Kultur und mit Konzepten von Mündigkeit und Autonomie verknüpft, so z. B. mit folgenden Handlungsmustern:
– einen gemeinsamen thematischen Bezug herstellen
– Aushandeln und danach Einhalten von Regeln
– sinnvolle Reihenfolgen von Handlungen aufstellen
– Kontinuität der Handlungen zum Gruppenerhalt wahren (vgl. Steffens 1996, S. 533)

„Denn nur, wenn sich verlässlich zeigen und erfahren lässt, dass die Bedürfnisse des Einzelnen in selbst- oder mitgestalteter gesellschaftlicher Vermittlung sich letztlich erfolgreicher realisieren als in unmittelbarer Durchsetzung, lässt sich eine Praxis von Lernen denken, die mit dem Ziel der Mündigkeit nicht kollidiert" (ebd.).
Bei vielen der hier vorgestellten Themen zeigt sich, dass es sich nicht ‚nur' um ein Unterrichtsthema handelt, sondern dass mit dem Bereich Verhaltensweisen, Einstellungen oder Haltungen verbunden sind, die auch ‚gelebt' werden müssen, damit sie gelernt werden können (vgl. Behrmann 1996, S. 121): Unterrichtsthemen und Unterrichtsprinzipien gehen ineinander über; Bildungs- und Erziehungsziele realisieren sich auch durch die Formen des Zusammenlebens in der Klasse und in der Schule. Zeitgemäßer Sachunterricht präsentiert sich in Form von didaktischen Konzeptionen, in denen die *Inhalte* und *Prinzipien der Didaktik und Methodik aufeinander bezogen* sind, in denen Sachwissen, Handeln und Persönlichkeitsbildung miteinander versöhnt werden. Da der sozialwissenschaftlich orientierte Sachunterricht somit eng verknüpft ist mit *Grundschulpädagogik*, fließen thematisch bedingt in einige Beiträge stärker allgemeine grundschuldidaktische Überlegungen mit ein als in anderen. So sind z. B. beim Lehren und Lernen mit kulturell heterogenen Gruppen oder bei der Förderung von Partizipation Fragen der Klassenführung gleichgewichtig oder gar wichtiger als Fragen der Themenwahl.
Politisches Lernen bezieht sich darüber hinaus auf die politische Ordnung einer Gesellschaft, auf den *Staat*. „Der Staat besitzt das Monopol der legalen und legitimen Anwendung der physischen Gewalt, der Gesetzgebung und Rechtsprechung... Der Staat der BRD ist nach seiner Verfassung eine Demokratie, ein Rechtsstaat, ein Sozialstaat und ein Bundesstaat" (Neumann 1992b, S. 691). Politisches Lernen im Sachunterricht berührt die Aspekte des Politischen, die für Grundschüler/innen bedeutsam, zugänglich und aktuell sind (siehe hierzu den Beitrag von WEIßENO): Dies kann sich auf die Aufgabenfelder der Politik (policies) beziehen – z. B. auf Familienpolitik –, auf die Rahmenbedingungen für politische Entscheidungen (polity) –

z. B. Grund- und Menschenrechte – und auf die Prozesse der Politik (politics) – z. B. die Rolle von Bürgerinitiativen. Beim politischen Lernen im Sachunterricht verbinden sich die verschiedenen Ebenen des sozialen Lernens, des Lernens über Gesellschaft und des politischen Lernens im engeren Sinne: So z. B. die in der Klasse ‚gelebten' demokratischen Regeln wie das Mehrheitsprinzip mit dem Lernen über Gesellschaft, also z. B. dem Erkennen verschiedener Gruppeninteressen in der pluralistischen, heterogenen und differenzierten Gesellschaft, die zu Konflikten führen und politisch auszugleichen sind. Und sie verbinden sich des Weiteren mit dem Kennenlernen staatlicher Institutionen, in denen sich das Gewaltmonopol des Staates oder das parlamentarische Regierungssystem in Form von Parteien, Interessenverbänden o.ä. und damit Demokratie als staatlich institutionalisierte Herrschaftsform mit vom Volk gewählten Repräsentanten (mehr oder weniger deutlich) zeigt: „Unter Politik im engeren Sinn verstehen wir ... alles soziale Handeln, das sich auf eine gesamtgesellschaftlich verbindliche Ordnung bezieht oder einzelne verbindliche Entscheidungen in dieser Ordnung zum Gegenstand hat" (Sutor/ Detjen 2001, S. 30). Es ist eine normative Gerechtigkeitsordnung, die durch gesellschaftliche Transformationsprozesse (und damit oftmals neu entstehende Interessengegensätze) ‚angegriffen' wird und daher stets in ihren konkreten Ausformungen im Hinblick auf neue Gegebenheiten im Politikzyklus zu aktualisieren ist: Der Politikzyklus „beschreibt ... eine prinzipiell endlose Kette von Versuchen zur Bewältigung von gesellschaftlichen Gegenwarts- und Zukunftsproblemen" (Kuhn 1999, S. 184).

Aufbau und Konzept

Die Beiträge sind zu *Schwerpunkten* zusammengestellt. Jedes hier präsentierte Thema zeigt einen Ausschnitt aus einem komplexen, mehrdimensionalen Zusammenhang. Es verdeutlicht sich ein erstes Charakteristikum zeitgemäßen Sachunterrichts: *Die Unterrichtsthemen stehen nicht unverbunden nebeneinander, sondern sie beziehen sich aufeinander.* Thematische Teilaspekte sind im Sinne eines Spiralcurriculums in verschiedenen Unterrichtseinheiten zu wiederholen bzw. in anderer Perspektive erneut zu reflektieren. In einigen Beiträgen wird diesen Zusammenhängen mehr Raum gegeben als in anderen; insgesamt ergänzen sich die Beiträge eines Schwerpunktes, so dass ihre gemeinsame Lektüre zu empfehlen ist.
Aber auch zwischen den Beiträgen verschiedener Schwerpunkte sind zahlreiche Bezüge zu finden, so dass die Leserinnen und Leser manchmal ähnliche, aber auch unterschiedliche Positionen und Konsequenzen für die Praxis vorgestellt bekommen. Dies kann dazu genutzt werden, über eigene (Wert-) Vorstellungen zum Thema zu reflektieren und das eigene Konzept zu entwickeln. Reflexion ist vor jedem Unterricht zu diesem Lernfeld unabdingbar (beispielhaft hierzu der Beitrag von MEIER), damit nicht ‚hinterrücks', also unreflektiert eigene Vorstellungen oder gar Vorurteile in den Unterricht einfließen und das Überwältigungsverbot und Kontroversitätsgebot missachtet werden. Sie wurden in den siebziger Jahren des letzten Jahrhunderts in der Politikdidaktik formuliert und gelten auch für das Lernen über Kultur und Gesellschaft im Sachunterricht: „1. *Überwältigungsverbot.* Es ist nicht erlaubt, den Schüler

– mit welchen Mitteln auch immer – im Sinne erwünschter Meinungen zu überrumpeln und damit an der ‚Gewinnung eines selbständigen Urteils' zu hindern. Hier genau nämlich verläuft die Grenze zwischen politischer Bildung und *Indoktrination*. Indoktrination aber ist unvereinbar mit der Rolle des Lehrers in einer demokratischen Gesellschaft und der – rundum akzeptierten – Zielvorstellung von der Mündigkeit des Schülers.
2. Was in Wissenschaft und Politik *kontrovers* ist, muss auch im Unterricht kontrovers erscheinen. Diese Forderung ist mit der vorgenannten aufs engste verknüpft, denn wenn unterschiedliche Standpunkte unter den Tisch fallen, Optionen unterschlagen werden, Alternativen unerörtert bleiben, ist der Weg zur Indoktrination beschritten. Zu fragen ist, ob der Lehrer nicht sogar eine *Korrekturfunktion* haben sollte, d. h. ob er nicht solche Standpunkte und Alternativen besonders herausarbeiten muss, die den Schülern ... von ihrer jeweiligen politischen und sozialen Herkunft her fremd sind" (Wehling 1977, S. 179 f.).
Beide Prinzipien stellen ein Charakteristikum zeitgemäßen Sachunterrichts dar und begründen die Notwendigkeit, als Lehrperson ein fundiertes, reflektiertes *Basiswissen* einschließlich der Kenntnisse über kontroverse Perspektiven auf das jeweilige Thema zu haben: Zeitgemäßer Sachunterricht ist *mehrperspektivischer Sachunterricht* (vgl. Duncker 1997b; Richter 2002, S. 5 ff.).
„Didaktisches Handeln ist ein Zeigen von Welt" (Grammes 2000, S. 141). Dieses Zeigen muss die den Weltverhältnissen und -verständnissen innewohnende Perspektivität verdeutlichen. Es darf die Welt nicht als eindeutige zeigen, das Wissen nicht als sicheres, dogmatisches Wissen – ohne Zweifel und Vorbehalte – präsentieren und Wertungen über Situationen oder Prozesse nicht dichotom in Gut und Böse, Richtig und Falsch oder Schwarz und Weiß aufspalten (siehe dazu auch die Beiträge von MICHALIK und CALVERT). Dies wäre nicht nur ideologisch, sondern der Absturz in die Orientierungslosigkeit wäre nach dem unbestreitbar kommenden Ende solcher Illusionen von Eindeutigkeit und Einfachheit vorprogrammiert. Im Sachunterricht muss Zeit und Raum sein, die *Vieldeutigkeit von Welt* aufzuzeigen.
Die theoretischen Zusammenhänge, zentralen Fragestellungen oder wichtigen Begriffe werden stets in den ersten Abschnitten eines jeden Beitrags skizziert. Dennoch ist dieses Wissen durch aktuelle Diskussionen von den Lehrpersonen zu ergänzen. Wir haben uns zwar bemüht, heute *wichtige Themen nach aktuellem Kenntnisstand* so grundlegend vorzustellen, dass sie nicht morgen schon veraltet sind. Doch Globalisierung, Medien, Modernisierung von Lebensstilen u.ä. verändern die Lebenswelten der Grundschüler/innen und damit ihr Lernverhalten, ihre Interessen, ihre Stärken und Schwächen bzw. letztere werden von uns Lehrenden neu interpretiert. Eine *stete Aktualisierung der Themen* ist daher nötig. Dies verweist auf einen weiteren hohen Anspruch des sozial- und kulturwissenschaftlichen Sachunterrichts. Zeitgemäßer Sachunterricht ist zwar einerseits beständig, da sich ein gewisses ‚Kerncurriculum' im Sinne eines Basiswissens finden lässt (z. B. in manchen Lehrplänen, im Perspektivrahmen der GDSU, z. T. auch in den Unterrichtsmaterialien oder im Erfahrungswissen der Lehrkräfte). Andererseits aber ist die Ausgestaltung der Themen des ‚Kerncurriculums' entsprechend der Bedürfnisse und Interessen der Schüler/

innen zu aktualisieren. Zeitgemäßer Sachunterricht setzt daher *gesellschaftlich und kulturell interessierte, informierte und kritische Lehrkräfte* voraus.

Aber auch verschiedene *Milieus* mit ihren Besonderheiten können Akzentverschiebungen der hier vorgestellten Themen im Unterricht erfordern. Die Unterrichtsthemen sollten sich gegenüber der Region ‚öffnen', d. h. das Konkrete ‚vor Ort' einbeziehen und sie sollten gegenüber sich ergebenden Situationen in der Klasse offen sein, also situative Momente einbeziehen. Erst in einem zweiten Schritt sind die Besonderheiten auf das Allgemeine hin zu erweitern bzw. zu abstrahieren (siehe die Beispiele im Beitrag von PROTE). Zeitgemäßer Sachunterricht weist *regionale* und *situative Bezüge* auf, indem die Besonderheiten der Region und der Klassensituationen zur Geltung kommen. *Damit kommt in der Moderne aber immer auch das Globale in den Blick*: „Strukturen, die den Ort konstituieren, ‚werden nicht mehr lokal organisiert', unentwirrbar sind ‚das Lokale und das Globale' miteinander verwoben (Giddens)" (Schelle 2002, S. 138). So sind auch das eigene Leben und die entfernt erscheinenden abstrakten Systeme „was deren ‚Bewältigung' und Verarbeitung anlangt – zutiefst miteinander verflochten" (Schelle 2002, S. 139). Dies kann sich in den Äußerungen der Schüler/innen ausdrücken und ist dann von der sozial- und kulturwissenschaftlich aufgeklärten Lehrkraft aufzugreifen, zu klären und mit den Schüler/innen kritisch zu reflektieren.

In den Beiträgen wird daher versucht, mit allgemeinen Begriffen und Kategorien das *heutige Vorwissen der Schüler/innen* so zu charakterisieren, dass es von Lehrpersonen ‚vor Ort' für die besondere Klasse und Schüler/innen zu konkretisieren ist. Die Grundschüler/innen kommen nicht als ‚unbeschriebene Blätter' in den Unterricht, sondern viele der Themen sind in den Alltagswelten als ‚Gesprächsstoff', Medienbeiträge oder Sozialisationsfaktoren virulent. Dies charakterisiert eine Besonderheit von Themen aus dem sozial- und kulturwissenschaftlichen Lernbereich: Es sind sowohl inhaltliches Wissen, Einstellungen und (Vor-)Urteile zu ihnen vorhanden als auch un- bzw. vorbewusste Haltungen, die über (mehr oder weniger) mittel- bzw. langfristige Sozialisationsprozesse erworben und eventuell sogar zu einem Teil der Persönlichkeit wurden. Insofern beziehen sich die Ziele des Unterrichts neben *Wissenserwerb und -differenzierung* stets auch auf *soziales Lernen* und *Persönlichkeitsbildung*. Dies setzt *diagnostische Fähigkeiten der Lehrkräfte* im Hinblick auf die individuellen Schülerpersönlichkeiten und entsprechendes „classroom-management" voraus (siehe exemplarisch den Beitrag von KIPER); es verlangt also eine Aufmerksamkeit und Aufgeschlossenheit gegenüber dem, was den Grundschulkindern wichtig ist, was sie verbal oder non-verbal als bedeutsam markieren. Insofern sind bei vielen Themen Unterrichtsgespräche wichtig, in denen Sichtweisen, unterschiedliche ‚Weltanschauungen', Interessen, Lebensformen und Vorurteile sowie mögliche Betroffenheit von Schüler/innen zur Sprache kommen können. Es sind Begriffe einzuführen, sinnentnehmendes Lesen ist zu fördern und es ist das Fragenstellen, Begründen und Argumentieren zu lehren.

Es ist nicht das Ziel des Sachunterrichts, vorhandenes Wissen bei den Schüler/innen zu ‚verdoppeln', indem Bekanntes noch einmal im Unterricht thematisiert wird, sondern ihnen ist zu ermöglichen, ihr vorhandenes Wissen zu reflektieren, zu differenzieren oder zu ergänzen. Daher sind sowohl eine *Kindorientierung* als auch eine *Sachorientierung* wichtig. Die Schüler/innen sollen ihre eigenen Erfahrungen thematisieren, die mit Sachwissen, mit Begriffen oder fremden Erfahrungen kontrastiert werden. Erst am Fremden wird das Eigene deutlich – oder lernpsychologisch gewendet: die ‚kognitive Dissonanz' (Festinger 1978) ist ein produktives Moment für Auseinandersetzungen mit dem Thema. Die Schüler/innen können an den oben genannten kontroversen Perspektiven, an Kontrasten und Erfahrungen von Differenz ihre eigenen Vorerfahrungen wahrnehmen, deuten und in ihren Konturen schärfen. Dies sind Voraussetzungen für das Selbst- und Weltverstehen, für die Formulierung eigener Positionen und begründeter Kritik an Positionen: es sind Voraussetzungen für eine sozial- und kulturwissenschaftliche Bildung.

In vielen Beiträgen wird auf zentrale fachdidaktische Kategorien eingegangen. Mit ihrer Hilfe soll es für Lehrkräfte möglich sein, auch unabhängig von den hier vorgestellten Beispielen einen eigenen Unterricht zu planen und durchzuführen – unter Berücksichtigung der (interpretationsoffenen) Vorgaben in Lehrplänen oder Rahmenrichtlinien (siehe hierzu exemplarisch LUCHTENBERG) oder künftig in Form von Bildungsstandards. Das jeweilige Thema ist von jeder Lehrkraft selbst zum ‚eigenen Thema' zu machen: Dies berücksichtigt nicht allein die Selbständigkeit und Kompetenzen der Lehrkräfte, sondern der inhaltliche Bereich ist selbst zu durchdenken, die eigene Haltung zum Thema ist zu prüfen usw., damit der Unterricht authentisch, engagiert und motivierend sein kann. Andernfalls wird den Schüler/innen ein lebloses Thema vorgetragen, das zur ‚Stoffhuberei' verkommt. Zeitgemäßer Sachunterricht ist ein *lebendiger, interessant präsentierter Unterricht*, der als Erstes das Interesse der Lehrkraft am Thema voraussetzt.

Die *Unterrichtsvorschläge* haben manchmal mehr, manchmal weniger den Charakter von Beispielen; sie bieten in jedem Fall aber Konturen für die Planung des eigenen Unterrichts. Für alle Inhalte aus diesem Bereich gilt: Die Inhalte sollten im Rahmen der Zielvorgaben ‚offen' sein für aktuelle Ereignisse und regionale Bezüge, für die konkrete Situation in der Klasse sowie nicht zuletzt für die Mitwirkung der Schüler/innen. Aber die Themen sollten methodisch verbindlich unterrichtet und angeeignet werden, und zwar verbindlich im Hinblick auf die in der Klasse verabredeten methodischen Ausführungen: Dies umfasst Regeln des Erarbeitens, des Bearbeitens (wie z. B. des Prüfens verschiedener Sichtweisen bzw. Perspektiven auf das Thema) und Beendens sowie Übereinkommen beim Präsentieren der Ergebnisse (beispielhaft siehe dazu den Beitrag von KAISER). Orientierungen erwerben Schüler/innen heute nicht mehr unbedingt durch ‚feste Wissensbestandteile', sondern durch vertraute und bewährte Methoden des Informationserwerbs, der Auswahl und Bearbeitung von Fakten, der Interpretation und Urteilsbildung (vgl. Reinhardt 1997, S. 30).

Das Aufspüren von möglichem *Unterrichtsmaterial* in Zeitungen und Zeitschriften, im Internet oder Fernsehen, das Sammeln und Ordnen des Materials gehört zu den Basisqualifikationen der Lehrkräfte (siehe hierzu exemplarisch das Ergebnis in Form von Unterrichtsbausteinen bei SCHWIER). Zeitungstexte, Kindergeschichten oder Bilder können als Fallbeispiele genutzt werden (siehe Beispiele in den Beiträgen von HEMPEL, GLÄSER, RICHTER). Auch zunächst nicht als ideal erscheinende

Unterrichtsmaterialien lassen sich dennoch oftmals kreativ nutzen (siehe dazu die Beiträge von KUHN, WEIßENO).

Leitideen der Themenschwerpunkte

Die hier gebildeten Schwerpunkte mit verschiedenen Themenbeiträgen sind als exemplarische zu verstehen. Auch der Perspektivrahmen (GDSU 2002) weist weitere Themenbereiche auf wie z. B. „Familie als Institution", „Verkehrstechnische Lösungen" bzw. Mobilität oder „Produktion und Dienstleistung am Ort", die hier nicht gesondert, sondern nur am Rande Erwähnung finden. Es sollte jedoch möglich sein, auch diese Themenbereiche nach der Lektüre dieses Bandes zu einem Unterrichtsthema aufzubereiten, das zeitgemäßem Sachunterricht entspricht: Das Thema „Familie" weist z. B. Bezüge zu vielen hier präsentierten Themenbereichen auf und lässt sich davon angeregt in der Innen- und Außenperspektive thematisieren; die „Mobilität" kann mit Fragen politischer Bildung verknüpft werden oder die „Produktion und Dienstleistung" ist als Bereich der Konsumbildung zu verstehen. Die Auswahl der Themen erfolgte nach einem festgestellten ‚Mangel': Sie sind als wichtige Themen allgemein anerkannt, aber es finden sich bislang kaum überzeugende Unterrichtsvorschläge für den Sachunterricht, die sowohl wissenschaftlich-sachlich reflektiert sind als auch in konkrete Unterrichtsbeispiele münden. Es sind in der Literatur – und vielleicht auch in der Praxis – eher vernachlässigte Themen.
In den Schwerpunkten zeigen sich Leitideen des sozial- und kulturwissenschaftlichen Lernens. In den Beiträgen werden die zu fördernden Kompetenzen der Schüler/innen konkretisiert, begründet und didaktisch-methodische Vorschläge präsentiert. Im Überblick:

Werte, Konflikte, Friedenserziehung

Werte sind zu reflektieren, sowohl von Lehrkräften als auch von Schüler/innen. Selbstreflexion vermeidet den Missbrauch von Werten als „Stoppregeln der Reflexion": Werte sollten in einer Streitkultur geprüft werden und nicht einer denkfeindlichen Moralisierung dienen (vgl. Bolz 2001). Kritik- und Reflexionsfähigkeit sind wichtige Kompetenzen für (Be-)Wertungen. Ein ähnlicher Anspruch ist für den Umgang mit Konflikten zu formulieren. Es geht nicht nur darum, mit den Schüler/innen Konfliktvermeidungsstrategien für ‚Zweierbeziehungen' zu üben. Sondern Konflikte sind mit Innen- und Außenperspektiven zu betrachten und sozial, gesellschaftlich oder politisch einzubetten. Es ist zu verdeutlichen, dass Interessengegensätze und Konflikte wesentliche Bestandteile demokratischer Gesellschaften sind und Quellen für konstruktive Veränderungen sein können. Verschiedene Sichtweisen, Kontroversen und die Aufklärung von relevanten Differenzen befördern das Lernen, nicht die Illusion von Harmonie. Dies gilt auch für Friedenserziehung. Sie ist heute generell auf Unfrieden sowie auf Terror und Katastrophen bezogen, die meist medial vermittelt wahrgenommen werden. Insofern eröffnet ästhetisch-politisches Lernen die Chance, Wahrnehmungskompetenzen zu fördern und neben kognitiven Auseinandersetzungen auch Ängste und Emotionen der Grundschüler/innen einzubeziehen, die aufgrund von Medieninformationen entstehen. Ein weiteres Ziel ist, Visionen für Frieden, also für ein menschenwürdiges Zusammenleben von heterogenen Gruppen und Gesellschaften zu entwerfen.

Ähnlichkeiten und Differenzen der Kulturen

Pluralismus kann irritieren oder als Bereicherung geschätzt werden. Gemeinsames Nachdenken in philosophischen Gesprächen soll bei den Grundschüler/innen eine Neugier auf die Vielfalt in der Welt, auf Fremdes und Neues eröffnen. Gefördert werden sollen Kommunikations- und hermeneutische Kompetenzen. Zeitgemäßer Unterricht besteht auch darin, (tradierte?) Fehler zu vermeiden, bestimmte Dinge *nicht* zu sagen oder zu thematisieren. Beim Versuch, Diskriminierungen durch die Kennzeichnung des ‚Anderen' aufzulösen, die ‚Fremden' als solche vorzustellen, wird Fremdheit immer zugleich auch beschrieben und damit ‚festgestellt'. Interkulturelle Erziehung im Sachunterricht ist primär ein Unterrichtsprinzip: Fremdes, Pluralität und Widersprüche werden als konstitutive Bestandteile unserer Welt gezeigt, nicht als Exotik. Auch beim Thema „Europa" geht es weder um die Förderung einer ‚europäischen Identität', noch um Länderkunde oder eurozentristische Motive, sondern um die Förderung von Prozessen der (europäischen) Verständigung. Europa als Teil der Weltgemeinschaft und als Europäische Union steht für Ziele wie Demokratisierung, Sicherung des (sozialen) Friedens und des Wohlstands. Hier liegen Chancen den Grundschüler/innen zu zeigen, wie sich der europäische Integrationsprozess, d. h. die Folgen der europäischen Verträge auf ihr Leben auswirkt. Der Blick auf die „Welt" scheint heute mit Hilfe der sog. neuen Medien möglich. Doch erschließt sich die Welt nicht quasi automatisch durch einen Internetanschluss. Zeitgemäßer Sachunterricht mit neuen Medien verlangt ergebnisoffene Konzepte. Ziel ist es, Medienkompetenzen zu fördern, nicht vorgegebene Themen ‚abzuarbeiten'.

Leben in der Gesellschaft

Partizipation zählt zu den Schlüsselkompetenzen. Sie kann im (schul-) alltäglichen Leben gefördert werden. Demokratische Ordnungsformen müssen ge- und erlebt werden, damit sie sich zu sozialen Handlungskompetenzen entwickeln.
Menschen deuten ihr eigenes Leben im alltäglichen Bewusstsein als kollektive und zeitliche Erfahrung, als Generationenerfahrung; sie wissen, dass ihr Leben nicht als ein Einzelschicksal bestimmt wird (Brumlik 1995, S. 15 f.). Beim „eigenen Leben" wird ein Selbst- und Weltbezug hergestellt; Menschen reflektieren sich als Persönlichkeit, als Gesellschaftsmitglied und als Gattungswesen. Diese Ebenen sind in einer ‚Lebensführungskompetenz' auszubalancieren; Kersting bezeichnet die Reflektion der eigenen „vielfältigen, geschichtlichen, kulturellen und gesellschaftlichen Vermitteltheit" als Lebensführungshermeneutik (Kersting 2000, S. 74). Sie wird heute zunehmend

wichtig. Biografisches Lernen sowie philosophische Gespräche bieten hier Lernchancen, das eigene Gewordensein in sozialen, kulturellen und gesellschaftlichen Zusammenhängen zu erkennen, Bedürfnisse reflektiert zu entfalten und Vorstellungen über Wohlergehen zu entwickeln.

Ökonomisches und politisches Lernen

Ein wichtiger Aspekt im Leben ist Arbeit. Die Arbeitswelt ist ein zentrales Thema auch in den von Kindern wahrgenommenen Medien. Insbesondere Arbeitslosigkeit ist ein existentielles Problem, das in seinen strukturellen Zusammenhängen aufzuzeigen ist, damit es nicht auf personalisierende Ursachen reduziert wird. Zur Aufklärung und Orientierung in der Lebenswelt ist eine Sensibilität für gesellschaftlich-politische Probleme zu fördern sowie Wissen zu vermitteln. Einsicht in die Komplexität gesellschaftlichen Lebens fördert auch der Themenschwerpunkt Konsum. Der Bereich umfasst individuelle, aber auch sozialkulturelle, historische oder politische Aspekte. Sichtbar wirkt die Konsumindustrie auf (Kinder-) Leben ein. Zu vermitteln sind Fähigkeiten zur selbständigen Analyse und Beurteilung von Produkten, die begründete Konsumentscheidungen ermöglichen.
Demokratie-lernen ist mehr als das Erlernen ihrer Ordnungsformen im sozialen Miteinander. Demokratie ist wesentlich eine Staats- und Regierungsform, so dass (institutionalisierte) Formen der Auseinandersetzungen (Kontroversen) zwischen verschiedenen Interessengruppen und den (demokratischen) Prozessen ihrer Aushandlungen zu thematisieren sind. Interesse an öffentlichen Aufgaben zu wecken, indem Grundlagen für Beteiligungen und Mitbestimmungen im (Kinder-)Leben zum Unterrichtsgegenstand werden, ist eine Leitidee politischer Bildung im Sachunterricht.

Behrmann, G.: Demokratisches Lernen in der Grundschule. Voraussetzungen und Möglichkeiten im handlungsorientierten Sachunterricht, in: George, S./ Prote, I. (Hrsg.): Handbuch zur politischen Bildung in der Grundschule. Schwalbach/ Ts. 1996, S. 121–150
Bolz, N.: Weltkommunikation. München 2001
Brumlik, M.: Gerechtigkeit zwischen den Generationen. Berlin 1995
Christoph, K.: Gesellschaft. Lexikonbegriff in: Drechsler/ Hilligen/ Neumann 1992, S. 301–304
Drechsler, H./ Hilligen, W./ Neumann, F. (Hrsg.): Gesellschaft und Staat. Lexikon der Politik. (8. Ausg.) München 1992
Duncker, L.: Ästhetische Alphabetisierung als Aufgabe der Elementarbildung. In: Grünewald/ Legler/ Pazzini 1997, S. 165–170 (hier als 1997a)
Duncker, L.: Prinzipien einer Didaktik der Vielfalt. In: Reinhardt, S./ Weise, E. (Hrsg.): Allgemeine Didaktik und Fachdidaktik. Fachdidaktiker behandeln Probleme ihres Unterrichts. Weinheim, S. 174–190 (hier als 1997b)
Festinger, L.: Theorie der kognitiven Dissonanz. Bern und Stuttgart 1978
Fuchs, M.: Mensch und Kultur. Zu den anthropologischen Grundlagen von Kulturarbeit und Kulturpolitik. Opladen und Wiesbaden 1999

Literatur

GDSU (Gesellschaft für Didaktik des Sachunterrichts) (Hrsg.): Perspektivrahmen Sachunterricht. Bad Heilbrunn 2002

Geertz, C.: The Impact of the Concept of Culture on the Concept of Man. In: The Interpretation of Cultures. Selected Essays. New York 1973, S. 33–54

Grammes, T.: Curriculum stories: Wieviel Deutungsspielraum brauchen Kinder zum Lernen? In: Richter, D. (Hrsg.): Methoden der Unterrichtsinterpretation. Weinheim/München 2000, S. 129–159

Grünewald, D./ Legler, W./ Pazzini, K. J. (Hrsg.): Ästhetische Erfahrung: Perspektiven ästhetischer Rationalität. Festschrift für Gunter Otto zum 70. Geburtstag. Velber 1997

Kersting, W.: Politik und Recht. Abhandlungen zur politischen Philosophie der Gegenwart und zur neuzeitlichen. Weilerswist 2000

Kuhn, H.-W.: Politikzyklus. Lexikonbegriff in: Richter, D./ Weißeno, G.: Lexikon der politischen Bildung, Band 1: Didaktik und Schule. Schwalbach/ Ts. 1999, S. 184–185

Neumann, F.: Gemeinschaft. Lexikonbegriff in: Drechsler/ Hilligen/ Neumann 1992, S. 293 (hier als 1992a)

Neumann, F.: Staat. Lexikonbegriff in: Drechsler/ Hilligen/ Neumann 1992, S. 691–693 (hier als 1992a)

Petillon, H.: Soziales Lernen in der Grundschule: Anspruch und Wirklichkeit. Frankfurt/M. 1993

Reinhardt, S.: Didaktik der Sozialwissenschaften. Opladen 1997

Richter, D.: Sachunterricht – Ziele und Inhalte. Ein Lehr- und Studienbuch zur Didaktik. Baltmannsweiler 2002

Schelle, C.: Ich sehe was, was du nicht siehst ... Von den Ansprüchen Jugendlicher, die soziale Welt und Politik zu verstehen. Hermeneutische Unterrichtskonstruktionen aus der Sicht der Sekundarstufe I. Habilitationsschrift. Fachbereich Erziehungswissenschaft, Universität Hamburg 2002

Steffens, G.: Öffentlichkeitsverlust. Beobachtungen und Überlegungen zu einem aktuellen Problem der politischen Bildung. In: Gegenwartskunde 45 (4), 1996, S. 531–541

Sutor, B./ Detjen, J.: Politik. Ein Studienbuch zur politische Bildung. Paderborn 2001

Tibi, B.: Europa ohne Identität? Leitkultur oder Wertebeliebigkeit? München 2001

Wehling, H.-G.: Konsens à la Beutelsbach? In: Schiele, S./ Schneider, H. (Hrsg.): Das Konsensproblem in der politischen Bildung. Stuttgart 1977, S. 179 f.

Wulf, C.: Die Selbstthematisierung der Kultur. Die Kulturalisierung der Gesellschaft. In: Grünewald/ Legler/ Pazzini 1997, S. 85–92

Werte, Konflikte, Friedenserziehung

1 | Richard Meier
In Schule und Unterricht Werte erleben, Werte gestalten

Zum Verfahren

Werte und Wertwandel sind ein komplexes Thema und ein hoch differenzierter Bereich der Forschung, der Theorie und des Alltages. Um für den Hauptteil dieses Beitrags, das Erleben und Gestalten von Werten in Schule und Unterricht etwas an sachlicher Basis und gleichzeitig Nachdenkstoff für die Leserinnen und Leser zu erhalten, wird im einleitenden Abschnitt so verfahren: Ein knapp, klar und übersichtlich formulierter Artikel aus der Brockhaus Enzyklopädie wird in hier wesentlichen Schwerpunkten referiert. Daran schließen sich Fragen als Nachdenkstoff und Beispiele zur Konkretisierung des Themas an. Auf diese Einleitung aufbauend, entwickelt sich dann der Hauptteil zur Schule und zum Unterricht.

Werte

Was ist ein Wert?
„Wert, zwischen Menschen bestehendes Übereinkommen über das ihnen Zu- beziehungsweise Abträgliche" (Brockhaus 2001, 89). Diese Einleitung eines Orientierungsartikels hält knapp und treffend fest, um was es geht.
Eine gesellschaftliche Gruppe entwickelt aus verschiedenen Motiven und Quellen heraus wertorientierte Vorstellungen, von denen diese Gruppe erwartet, dass diese Vorstellungen auf das Verhalten und Handeln ihrer Mitglieder leitende Wirkung haben. Die Entstehung dieser Vorstellung, dieser Werte wird im gleichen Artikel so beschrieben: „Durch Schätzung, Abwägung (Bewertung) von Dingen, Sachverhalten, Denken und Handeln entstanden, ordnen die Werte diese in Bezug auf den Menschen". Diese Dinge, Sachverhalte, auch das Denken und Handeln werden in einer bestimmten Gruppe, zum Beispiel der mitteleuropäischen Wohlstandgesellschaft, einer Bewertung unterzogen. Ergibt diese wertende Prüfung, die sich in aller Regel

nicht in einem offiziellen Akt vollzieht, dass zum Beispiel Freundschaft oder Sicherheitsstreben für diese Gruppe, diese Gesellschaft einen Wert darstellt, dann lässt dieser Wert wiederum Rückschlüsse auf diese Gruppe zu. Nehmen wir der oben zitierten Aufzählung folgend, als Nachdenkstoff für Sie, die Leserinnen und Leser, konkrete Beispiele aus dem heutigen Lebensalltag der mitteleuropäischen Wohlstandgesellschaft:
Dinge: ein Auto der Mittelklasse zu fahren, repräsentiert dies heute, hier in unserer Gesellschaft einen Wert?
Sachverhalte: Kreditwürdig zu sein oder in einer Sportdisziplin Sieger zu sein, repräsentiert dies einen Wert?
Denken und Handeln: Sich in den eigenen Gedanken und im Handeln grundsätzlich in den Mittelpunkt zu stellen – repräsentiert dies in unserer Gesellschaft einen Wert? Oder – im bewussten Kontrast zum vorhergehenden Beispiel: Im fühlenden und denkenden Entwurf der eigenen Handlung stets auch die Konsequenzen dieser Handlung für den anderen mit zu bedenken – repräsentiert dies einen Wert?
Der eigentliche Gegenstand, das Ziel dieses Beitrages, sind Denkanstöße und konkrete Hilfen zum bewussten Leben und Gestalten von Werten in Schule und Unterricht. Um für dieses Ziel eine nachdenkliche Basis zu schaffen, folgen hier weitere fragende Beispiele zur Klärung der individuellen und gesellschaftlichen Situation und Position:
Werte, so der Hinweis im zweiten Zitat oben, haben mit „Schätzung", „Abwägung" mit „Bewertung" zu tun. Wenn ich mich an Werten orientiere, bewerte ich Dinge, Sachverhalte, Gedanken und Handlungen mit Hilfe dieser Werte als Maßstab und richte meine Haltung, meine Handlung an dieser Bewertung aus. Auch dazu wieder ein aktuelles Beispiel: Steht der Kauf eines Autos an, könnte neben dem Prestigewert, der Preisgestaltung und den Nutzungsabsichten auch die Umweltwirkung dieses Fahrzeuges als Wert eine Rolle spielen. Ist dies der Fall, dann muss ich auch die Leistung des Fahrzeuges (KW/ PS), seinen Treibstoffverbrauch und den Schadstoffausstoß in eine von Nüchternheit und dem Wert „Erhalten der Umwelt" bestimmten Analyse einbeziehen, die zum Kaufentschluss führt. „Nüchtern" meint hier, dass der Versuch unternommen wird, die beim Kaufentschluss wirksamen Faktoren nicht nur auf mich, auf mein Ego bezogen zu bestimmen sondern die objektiven Interessen der Gesellschaft und die Bewahrung der Umwelt mit einzubeziehen. Die Konsequenz daraus? Viele der prächtigen und hochleistungsfähigen Mittelklassefahrzeuge und die zahlreicher werdenden Geländewagen auf wohl ausgebauten Straßen sind dann keine in diesem Sinn wertkontrollierten Erwerbungen.

Das Wertesystem

Der Artikel der Enzyklopädie fährt fort: „ Die breite Skala faktischer Bewertungen und theoretischer Bewertungsmöglichkeiten stellt das Wertesystem einer Gesellschaft dar" (Brockhaus 2001, 89).
Wie entstehen diese Übereinkommen und haben wir heute ein Wertesystem? Den Blick auf heute erhellt der Blick auf die Vergangenheit. Wenn es um Werte (?) ging, pflegte meine Mutter häufig ein(en) „man" zu zitieren, das oder den ich als Kind

lange als einen konkreten Mann mir vorstellte. „Was muss man von uns denken, wenn du so laut die Treppen herunterhüpfst". Oder: „Die klopft ihren Teppich nur alle vier Wochen, was die Leut' von der denken". Nun will ich kein Alltagswertesystem schwäbischer Mentalität aus den fünfziger Jahren skizzieren, so reizvoll dies in Verbindung mit der Frage nach Kontrast und Kontinuum zu heute wäre. Aber die Frage sei wieder als Nachdenkstoff angeschlossen, ob dieses „man" und in welcher Gestalt es heute eine Rolle spielt? Haben Sie, wenn Sie selbst Kinder haben oder als Lehrerin oder Lehrer mit Kindern umgehen, einmal oder vielfach erlebt, wie dieses „man" als Mode des Jahres die Heranwachsenden in ihren Kaufwünschen regiert? Werte werden auf der einen Seite über lange Zeit als Wert gesehen – man verhält sich so und nicht anders. Sie haben sich als Verhaltenskodex oft über lange Zeit entwickelt und werden von Generation zu Generation eben in diesem erwähnten „man" weitergegeben. Werte unterliegen auf der anderen Seite – und heute mit sich verstärkender Tendenz – dem schnellen Wandel, zumindest was ihre Kennzeichen angeht. Auf der Höhe der Zeit, nein: „up to date" zu sein, ist an sich ein Wert, der sich darin ausweist, dass man zum Beispiel weiß, was dieses Jahr als Sommermode getragen werden muss und was vorbei, also „out" ist. Bezeichnend für ein Wertesystem ist seine Bindung an eine bestimmte Gesellschaft, zu der man gehört oder nicht gehört. Wer gegen diese Werte verstößt oder sich bewusst aus diesem Wertesystem herausnimmt, wird im Sinne des Wortes zum Außenseiter. Bezeichnend für das Wertesystem ist seine langzeitliche Gültigkeit, die verpflichtend auf Mitglieder der Gesellschaft einwirkt und die Bewertung ihrer Position und Rolle in dieser Gesellschaft wesentlich bestimmt. Bezeichnend und in unserem thematischen Zusammenhang besonders wichtig ist, dass Werte durch das alltägliche Leben, in der jeweiligen Gesellschaft weitergegeben werden, dass sie aber auch Gegenstand und Ziel bewusster Erziehung sind, dass sie teilweise durch das Staatssystem und seine Gesetze („die besondere Stellung der Familie") beschrieben und gefördert werden und dass die Schule unter anderem auch verpflichtet ist (Präambeln der Schulgesetze), diese Werte („Erziehung zu einer demokratischen Grundhaltung") zu beachten und zu fördern.

Der Wertewandel

Der mehrfach zitierte, enzyklopädische, also dem Sinn nach umfassende Artikel entwickelt sich über die Abschnitte „Die Frage nach den Werten in der Philosophie", „Werte in den Wirtschaftswissenschaften" und „Wertethik" zu einem Basisartikel „Wertewandel, Wertwandel" (Brockhaus 2001, 89–93).
Die Annahme und Erfahrung, dass Werte langzeitlich gültig sind und weitergegeben werden, hat vor allem seit dem Einsatz des Wirtschaftswunders an Sicherheit verloren. Die Generationen, die mit der elementaren Gefährdung durch den Krieg, Diktatur und materieller Not aufgewachsen sind, erleben mit Erstaunen, dass die ihnen folgenden Generationen, aufgewachsen in vermeintlicher Sicherheit und in Wohlstand, zum Beispiel mit Gegenständen anders umgehen. Während für die Vorhergehenden ein Fahrrad eine sorgfältig gehütete Kostbarkeit darstellte, verbraucht heute ein Heranwachsender zwischen dem sechsten und achtzehnten Lebensjahr etwa fünf

Fahrräder. Während nach dem Zweiten Weltkrieg die Autorität der Geistlichen der beiden großen christlichen Konfessionen wieder als Ordnungsfaktor des gesellschaftlichen Lebens deutlich wirksam war, wird heute das Zeremoniell als Angebot und die Botschaft als eine Möglichkeit unter anderen gesehen. Klages unterscheidet in seiner Forschungsarbeit zwei Gruppen von heute geltenden Werten: die „Pflicht und Akzeptanzwerte" (Disziplin, Gehorsam, Pflichterfüllung, Treue, Unterordnung ...) auf der einen Seite und die „Selbstentfaltungswerte" (Emanzipation, Partizipation, Individualismus, Autonomie ...) auf der anderen Seite (Brockhaus 2001, 91). Die vierzehnte Shell-Jugendstudie (2002) beschreibt als Haupttendenz der Jugend die Frage: „Was bringt mir das?"
Um den Kontrast deutlich zu machen: Die Pflicht- und Akzeptanzwerte fordern, dass man ein Gefühl der Verpflichtung bestimmten Werten gegenüber entwickelt und zum Beispiel annimmt, in diesem Sinne akzeptiert, dass Leistung ein Wert ist. Auf der anderen Seite hat man das Recht, persönlichen Wohlstand zu erwarten, sich selbst seine Regeln zu geben und (ein Wert?) „Spaß zu haben". Im Unterricht streiten diese beiden Wertegruppen nicht selten um die Schülerin und den Schüler: auf der einen Seite die Pflicht zu lernen, auf der anderen Seite das Recht auf Unterhaltung, Spaß und persönliche Selbstentfaltung (auch?) im Unterricht. Klages unterscheidet bei der Gestaltung dieser beiden Wertegruppen und im Prozess der Umwertung der Werte, der nach seiner Auffassung nicht zu übersehen ist, vier Verhaltenstypen:
– ordnungsliebende Konformisten
– perspektivlose Resignierte
– nonkonforme Idealisten
– aktive Realisten

Diese schroffe Unterscheidung ist geeignet, die Frage zu veranlassen, zu welchem Typ der Wertehaltung man selber neigt. In den meisten Fällen wird sich ein gemischtes Profil ergeben, das im privaten Bereich, aber auch bei der Gestaltung der Profession Lehrerin oder Lehrer wirksam ist. Für die in den weiteren Ausführungen folgenden Erörterungen und den Versuch, Hilfestellungen zur wertorientierten Gestaltung von Schule und Unterricht zu geben, sind die beiden hier zitierten Grafiken (Brockhaus 2001, 91) hilfreich:
Sie geben Gelegenheit, den eigenen Bestand an Werten, seine Geschichte und die Beziehungen untereinander zu bedenken und die Tendenzen des Wertewandels zu erkennen. Während die erste Grafik die Wertschätzung der Werte im Jahr 1997 darstellt, zeigt die zweite Darstellung, dass sich im Zeitraum 1988-1997 eine deutliche Veränderung der Wertorientierung entwickelt hat. Die beiden Darstellungen sind auch geeignet, den persönlichen Bestand an Werten und seine dauernde oder sich verändernde Geltung zu befragen.

In Schule und Unterricht Werte erleben, Werte gestalten

Abb. 1:
Wertewandel:
Wertorientierungen
in Deutschland
1997

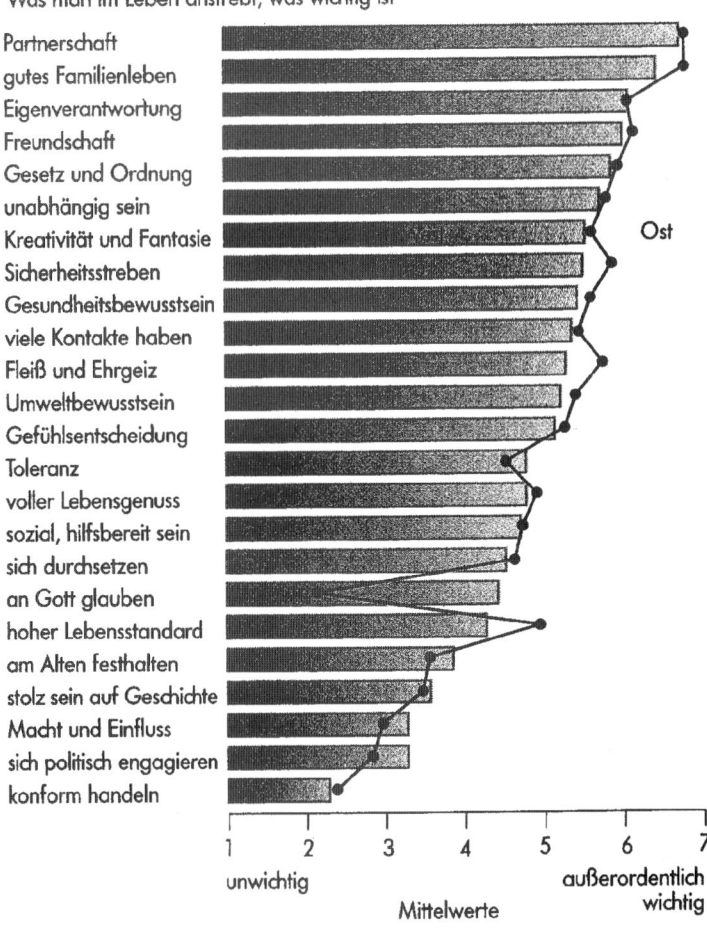

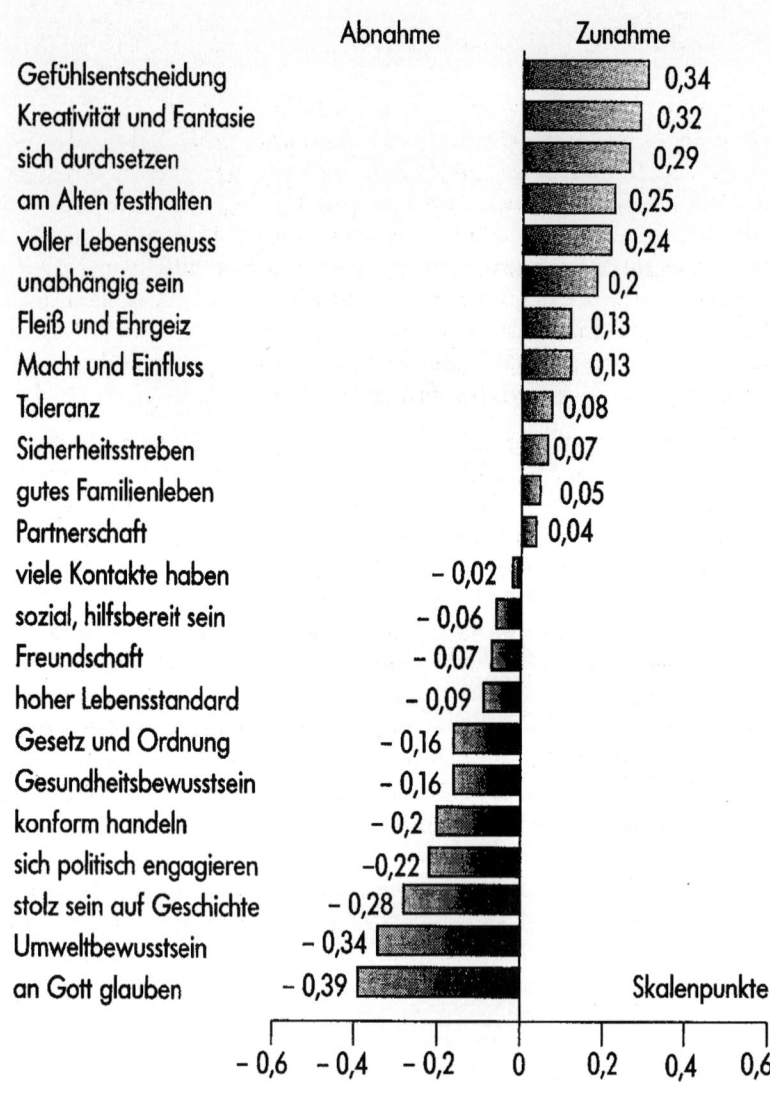

Abb. 2: Wertewandel: Veränderungen der Wertorientierungen in den alten Bundesländern 1987/88-1997

Werte in Schule und Unterricht

Das persönliche Wertesystem – seine professionelle Umsetzung
Unmittelbar einsichtig ist, dass für die Gestaltung von Schule und Unterricht, für die hier wirksame Erziehung, Pädagogik und Didaktik die eigenen, gelebten und auch im Beruf leitenden Werte von hoher Bedeutung sind. Daher steht für erziehende und lehrende Menschen im Raum Schule unverzichtbar die nicht endende Aufgabe an, sich über das eigene Wertesystem, seine gewollten und nicht bewussten Wirkungen und über seine bewusste Umsetzung immer wieder klar zu werden und Rechenschaft zu geben. In zwei Fragen gefasst kann sich diese Aufgabe so darstellen:
– Welche Werte wirken auf mich persönlich, welche Werte vertrete ich?
– Welche Werte sind in meiner beruflichen Tätigkeit wirksam?

An Stelle weiterer Erörterungen und zur Akzentuierung dieser beiden zusammenhängenden Fragen ein Beispiel aus der beobachteten Praxis: Zwei Lehrerinnen übernehmen an der gleichen Schule zu Beginn eines Schuljahres jede eine dritte Klasse mit jeweils achtundzwanzig Schülerinnen und Schülern. Die beiden Gruppen sind gut gemischt, auch gut vergleichbar, in jeder Klasse gibt es nach Aussage der vorhergehenden Klassenlehrerinnen einige „Schwierige". Nach nicht ganz einem Jahr hat die eine Lehrerin noch zwei weitere besondere Kinder übernommen, aus der anderen Klasse sind dagegen zwei Schüler in die Sonderschule „gegangen". Das letzte Wort „gegangen" ist in Anführungszeichen gesetzt, weil dieses „gegangen" eine von den betroffenen Schülern und ihren Eltern ausgehende Handlung suggeriert, während tatsächlich der Vorgang durch die Aktivitäten der Lehrerin in Gang gesetzt und wie beschrieben abgeschlossen wurde. Das Verhalten der beiden Lehrerinnen bestimmt sich unter anderem aus einer unterschiedlichen Fühl- und Denkweise im Blick auf die Aufgaben der Grundschule vor allem im Zusammenhang mit dem Problemkomplex Fördern und Selektieren. Dahinter steht die biographische Entwicklung, die zum Beispiel mit dem eigenen Schülersein, den Motiven zur Berufswahl und der gesellschaftlichen Mentalität zu tun hat, die man mehr oder weniger auf sich einwirken lässt.

Eigene Erkundungen

Vielleicht unternehmen Sie als Leserinnen und Leser in diesem Zusammenhang folgenden Versuch. Notieren Sie eine Reihe von Werten, die entweder in Ihrer Lebensführung außerhalb des Berufes oder bei Ihrer Gestaltung der Erziehungs- und Unterrichtsarbeit für Sie persönlich von Bedeutung sind. Versuchen Sie dann, die Wertigkeit dieser Werte in einer Grafik ähnlich der zitierten Grafik 1 oder in einer anderen Darstellung festzuhalten. Versuchen Sie auch, wenn es um Werte im beruflichen Zusammenhang geht, das gleiche Verfahren mit einer Gruppe von Lehrerinnen und Lehrern in einer bewusst privaten Situation. Setzen Sie dann diese Erkundung auch in einer offiziell beruflichen Situation zum Beispiel in Ihrem Kollegium fort. Die über viele Jahre gehende Aufnahme und Analyse von Schülergesprächen (1.–3.

Klasse) am Mittagstisch der Familie und bei anderen Gelegenheiten zeigen einen sicher subjektiven, aber doch bedenkenswerten Ertrag. Mit deutlicher Häufigkeit wurden diese positiven Merkmale benannt, die einen guten Lehrer und gute Lehre ausmachen:
– klare Unterrichtsführung, klare Anforderungen
– sachbezogen, kann gut erklären
– erklärt wiederholend mit Eifer und Geduld
– Reden und Handeln stimmen mit positiver Tendenz überein
– entschlossen in der Haltung und gerecht
– mit guter Distanz freundlich zugewandt
– humorvoll, aber nicht ironisch

Diese Wertschätzungen lassen sich aus Ihren Erfahrungen sicher erweitern. Aufschlussreich im Blick auf das, was als Wert (?) erwartet wird, sind auch Äußerungen von Eltern. Sie haben heute zu einem Teil ihre früher wirksame Zurückhaltung der Institution Schule gegenüber aufgegeben und stellen nicht selten das (fast ausschließliche) Interesse an ihrem eigenen Kind über das als Pflicht und Wert zu sehende professionelle Interesse der Lehrenden an allen Kindern als Kinder und als Schülerinnen und Schüler.

Werte in der Schule

Vor der wertorientierten Gestaltung des Unterrichts und dem eigentlichen Unterricht zur Frage der Werte steht die Aufgabe, Schule als Gesamtes wertorientiert zu gestalten. Faszinierend ist die sehr unterschiedliche Erscheinung verschiedener Grundschulen, wie sie sich zum Beispiel bei der Betreuung von Studierenden während der Praktika zeigt. Schon die sichtbare Gestaltung der Gebäude, der Flure und der Klassenzimmer sind Signale, die zeigen, ob und wie hier ein gemeinsamer Gestaltungswille wirksam ist. Dieser Wille, der Schule ein Profil zu geben, ist ein wirksamer Wert, der nur lebendig wird, wenn sich zumindest eine Gruppe der beteiligten Lehrerinnen und Lehrer aufmacht, gemeinsam Grundsätze und Ideen zu entwickeln, die ihre Schule weiterbringen. Dabei müssen sich äußere und innere Gestaltungsabsichten miteinander verbinden, damit sich die einzubringende Gestaltungsenergie nicht nur in nach außen sichtbaren Aktionen investiert. Ein nach außen sichtbarer, aber auch nach innen wirkender Gestaltungsgrundsatz ist die Pflege der Schule als Gebäude und eine Folge von besonderen Vorhaben, die sichtbare Akzente setzen. Wer mit den Kindern für die Pausen zum Beispiel aktive und beruhigte Zonen schafft, gibt ihnen Gelegenheit, sich so differenziert zu verhalten und sich durch die Pflicht oder das Angebot zur Mitwirkung verantwortlich zu erfahren für diese Zone und ihren Erhalt.

Ein besonders wichtiges Beispiel der Wirkung nach innen ist die entschlossene Forderung „keine Gewalt" und eine konsequent freundliche Grundhaltung der Erwachsenen, verbunden mit der Festigkeit, die notwendig ist, um einem Grundsatz wie „keine Gewalt" auch Nachdruck zu verleihen. Der Grundsatz, der Wert „keine Gewalt" und die in der Umsetzung notwendige „Festigkeit" muss von den Erwachsenen gemeinsam beschlossen, in konkreten Situationen beschrieben und im Alltag mit der unvermeidlichen Mühe und den nicht ausbleibenden Enttäuschungen getragen werden. Professionelle Haltung zeigt sich, wenn erkannt und gelassen gelebt wird, dass dieser oder ein anderer Grundsatz immer wieder durchbrochen wird, dass einige Schülerinnen und Schüler bewusst gegen den Grundsatz verstoßen oder ihn aus anderen Gründen außer Acht lassen.

An der Schule oder im Jahrgang gemeinsam gestaltete Rituale und Erlebnisse (Treffen zum Wochenanfang), gemeinsam getragene Vorhaben (in der dritten Klasse Pate für Schulanfänger sein), atmosphärisch erfrischende Vorhaben wie eine „Machwoche" tragen dazu bei, eine lebendige Atmosphäre zu schaffen, in der die Schülerinnen und Schüler erleben und erkennen, dass sie hier grundsätzlich auch als Kinder angenommen sind. Die beteiligten Erwachsenen können ihr Vorhaben, Schule als Wert zu gestalten, immer wieder mit neuen Impulsen lebendig halten, wenn sie in regelmäßiger Folge die Erfahrungen aufarbeiten, Regeln und Ordnungen auch mit den Kindern weiterentwickeln und neben dem Mittel elastischer Konsequenz in der Sicherung der Werte auch die bewusste Ausnahmesituation einplanen. Damit es nicht zur Überforderung kommt, sind zwei Gestaltungsfaktoren von hoher Bedeutung:

– Für die Schülerinnen und Schüler muss es ruhige Zeiten geben, in denen der Schulalltag im guten Sinne sich routiniert entwickelt.
– Die Lehrerinnen und Lehrer müssen sich vor Überforderung und der Aufgeregtheit des ständigen Zwangs zur Aktion schützen, indem sie zum Beispiel für ein Jahr eine Energiebilanz erstellen und von den vorhandenen Zeiten, ihren Kräften und Bereitschaftspotentialen ausgehend, in bewusster Beschränkung nur überschaubare Vorhaben der inneren und äußeren Gestaltung in Angriff nehmen.

Werte im Unterricht

Im Unterricht selbst Werte zu erleben und zu gestalten, ist ein langfristiger Prozess zwischen bewusster Aktion und alltäglich wirksamer Gesamtsituation, der sich wirksam entwickeln kann, wenn die wertorientiert gestaltete Schule als Gesamtes das Fundament bietet und den notwendigen Rahmen bildet. Drei Ansätze der wertorientierten Unterrichtsgestaltung sind zu unterscheiden:

Erster Ansatz: Wertorientierung durch gestaltete Atmosphäre
Zweiter Ansatz: Arbeit in der Situation und am Fall
Dritter Ansatz: Unterricht zu Werten

a) Wertorientierung durch gestaltete Atmosphäre

Ein spezifischer Wert von Schule und Unterricht ist eine im Grundsatz freundliche, für die Kinder förderliche Atmosphäre. Im Unterricht sind zur Gestaltung und Sicherung dieses Wertes zum Beispiel die folgenden Komponenten wirksam: freundlich-zugewandte Grundstimmung der Lehrerin, elastische Konsequenz in der Sicherung der sachlichen und sozialen Ziele, persönliche Ansprache der einzelnen Kinder unter Wahrung der notwendigen Distanz, langfristige Entwicklung der gemeinsamen Arbeit mit einem ausreichenden Zeithaben, Wechsel zwischen Entspannung und Anspannung, rhythmische Gestaltung des Unterrichts zwischen Routine und Neuem, gemeinsame Gestaltung der Situation und des Raumes usw. Für diesen Abschnitt zur Atmosphäre wird bewusst ein Wert in den Mittelpunkt gestellt, der auf die Gesamtsituation eine entscheidende Wirkung hat und weitreichende pädagogische, soziale und didaktische Folgerungen nach sich zieht, die auch schulpolitisch relevant sind: *Der zentrale Wert, die atmosphärische Wirkung.*

Nehmen wir an, eine Lehrerin geht bei der Gestaltung ihres Unterrichts davon aus, dass jedes Kind an sich, so eigenartig dies klingt, ein Wert ist. Wird diese Setzung und Überzeugung als Wert angenommen und gelebt, dann relativiert sich das Kriterium der vergleichbaren Leistung. Üblich ist der Vergleich mit den anderen Schülerinnen und Schülern der Klasse, vielleicht auch des Jahrganges an dieser Schule. Durch die PISA – Diskussion und andere Tendenzen wächst die Wahrscheinlichkeit auch eines Vergleiches mit einer anonymen Norm, die situative Faktoren außer Acht lässt. Gilt die Auffassung, dass jeder Schüler, jede Schülerin an sich Wert ist, dann müssen seine Entwicklungs- und Leistungsprozesse in sich bedacht und geschätzt werden. Ein Schüler, der zum Beispiel mit einer wenig entwickelten Sprache zur Schule kommt, muss spezifische Unterstützung von seiner Situation aus erhalten und Anerkennung erfahren, wenn sich persönliche Entwicklungsschritte zeigen. Gleichzeitig muss für diesen Schüler aber auch deutlich werden, dass er im Vergleich mit anderen noch ein ordentliches Stück eigener Arbeit und Anstrengung vor sich hat. Dieses Annehmen der Kinder als Schülerinnen und Schüler, als Persönlichkeit und Wert führt didaktisch logisch zu einer differenzierenden Gestaltung des Unterrichts zwischen gemeinsamer und individuell passender Arbeit. Sie lässt sich in Annäherung verwirklichen, wenn der Unterricht so organisiert und pädagogisch gestaltet wird, dass die Schülerinnen und Schüler möglichst selbstständig an den für sie passenden Aufgaben arbeiten.

Aus der Grundhaltung „Wertschätzung des Einzelnen" ergeben sich pädagogisch-didaktische Konsequenzen. So zum Beispiel muss es ein umfassendes Ziel des Unterrichts sein, mit den Schülerinnen und Schülern die Bereitschaft und Fähigkeit zur selbstständigen Arbeit zu entwickeln. Diese Fähigkeit wird nur erreicht, wenn durch tägliches Mühen der Beteiligten, durch konkrete Hilfen („nimm dir das Musterblatt") und Zumutungen („das kannst du alleine") eine wirksame Balance zwischen Anleiten und Sich-Überlassen erreicht wird. Notwendig ist hier auch methodisches Handwerk, das sich in griffigen Materialordnungen, in methodischen Beispielen, in persönlicher Teilnahme und Beratung durch die Lehrerin konkretisiert. Es mag auffallen, dass hier Atmosphäre mit didaktischen Hinweisen und methodischen Elementen verbunden wird. Aber „Atmosphäre" wird weniger wirksam durch eine betriebsame Fröhlichkeit, sondern durch das tägliche Sich-Kümmern um das einzelne Kind und die Gruppe und durch den selbstverständlich vertretenen und gestalteten Anspruch im Blick auf Verhalten und Arbeitsbereitschaft. Dass die Persönlichkeitsstruktur der Erwachsenen im Zusammenhang mit der Gestaltung der Atmosphäre eine tragende Rolle spielt, wird angemerkt.

b) Arbeit am Fall, in der Situation

Der Fall, ein Beispiel zum Wert „keine Gewalt": Ein Schüler dominiert auf eine schlecht erträgliche Weise die Gesprächsrunde. Äußern sich andere zur Sache oder in einer thematisch selbst gewählten Erzählung, so unterbricht er mit nicht immer sachlich soliden Korrekturen oder schiebt ohne Rücksicht seine Geschichte dazwischen. Als sich ein zurückhaltendes Mädchen zum Thema Vögel äußert und eine sachlich interessante Beobachtung schildert, springt jener Schüler auf, geht auf das Mädchen zu und will ihm die Hand vor den Mund halten. Die Lehrerin reagiert direkt, stellt sich zwischen die Beiden, weist den Schüler energisch auf seinen Platz zurück, kündigt ihm ein individuelles Pausengespräch an und bittet dann das Mädchen in betonter Zuwendung, mit seinem Bericht fortzufahren. Das Beispiel zeigt wertorientierte Arbeit in der Situation. Drei wirksame Komponenten der Situation sollen hier herausgestellt werden:

Erste Komponente: Die Lehrerin reagiert und agiert deutlich und entschlossen. Dies ist ihr möglich, da sie sich, wie ein nachfolgendes Gespräch zeigt, vom Grundsatz, vom Wert „keine Gewalt" leiten lässt.

Zweite Komponente: Die Lehrerin sichert die gedeihliche weitere Entwicklung, indem sie die Situation nicht überzieht, sondern dem Schüler ein späteres, privates Gespräch ankündigt.

Dritte Komponente: Die Lehrerin stabilisiert und fördert das schüchterne Mädchen, indem sie ihm Schutz bietet und durch Zuspruch sichert, dass dieses Kind sein persönliches Wagnis bestehen kann.

Folgen könnte ein intensivierter Einfluss auf den Schüler in Balance zwischen Beteiligung am Gespräch und zunehmender Zurückhaltung. Folgen könnte eine Förderung des Mädchens, indem es alleine oder in einer Gruppe mit steigendem Anspruch Gelegenheit erhält, zu einer ihr vertrauten und für sie interessanten Sache nach entsprechender Vorbereitung zu berichten. Der Fall weist über sich hinaus darauf hin, wie differenziert langfristig pädagogische Arbeit angelegt sein muss, und wie anstrengend sie in der Situation ist. Die schnelle Reaktion und Aktion am Fall muss getragen sein von Grundhaltungen, von Werten, die eine leitende Funktion haben.

Zur Arbeit in der Situation: Mit Situation ist hier das Gesamt an unterscheidbaren Komponenten gemeint, die den Unterricht einer Lehrerin, eines Lehrers ausmachen. Als Gesamt sind diese Komponenten mehr als eine wiederkehrende Folge im Laufe des Tages, der Woche, des Schuljahres. Nicht alle die Gestaltung dieser Komponenten leitenden Grundsätze und überlegten Verhaltensweisen müssen zum Wert stilisiert werden. Von der Lehrerin vorgelebte und den Kindern zugemutete Verhaltensweisen, die in elastischer Konsequenz gestaltet und gesichert werden, bieten den Schülerinnen und Schülern Gelegenheit, in ihrem Zusammenwirken Werte zu erleben. Dazu ein Beispiel: Werden in Verbindung mit der Aufgabe, alle Kinder optimal zu fördern, wesentliche Teile des Unterrichts differenziert gestaltet, so ist eine ruhige Arbeitssituation mit vertrautem Ablauf von hoher Bedeutung. Im Unterricht einer Lehrerin lässt sich der folgende, fast täglich wiederkehrende Verlauf beobachten.

– Ein bewusster Anfang mit Begrüßung und kurzem Gespräch eröffnet den Unterricht.

- Dann folgt eine Information über den Ablauf des Vormittages und die anstehenden Aufgaben.
- In der Regel schließt sich eine lange Arbeitsphase an, in der wechselnd für alle geltende Aufgaben oder individuell gewählte oder zugewiesene Aufgaben bearbeitet werden.
- Es folgt relativ häufig wieder die rechtzeitig angekündigte und im Tagesplan sichtbare gemeinsame Arbeit mit anderen Themen und in anderem Zuschnitt.
- Den Schluss bildet in der Regel ein Rückblick auf den Vormittag, ein Ausblick auf den nächsten Tag, die Erinnerung an gegebene oder übernommene Aufgaben und ein freundlicher, manchmal auch mahnender Zuspruch.

Warum ein Organisationsbeispiel im Zusammenhang mit der Frage nach Werten im Unterricht? In dieser Organisation sind Faktoren wirksam, die weit über anscheinend reines Organisieren hinausgehen.

Der bewusste, gemeinsame Anfang signalisiert: Jetzt beginnt die Arbeit, jetzt stehen wir in der Pflicht. Die Information zum Tagesverlauf bietet den Schülerinnen und Schülern Sicherheit für ihre Aufgaben und Gestaltungsmöglichkeiten, sichert ihnen auch das Ende einer bestimmten, nicht immer geschätzten Mühe. Ist diese Sicherheit nicht gegeben, fühlt sich ein Teil der Kinder den plötzlichen Entscheidungen der Lehrerin ausgeliefert. Dadurch entsteht eine schwebende Stimmung, die der Konzentration schadet. Eine ruhige Arbeitsatmosphäre, die Möglichkeiten und Pflicht zur Konzentration, ist ein interner Wert im Unterricht.

Der Wechsel zwischen gemeinsamen und individuellen Situationen der Zuwendung zur Arbeit und Aufgabe, der Wechsel zwischen gleichen und differenzierten Aufgaben ist das Herzstück eines sinnvollen Unterrichts, der die optimale Förderung jedes Kindes zum Ziel hat. Damit wird die tatsächliche Umsetzung der oben skizzierten Auffassung „jede Schülerin, jeder Schüler ist ein Wert an sich" wesentlich gefördert. Von hoher Bedeutung ist in diesem Zusammenhang die lange Arbeitsphase, in der die Kinder auch einmal eine persönliche, informelle Pause einlegen können. Der Lehrerin selbst bietet sich die Möglichkeit, die Arbeit der Schülerinnen und Schüler zu beobachten, an der Arbeit direkt teilzunehmen, anzuleiten, konkret zu beraten und damit die allgemeine und wenig wirksame Ebene der Schulpädagogik und Didaktik zu verlassen, die durch allgemeine Appelle wie „passt auf" und die ständig gleichen Aufgaben für alle gekennzeichnet ist. Medien, Arbeitsformen und Unterrichtskonzepte wie Wochenplan, Freie Arbeit, lange Zeit vorhandene Übungsstationen, Aufgabensammlungen, Musterlösungen und gemeinsame Wiederholungen von Inhalten und Methoden sind Ansätze, die die Fähigkeit zur selbständigen Arbeit und die didaktische Passung der Aufgabe fördern.

Die folgende gemeinsame Arbeit verpflichtet auf die Gruppe (das schulische Zusammenleben als Wert), bietet Gelegenheit zur gegenseitigen Anregung und Zusammenarbeit. Schlussrituale schaffen Sicherheit und nochmals Konzentration durch feste Form. Rückblick wie Ausblick fordern Besinnung und geben Perspektive.

c) Unterricht über Werte?

Einen Wert erleben können Schüler und Schülerinnen einer Schule, wenn ein Grundsatz wie „keine Gewalt" durch ein entsprechend vereinbartes Vorhaben des Kollegiums, durch gültige Regeln und durch zielgerichtetes Handeln in der Situation mit den Kindern umgesetzt wird. Den geforderten Wert der Rücksichtnahme können Schülerinnen und Schüler erleben, wenn die Lehrerin wie im oben beschriebenen Beispiel für ein Mädchen einsteht, das von ihrem Mitschüler bedrängt wird. Dass sie selbst geschätzt werden, dass sie buchstäblich wertvoll sind, erleben die Kinder, wenn sich die Lehrerin in differenzierenden Arbeitssituationen um sie persönlich kümmert. Diese und ähnliche Erfahrungen hinterlassen einen Eindruck, der prägen kann und bei nicht wenigen Kindern als verpflichtendes Beispiel wirksam wird.

Den Wert einer gemeinsam erarbeiteten Übereinkunft und die Mühe ihrer Umsetzung konnten die Schülerinnen und Schüler erleben und erfahren, als sie während eines, das vierte Jahr abschließenden Aufenthaltes im Schullandheim unter anderem sich selbst verpflegt haben. Die vorausgehende Planung, die vorbereitenden Arbeiten und die täglichen, teilweise lästigen Pflichten, die dieses Vorhaben mit sich brachten, waren eine nachdrückliche, buchstäblich wertvolle Erfahrung. Eine Idee, ein Beschluss musste zuverlässig und mit dem Einsatz aller Beteiligten in die Tat umgesetzt werden. Erleben und Gestalten sind Zugänge zur Erfahrung von Werten, die einen bleibenden Eindruck hinterlassen.

Kann und sollte man bewusst auch Unterricht zum Thema Werte entwickeln? Dazu ein Beispiel: Während eines Gespräches über Freizeitgestaltung in einem dritten Schuljahr erwähnt ein Mädchen, dass es bei den Pfadfindern in die Gruppenstunde geht. Ein anderes Kind meint darauf: „Das sind die mit der guten Tat." Die Lehrerin entwickelt aus dieser Bemerkung geschickt einen neuen Schwerpunkt des Gespräches: „Was ist eine gute Tat?" Nach einem ersten Erstaunen und der sich entwickelnden Nachdenklichkeit formuliert ein Mädchen diese Einsicht: „Wenn ich einer alten Frau über die Brückstraße helfe und sie gibt mir einen Zehner, dann ist das eine gute Tat. Wenn ich ihr am andern Tag wieder über die Straße helfe, weil ich denke, sie gibt mir einen Zehner, dann ist es keine gute Tat". Nach einem verblüfften Lachen der meisten Kinder konzentriert sich das Gespräch auf die Voraussetzungen, die eine gute Tat fordert. Sie muss dem anderen gut tun, man darf sie nicht um einen Lohn oder um eine andere Gegenleistung tun und überhaupt darf man keine „schiefen Gedanken" haben. Das Beispiel zeigt, dass sich Gelegenheiten bieten, sich mit Werten an konkreten Beispielen zu befassen.

Zahlreiche Themen des sozialen Bereiches im Sachunterricht sind an sich werthaltig. So werden Themen wie „Zusammenleben in der Schule" oder „Mädchen und Buben", „Frau und Mann" oder „Ein Kind kommt zur Welt" in ihrem zentralen Sinn nur gestaltet und bedacht, wenn Werthaltung deutlich wird. Entscheidend ist, dass in der Vorbereitung solcher thematischer Vorhaben die Frage bearbeitet wird, welche Position sich in den zur Verfügung stehenden Medien und Materialien zeigt und welche Position man selbst einnimmt. Im Sinne des Wortes heikel ist ein Thema wie Familie, weil die Pluralität der Auffassungen und Erscheinungsformen, auch die zum Teil bitteren Erfahrungen mancher Kinder, eine heile Welt der Zweikindernormfamilie nicht realistisch erscheinen lassen. Gleichzeitig aber ist zu bedenken, ob nicht auch die Darstellung eines Ideals neben und mit der Realität zu den pädagogischen Aufgaben gehört. Nicht alle Richtlinien und Lehrpläne sind hier hilfreich, da sie entweder eine Position verpflichtend vorstellen oder allzu vage sind, ohne entscheidend auf die Problematik hinzuweisen. Die meisten Schülerbücher und Lehrerbände dagegen bieten heute differenziertes Arbeitsmaterial und differenzierte Positionen. Zu verweisen ist auf Texte, Erzählungen und Bildmaterialen, die heute in großer Zahl und bemerkenswerter Qualität vorliegen. So ist zum Beispiel „Ben liebt Anna" von Peter Härtling zu einem Klassiker geworden, in dem die erste Liebe mit ihren freudigen, aber auch beklemmenden Erfahrungen und den zwiespältigen Reaktionen der Beteiligten meisterhaft dargestellt ist. Dies ist übrigens eines der wenigen Beispiele, in denen der Lehrer eine kurze, aber überzeugende Rolle spielt. Das Mittel der Verfremdung durch das Beispiel der anderen ist hilfreich, eine Nähe zur eigenen Erfahrung und Position mit der nötigen Distanz zusammen zu bringen. In der Regel wird daher ein Wert (die gute Tat) am Beispiel und eingebunden in ein werthaltiges Thema aufscheinen. Entscheidend ist im Prozess der Wertbildung eine klare und wiederholend reflektierte Position der Lehrerin, die sich in ihrem Verhalten, ihrer Themenauswahl und thematischen Gestaltung niederschlägt, ohne dass es zur Indoktrination kommt.

Hier stellt sich dann und in diesem Zusammenhang der Wertebildung immer die Frage: Wo stehe ich und aus welchen Quellen speisen sich meine Werte? Diese Position wird sich in der Klasse und in der gesamten Schule auswirken, wenn sie in der Gruppe der Erwachsenen gemeinsam diskutiert, erarbeitet und in der Realisierung immer wieder bedacht wird, um sie dann mit den Schülerinnen und Schülern in der Mühe und Freude der täglichen Situation gemeinsam zu leben.

Literatur

Brockhaus Enzyklopädie. Studienausgabe (24), Leipzig 2001
Jugend 2002. 14. Shell Jugendstudie, Frankfurt a. M. 2002
Härtling, P.: „Ben liebt Anna". Roman für Kinder. Bilder von Eva Muggenthaler. Neuausg. Weinheim 1997

2| Hans-Werner Kuhn
Konflikte.
Thema und Methode

Fragestellung

Können „Konflikte" Thema und Methode im Sachunterricht sein? Welches Lernpotential entfaltet die Behandlung von Konflikten im sozialwissenschaftlichen Sachunterricht? Welche Anforderungen stellen sich für die Lehrenden?
Ausgangspunkt der folgenden Überlegungen bildet die These, dass Konflikte beim sozial- und kulturwissenschaftlichen Lernen im Sachunterricht einen Kristallisationskern darstellen, der sowohl thematisch als auch methodisch genutzt werden kann.
Konflikte sind in der modernen „Risikogesellschaft" (Beck) ein „ubiquitäres", also allgegenwärtiges Phänomen. Moderne Gesellschaften sind ohne Konflikte, die sozialen Wandel auslösen, nicht vorstellbar. Konflikte sind aber auch institutionalisiert: eine pluralistische Gesellschaft benötigt vereinbarte Spielregeln, Verfahren und Entscheidungsmodi. Auf dieser Ebene sind Konflikte Teil des demokratischen Systems. Aber Konflikte finden sich auch im Sozialen, im Zusammenleben von Gruppen, von Gleichaltrigen, von Einzelnen.
Begrifflich lassen sich soziale und politische Konflikte unterscheiden, reale und fiktive, historische und aktuelle, Interessenkonflikte und Machtkonflikte, aber auch Rollenkonflikte und Identitätskonflikte usw. Für den Lehrenden bedeutet dies zum einen, dass es nützlich ist, sich mit den verschiedenen Bezugsdisziplinen zu beschäftigen: mit der Rollentheorie ebenso wie mit der Gruppensoziologie, mit der Sozialpsychologie ebenso wie mit der Gesellschaftstheorie. Zum zweiten resultiert daraus der Zwang, sich für exemplarisch ausgewählte Konflikte zu entscheiden, denn die Orientierung an Konflikten stellt nur eines von mehreren didaktischen Prinzipien des Sachunterrichts dar.
Konflikte erzeugen Spannungszustände, provozieren Lösungsversuche und enden in Regelungen, die entweder Sieger und Verlierer hervorbringen oder Kompromisscharakter besitzen. Schon die erste umfassende Konzeption der Politikdidaktik stellte den Konfliktbegriff ins Zentrum. Ausgehend von Dahrendorfs Konflikttheorie defi-

nierte Hermann Giesecke (1965) das Politische als das Konflikthafte, das noch nicht Entschiedene. Dahinter standen didaktische und pädagogische Motive; methodisch basierte diese Konzeption auf (elf) Kategorien der Konfliktanalysen, die aus den Sozialwissenschaften stammten (u. a. Interessen, Macht, Menschenwürde). Dreißig Jahre später bilden Konflikte immer noch ein grundlegendes Moment der „Risikogesellschaft".

Hier soll nun nicht der Versuch unternommen werden, die Konfliktdidaktik auf die Grundschule zu transformieren. Das hätte nicht nur systematische Probleme zur Folge, sondern wäre auch aus stufendidaktischer Sicht nicht einzulösen. Vielmehr scheint ein eingegrenzterer Anspruch realistischer zu sein: ausgehend von der Frage, wie „Konflikte" als Inhalt und Methode didaktisch zu legitimieren sind, werden empirische Befunde gesichtet, die auf Unterricht und soziale Beziehungen abzielen. Anschließend werden drei Fallbeispiele behandelt, in denen Konflikte im Zentrum stehen. Sie verweisen auf unterschiedliche Zugänge und auf den gestuften Aufbau einer Konfliktkompetenz.

In den „fünf Perspektiven des Sachunterrichts" der Gesellschaft für Sachunterricht (GDSU 2002) treten sie in zwei Feldern auf: dem sozial- und kulturwissenschaftlichen Lernen, aber auch dem des historischen Lernens.

Das sozial- und kulturwissenschaftliche Lernen zielt u. a. ab auf
– die Entwicklung einer sozialen Kultur des Lebens und Arbeitens
– das Erkennen von Interessenlagen und Vertreten eigener Interessen.

In diesem Zusammenhang werden als inhaltsbezogene Beispiele u. a. genannt: Konflikte/Kompromisse (Krieg und Frieden, Arbeitslosigkeit, Ausländerfeindlichkeit, Drogenmissbrauch – Folgewirkungen u. a.). Relevant für unseren Zusammenhang sind verfahrensbezogene Beispiele wie: Argumentieren lernen; Meinungen aushandeln, Fallbeispiele darlegen (ebd.).

Beim historischen Lernen werden u. a. Rollenkonflikte, Interessenkonflikte und Herrschaftskonflikte genannt. Zusammengefasst kann man festhalten, dass Konflikte Teil des sozialen und politischen Lernens im Sachunterricht sind. An Konflikten lässt sich das Vorgehen im integrierten Sachunterricht (vgl. George/Prote 1996; vgl. George/Henrich 2003) demonstrieren: Es setzt an bei komplexen Inhalten, bei (latenten und manifesten) Schülerfragen, bei undurchschauten Phänomenen. Konflikte erfordern immer eine Innen- und eine Außensicht, die die unterschiedlichen Perspektiven der Akteure berücksichtigt. Ohne Distanzierung und Perspektivenwechsel kommt keine Konfliktanalyse aus. Damit verweist die Anbahnung von Konfliktkompetenz in der Grundschule auf einen Denkstil, der *sozialwissenschaftliches Denken* genannt werden kann: im Durchschauen von (sozialen und politischen) Phänomenen werden Zusammenhänge erschlossen, die auf sozialwissenschaftlichen Kategorien und Erkenntnissen beruhen, die in den Lernprozessen nach und nach angeeignet werden.

Empirische Befunde

Trotz der Defizite in der Sozialisationsforschung zum Gesellschaftsverständnis (Ausnahme: Moll 2001) von Grundschülerinnen und -schülern (vgl. von Reeken 2001, vgl. Herdeken 1999) lassen sich empirische Ergebnisse benennen, die Konflikte als Thema und Methode in einem doppelten Sinne fundieren: sie verhelfen zu einer realistischen Einschätzung des Stellenwerts von Konflikten in peer groups, sie schützen aber auch vor Unterforderung der Schülerinnen und Schüler bei der Bearbeitung von Konflikten.

Ausgewählte empirische Befunde lassen sich auf zwei Ebenen ansiedeln: Beim „Demokratie Lernen" (vgl. Breit/Schiele 2002) treten notwendige Kompetenzen in den Blick, wie sie z. B. in der Sachsen-Anhalt-Studie (2001) ermittelt wurden. Im Kontext von sozialen Beziehungen in der Grundschule bilden Konflikte eine didaktische Herausforderung, die verhindert, dass Konflikte lediglich als Störungen wahrgenommen werden.

Die Sachsen-Anhalt-Studie untersucht Charakteristika von Demokratiefähigkeit bei Jugendlichen (vgl. Reinhardt/Tillmann 2001). Zwei Bereiche stehen im Vordergrund: prosoziale Werte und Konfliktkompetenz. Man könnte vermuten, hier läge eine Stufung in dem Sinne vor, dass – durch soziales Lernen in der Grundschule – prosoziale Werte verankert werden, die in der Sekundarstufe – durch politisches Lernen – zu Konfliktkompetenz weiterentwickelt werden. Die Befunde widersprechen dieser Vermutung: Die befragten Jugendlichen zeigen ein hohes Maß an beabsichtigter Prosozialität, gemessen an einem Index, der über sechs Aussagen definiert wird. [Index: Anderen Menschen helfen – Rücksicht auf andere nehmen – Im Streitfall einen Ausgleich suchen – Im Umgang mit anderen fair sein – Alle Menschen gleichberechtigt behandeln – Gerecht sein – Soziale Unterschiede zwischen Menschen abbauen (vgl. Reinhardt/Tillmann 2001, 8).] Konträr dazu verhält es sich mit ihren Einstellungen zum Umgang mit Konflikten. [Index: Auseinandersetzung zwischen Interessengruppen und ihren Forderungen an die Regierung, zur Aufgabe der politischen Opposition und zur Beziehung zwischen Interessen des ganzen Volkes und denen Einzelner (ebd.).] Der Befund: Konflikte (ver)stören eher. „Zwischen der Hälfte und drei Viertel der Befragten bewerten Auseinandersetzungen, Kritik und Einzelinteressen negativ! Demokratische Systeme sind aber gekennzeichnet durch die Legitimität von Interessenkonflikten, durch ihren geregelten Austrag und (...) durch die Konkurrenz von Parteien und Interessengruppen" (Reinhardt/Tillmann 2001, 8).

Zwischen Prosozialität und Konfliktbewusstsein besteht bei Jugendlichen also ein Gegensatz. Könnte es sein, dass dieser Gegensatz schon in der Grundschule angelegt wird?

Dies führt zu zwei Erkenntnissen:
1. Soziales Lernen ist wahrscheinlich notwendig, aber nicht hinreichend für Demokratie-Lernen.
2. Soziale Qualifikationen des privaten Lebens bedürfen einer Transformation in Konfliktkompetenz, damit die Teilhabe am öffentlichen demokratischen Prozess möglich wird (vgl. Reinhardt/Tillmann 2001, 13).

Was kann der sozialwissenschaftliche Sachunterricht zum Demokratie-Lernen beitragen? Zunächst einmal gilt es, mit der Illusion aufzuräumen, soziales Lernen führe quasi automatisch zum politischen Lernen. Hinzu kommt, dass vor der Verkürzung gewarnt werden muss, die die inflationäre Verwendung des Adjektivs „demokratisch" mit sich bringt; nicht jede Berücksichtigung eines Schülervorschlags stellt schon „demokratischen Unterricht" dar.

Allerdings sensibilisieren die genannten Befunde aus der politischen Sozialisationsforschung Jugendlicher dafür, genauer nach dem Bedingungen sozialen Lernens in der Grundschule zu fragen. Die aktuellen Befunde zu den sozialen Beziehungen – einem „wichtigen Thema des Sachunterrichts" (2002, 185) haben Petillon und Laux zusammengestellt. Hier die wichtigsten Einzelbefunde:

- Im Verlauf der Grundschulzeit kommt es zu einer Ausweitung sozialer Beziehungen auf mehrere Interaktionspartner; die peers gewinnen an Bedeutung. „Strategien im Umgang mit Konflikten zwischen Gleichaltrigen werden differenzierter" (Petillon/Laux 2002, 192).
- Nach Beobachtungen von Krappmann und Oswald (1995) verläuft die Zusammenarbeit im Unterricht nur in einem Drittel aller Fälle ohne größere Spannungen und überwiegend aufgabenorientiert.
- Obwohl Prinzipien der Gleichberechtigung, Nichtübervorteilung und Nichtbevormundung in Beziehungen zwischen Kindern eine große Rolle spielen und auch zu heftigen Auseinandersetzungen führen, können sie sich bei der Suche nach gerechten Lösungen und dem Ausgleich von Interessen in vielen Situationen nicht durchsetzen. „In weniger als der Hälfte der Fälle wird in der Grundschule in Konflikten zwischen Kindern eine von allen Beteiligten akzeptierte Lösung erreicht" (ebd. 196).
- Bei der Beobachtung von Situationen, in denen zwischen mindestens zwei Kindern ein Dissens auftrat, der aktiv von den Beteiligten ausgetragen wurde, finden sich in fast der Hälfte aller Fälle zwangausübende, respektlose Strategien; eher selten (unter 10%) ließ sich eine argumentative Vermittlung beobachten. Mädchen erreichen häufiger als Jungen eine Lösung, die beidseitig akzeptiert wird. So bleibt festzustellen, dass de facto viele der beobachteten Aushandlungen nicht dazu herausfordern, „die Perspektive des anderen zu übernehmen, ein kontroverses Thema unter verschiedenen Rücksichten zu betrachten, Begründungen darzulegen, Gefühle und Selbstbilder zu schützen und gemeinsam Verantwortung zu entwickeln" (Krappmann/Oswald 1995, 103).
- Darüber hinaus lassen eine Vielzahl „unbeglichener Rechnungen" unbearbeitete Konflikte weiter schwelen und bei passender Gelegenheit wirksam werden, so dass für Außenstehende nur der Anlass, aber nicht die eigentliche Ursache erkennbar ist. Vielfach berichten Kinder von körperlichen Aggressionen, die deutlich über die spielerischen Rauf- und Tobespiele, „rough and tumble play" hinausgehen und die Grenze zur Gewalt überschreiten (vgl. 196 f.).
- In den vorliegenden Untersuchungen findet sich übereinstimmend der Hinweis, dass sich Mädchen und Jungen in der Grundschulzeit voneinander abgrenzen, eine Entwicklung, die sich bereits zum Ende der Kindergartenzeit abzeichnet.

Geschlechterpräferenzen sind bereits zu Beginn der Schulzeit angelegt. Längsschnittuntersuchungen verweisen auf eine zunehmende Separierung im Verlauf der ersten vier Grundschuljahre. Auf der Grundlage soziometrischer Wahlen bestätigt sich das „Bild der getrennten Welten in der Kindheit" (Petillon/Laux 2002, 198).

Die skizzierten empirischen Einzelbefunde müssen in den didaktisch-methodischen Zusammenhang des Sachunterrichts eingeordnet werden. Die Befunde machen deutlich, dass die Grundschulzeit als „sensible Phase" für die soziale Entwicklung, insbesondere des sozialen Verstehens und sozialer Sensibilität, betrachtet werden kann. Angesichts hoher „Plastizität" sozialer Verhaltens- und Beziehungsmuster erscheint die Förderung elementarer sozialer Kompetenzen im Bereich der Grundschule im Sinne einer ersten Anbahnung und kontinuierlichen Förderung besonders erfolgversprechend. Dazu zählt u. a. die Fähigkeit und Bereitschaft, Konflikte argumentativ und im fairen Austausch auszutragen. Freundschaftsbeziehungen sind ein weiteres Thema in der Grundschulzeit. Bezogen auf meine Fragestellung wird festgestellt: in Konflikten finden Freunde öfters zu beiderseits akzeptierbaren „beziehungsschonenden" Lösungen (vgl. ebd. 192 und 195).
Vor diesem Hintergrund erscheint es zwangsläufig, dass in vielen Lehrplänen zum Sachunterricht das Thema „Konflikt und Lösungen" genannt wird. Fast alle Lehrpläne beinhalten Rollenkonflikte und Beziehungen zwischen Jungen und Mädchen.
Hilfreich erscheint in diesem Zusammenhang die begriffliche Unterscheidung zwischen „Gemeinschaft" und „Gruppe". Während der Gemeinschaftsbegriff eher Harmonie impliziert, wird im Gruppenbegriff die Möglichkeit von sozialen Konflikten mitgedacht (vgl. Herdegen 199, 124, Anm.1; sowie Petillon/Laux 2002, 201).
Aus den empirischen Befunden und den didaktischen Überlegungen lassen sich zwei knappe Folgerungen ableiten:
– zum einen erscheint es angesichts der noch lückenhaften Forschungslage angebracht, die empirische Forschung – bezogen auf die politische Sozialisation, aber auch auf den Sachunterricht (vgl. Richter 2000) – zu intensivieren;
– zum zweiten kann vermutet werden, dass die Behandlung von Konflikten anschlussfähig ist für den Politikunterricht in der Sekundarstufe I. Konfliktkompetenz enthält Lernpotentiale: „Es wird angenommen, dass Konflikte eher die kognitive Problemlösung fördern, während Prozesse des sozialen Ausgleichs die Entwicklung sozialer Kompetenz unterstützen" (Petillon/Laux 2002, 187).

In der Biographie von Kindern und Jugendlichen besteht zwischen der Entwicklung von prosozialen Werten und Konfliktbewusstsein kein Automatismus. Nach empirischen Befunden kann eher das Gegenteil vermutet werden.
Soziales Lernen gilt als konsensfähig und verbreitet. Politisches Lernen, zugespitzt als Lernen an Konflikten, gilt als umstritten, es bedarf spezifischer didaktischer Strategien und methodischer Arrangements.

Fallgeschichten

Für den vorliegenden Zusammenhang scheinen *Fallbeispiele* die geeignete didaktische Struktur abzugeben. Fallbeispiele (vgl. Breit 2000, 44–47; vgl. Reinhardt 2000, 47) zeichnen sich dadurch aus, dass konkrete Personen handeln, dass ein Konflikt oder ein Problem aus unterschiedlichen Perspektiven angegangen wird, dass am Fall Verallgemeinerbares sichtbar wird. Die Form, in der Fallbeispiele im Sachunterricht eingeführt werden, ist vielfach die *Erzählung*. Dabei kann die narrative Einführung einen realen oder einen fiktiven Konflikt behandeln. Beim ersteren erfolgt die Erzählung mit „verteilten" Rollen: die Beteiligten selbst erzählen „ihre" Geschichte. Beide Formen besitzen Vorteile: ein fiktiver Konflikt verfremdet und spiegelt einen verfestigten Konflikt in der Gruppe und wirkt indirekt, ein realer erfordert unmittelbar eigenes Handeln. Ich möchte an drei Fallgeschichten den Umgang mit Konflikten diskutieren.

Fallgeschichte 1:

Der von Fischer (1998, 107 ff.) beschriebene Konflikt in einer 2. Klasse scheint mir, *prototypisch* für den Umgang mit sozialen Konflikten in der Schule zu sein. Aus Platzgründen kann er nur verkürzt wiedergegeben werden.

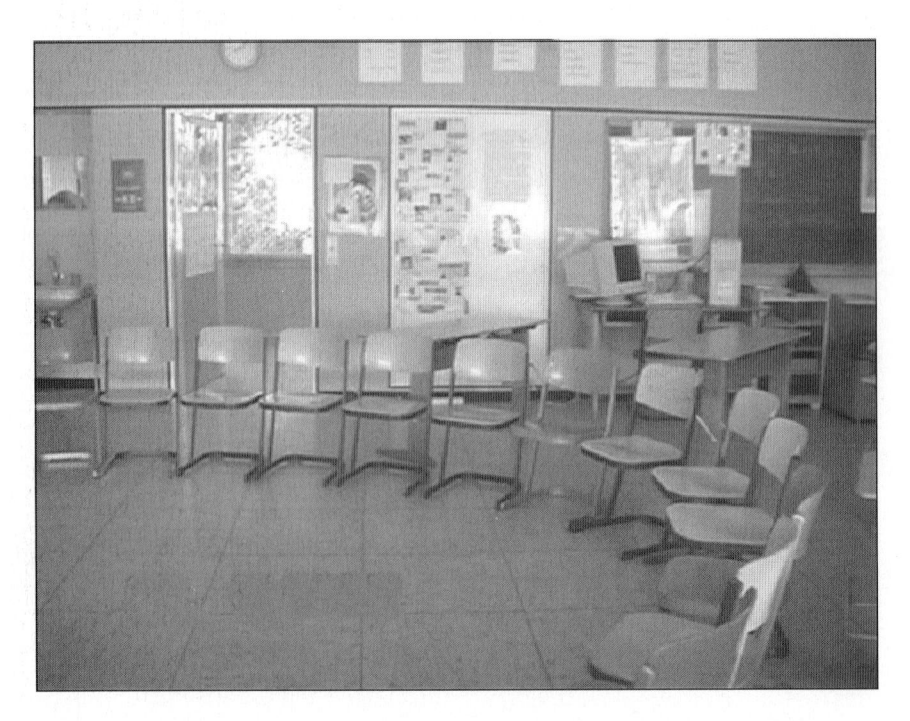

Abb. 1

„März 1995, in einer 2. Klasse: Nach der großen Pause betreten die Kinder gemeinsam den Klassenraum. Während sie sich auf ihre Plätze verteilen, läuft Özkan plötzlich auf Noel zu, um ihn kräftig in die Seite zu treten. Noel schreit auf und tritt nicht minder kräftig zurück. Es bedarf einiger Anstrengung, die beiden auseinander zu halten und soweit zu beruhigen, dass sie ihre Plätze einnehmen. Wir bilden einen Kreis. Özkan und Noel sind noch sehr erregt. Der erneute Blickkontakt zwischen beiden führt dazu, dass heftige Beschimpfungen ausgetauscht werden: „Der hat mich hier getreten! Du bist ja bekloppt!! „Selber bekloppt, du hast mich auch getreten!" Lautstark gehen Vorwürfe und Anschuldigungen hin und her. Fast droht der Streit wieder in Tätlichkeiten auszuarten. Noel, der aufgesprungen ist, wird von Christian wieder auf seinen Platz gedrückt. Erst allmählich finden wir heraus, dass Özkan und Noel gegen Ende der Pause aneinandergeraten sind. Noel war eingeschritten, um René und Kadir beizustehen, die eine Auseinandersetzung mit Özkan gehabt hatten.
René meldet sich und erklärt, dass Özkan ihn getreten habe, worauf Özkan einwendet, René habe ja auch wiedergetreten. „Ja, und du hast zu meiner Schwester ‚blöde Daniela' gesagt!", entrüstet sich René. Das Gespräch hat sich inzwischen ein wenig beruhigt. Auf meine Frage, was Kadir mit der Sache zu tun habe, erläutert dieser, er habe helfen wollen, den Streit zu beenden. Als er jedoch versehentlich einen Tritt Özkans mitbekommen habe, der eigentlich René gegolten habe, sei er in den Streit hineingezogen worden. Da schaltet sich Niels ein: „Ich finde es aber nicht gut, Kadir, dass du mich getreten hast." Auf meine Rückfrage erklärt Niels, dass er hinzugekommen sei, um den Streit zwischen den drei Kampfhähnen zu schlichten. Kadir entschuldigt sich bei Niels und betont, dass er ihn nur versehentlich getroffen habe.
Seit einiger Zeit schon melden sich Daniela, Sevda und Jessica. Sie berichten empört, dass Özkan sie, unterstützt von seinem Vetter Görkan aus der Parallelklasse, die ganze Pause über bedrängt habe. Irgendwann sei endlich René eingeschritten, um ihnen zu helfen. Ein Vorfall aus der vergangenen Unterrichtsstunde kommt nun zur Sprache, der – wie sich zeigt – Özkan so wütend gemacht hat, dass er es den Mädchen in der Pause heimzahlen wollte. Daniela, Sevda und Jessica sitzen an einem Tisch in geringer Entfernung von Özkan. „Özkan hat laut gehustet und da habe ich mich verschrieben!" beschwert sich Sevda. „Ja, und du hast zu mir gesagt ‚Halt's Maul!'", protestiert Özkan. „Stimmt nicht, ich hab' ‚Sei still!' gesagt", korrigiert Sevda. „Dann hat er ‚Hurenfamilie' gesagt und so (Handzeichen mit gestrecktem Mittelfinger) gemacht." „Ja, und ihr habt zu mir ‚Hurensohn' gesagt", hält Özkan dagegen. „Außerdem sind die immer am schwätzen und da verschreibe ich mich. Ich hab' keinen Radiergummi." Die Mädchen protestieren. Dennis weist darauf hin, dass Özkan sehr wohl einen Radiergummi habe. Andere Kinder bestätigen, dass die drei Mädchen tatsächlich zum Schwätzen neigen und dass Özkan seit längerem eine eher gespannte Beziehung zu ihnen habe. Erwähnt wird aber auch, dass Özkan immer wieder Probleme mit anderen Kindern habe" (Fischer 1998, 107–108).

Abb. 2

Aus der Situation setzt Fischer als Klassenlehrer einen Impuls, der einen Entwicklungsprozess auslöst: es kommt zu einer „Versachlichung durch Abstraktion im Medium der Sprache" – so die Herausgeber des Bandes (1998, 106). Die Intervention des Lehrers zielt zunächst darauf ab, sich „einen besseren Überblick" (108) zu verschaffen. Dies geschieht mit Hilfe von Kärtchen, die die Ereignisse chronologisch ordnen. Die Grundschüler/innen diskutieren daraufhin – in einer Ausweitung der Akteure auf die Gruppe hin – die Frage der Schuld (vgl. auch: Lutter-Link/Reinhardt 1993). Darin manifestiert sich ihr Bedürfnis, ein Ereignis auf eine (oder mehrere) Ursachen zurück zu führen. Man kann auch davon sprechen, dass sich in diesem Bedürfnis kausales Denken anbahnt – in dem Sinne, die Faktoren zu benennen, die etwas anderes auslösen, z. B. eine aggressive Handlung.

Auf kindgemäße Weise wird die Schuldfrage schließlich auf den zurückgeführt, der „anfängt". Das Problem des Anfangs bei der Entstehung schlechter Gewohnheiten und Charaktereigenschaften wird schon bei Aristoteles diskutiert – ex arches – ohne, dass dieses Argument überzeugend wäre. Entsprechend abwertend spricht man dann von „Kindermoral": „Der hat angefangen!" Beim Versuch, den Anfang zu klären, kommt man schnell in Verlegenheit: bestimmte Handlungen (hier: Husten) sind nicht von sich aus streitauslösend, sondern eher überzogene Reaktionen darauf. Damit wird ein Element sozialer Konflikte erkannt: es kommt zum einen auf den Kontext an, in dem die einzelnen Handlungen stehen, zum zweiten aber auch auf die jeweiligen Reaktionen. Nicht die Aktion an sich stellt eine Provokation dar, sondern meist die verletzende Reaktion.

Aus der kontroversen Diskussion wird deutlich, wie komplex die Sache wird, weil unterschiedliche soziale Normen aktualisiert werden (väterliche, schulische). Nachdem das zugrunde liegende Problem identifiziert ist (gestörtes Verhältnis zwischen einem Jungen und einer Mädchengruppe), können Lösungsvorschläge formuliert werden. Nach ablehnenden Reaktionen auf die ersten Vorschläge entwickeln sich drei Angebote für eine neue Sitzordnung, mit der eine Integration des Jungen ausprobiert wird. Während Fischer im zweiten Teil seines Beitrages (1998, 110 ff.) en detail eine Konfliktanalyse vornimmt, benennt er im letzten Teil die didaktischen Potentiale der Bearbeitung realer Konflikte: die Schülerinnen und Schüler lernen dabei, sich dramatische Konflikte zu vergegenständlichen, zu abstrahieren, Kriterien für Schuldfragen zu entwickeln und sich für konstruktive Lösungen zu öffnen. Dieses Beispiel lässt sich auf ein weit stärker ritualisiertes Arrangement zur Bearbeitung von Konflikten weiter denken, das ebenfalls in der Grundschule verankert ist: der Klassenrat (vgl. Kiper 1997).

Fallgeschichte 2

„Als Matthias von seinen Freunden verlassen wurde
Es war Donnerstag. Nach dem Turnunterricht waren die Schüler des 7. Schuljahres immer besonders wild. Matthias, ein Schüler der fünften Klasse, wusste das, und ging mit heimlichen Ängsten in den Pausenhof. Er war viel kleiner als seine Mitschüler und wurde deshalb ‚Zwerg' genannt. An diesem Donnerstag wollten sich Klaus und Harald aus der 7. Klasse einen Spaß erlauben. Sie packten Matthias und steckten ihn in eine große Mülltonne, aus der er gerade noch herausgucken konnte. Seine Freunde, Peter und Kai, standen dabei und wagten es nicht, etwas dagegen zu tun. Der Lehrer, der Pausenaufsicht hatte, bemerkte es nicht. Matthias konnte sich nicht befreien, weil Klaus und Harald die Mülltonne festhielten. Erst als die Pause vorbei war, ließen sie ihn heraus. Er ging in die Klasse und weinte. Die Klassenlehrerin kam zum Unterricht ..."

Dieses Fallbeispiel liegt der Unterrichtsplanung von zwei Praktikantinnen zu Grunde, allerdings mit zwei sehr unterschiedlichen Zielsetzungen: die eine verwendet den Fall, um die Schülerinnen und Schüler „durch Einfühlung und Nachahmung" zu ihren Zielen zu führen, während die zweite durch „gedankliche Auseinandersetzung zum Ziel" kommen möchte (vgl. Herdegen 1999, 12–15). Sowohl soziale Perspektivenübernahme als auch analytische Durchdringung können an diesem Fall erfahren werden. Ein *Rollenspiel* wäre eine mögliche Methodenentscheidung, die im Spiel als auch in der Auswertung zweierlei ermöglicht: Aus schulpädagogischer Sicht ist es eine komplexe Methode zur Aneignung gesellschaftlicher Wirklichkeit (Meyer 1987, 358), aus politikdidaktischer eine Möglichkeit, „gesellschaftliche Zwänge spielend zum Sprechen (zu) bringen" (Giesecke 1993, 75). Am „fremden" Fall lassen sich eigene soziale Verhaltensweisen spiegeln und reflexiv erkennen.

Wenn hier die Behandlung von realen und konstruierten Konflikten als gleichwertig behauptet wird, dann daher, weil
- in beiden Fällen die Konfliktstruktur Betroffenheit auslöst und
- in beiden Fällen eigene und fremde Positionen zu klären sind;
- das Argument der Lebensnähe von realen Konflikten kann gebrochen werden an Ohnmachtserfahrungen,
- das Argument der Künstlichkeit von konstruierten Konflikten kann gebrochen werden am Vorteil, der in indirekten Lernwegen bei emotional brisanten Themen liegt.

Lernen am Konflikt setzt Distanz voraus: sowohl vor vermeintlichen Rollenzwängen als auch vor vorschnellen Lösungen. Beide, reale und konstruierte Konflikte, sind im Kontext von Unterricht didaktische Konstrukte, die dazu helfen sollen, individuelle Denk- und Handlungsmöglichkeiten zu erweitern.

Fallgeschichte 3

Aufregung in Almendorf – ein Rollenspiel [M. E. ein Planspiel – H. W. K.]

Ausgangssituation
Die Eltern, Lehrerinnen und Lehrer, Schülerinnen und Schüler der Geschwister-Scholl-Schule in Almendorf sind in heller Aufregung. Auch in dieser Woche ist es fast wieder zu einem Unfall vor der Schule gekommen – ein Auto ist zu schnell an den Zebrastreifen herangefahren und konnte fast nicht mehr rechtzeitig halten ... Durch den starken Verkehr ist es außerdem in den Klassenräumen, selbst bei geschlossenen Fenstern, laut.
Im Sommer ist es in den Klassenzimmern zur Babelsberger Straße hin unerträglich heiß, weil die Fenster wegen der Abgase nicht geöffnet werden sollen. Mehrfach ist es auch schon zu Unfällen an den beiden Zebrastreifen gekommen.
Allen ist klar – es muss etwas unternommen werden!
Schaut euch den Plan von Almendorf an und macht Vorschläge, wie die Verkehrslage für die Schule verbessert werden könnte.
Um zu einer Lösung des Verkehrsproblems zu kommen haben der Schulelternbeirat und die Schülervertretung einen Diskussionsabend einberufen. Ziel ist es, zu einer Abstimmung und somit zu einer Entscheidung zu gelangen, welche Maßnahme dem Amt für Verkehrsplanung vorgeschlagen werden soll. Spielt die Diskussion in einem Rollenspiel durch.

Konflikte. Thema und Methode

Wie in vielen modernen Schulbüchern folgt auf die Beschreibung der Ausgangslage die Präsentation weiterer Materialien: ein Karte zeigt die Lage der Schule, der umliegenden Häuser, Geschäfte, der Straßen usw. Dann folgen Hinweise zur Methode, insbesondere zum Ablauf im Unterricht: Vorbereitung, Durchführung und Auswertung. Die Rollen der Akteure werden in knappen Rollenkarten beschrieben. Zwei der Akteure erhalten zusätzlich die Moderatorenfunktion.

Was wird aus den drei Seiten Schulbuchtext deutlich? Zunächst einmal wird der „Diskussionsabend" als Station innerhalb eines kommunalpolitischen Entscheidungsprozesses gekennzeichnet: die Vorschläge sollen einem legitimierten Akteur unterbreitet werden, dem „Amt für Verkehrsplanung". Die neun Akteure verkörpern ganz widersprüchliche Interessen. Es kommen zwar eine ganze Reihe sozialer Rollen vor (z. B. Tankstellenbesitzer), aber in der Polizistenrolle wird eine Expertenrolle konstruiert, die aufgrund ihrer beruflichen Erfahrungen argumentiert. Wenn die in der Politikdidaktik geläufige Erkenntnis erinnert wird, wonach hinter (Verkehrs-)Problemen immer (Interessen-) Konflikte stehen – und umgekehrt -, dann wird nicht nur der Entscheidungsdruck deutlich, der ein „Aussitzen" ausschließt.

Wenn durch Bezüge zur eigenen Stadt bzw. zum eigenen Stadtteil der „Realismus" des Spiels gezeigt werden kann, wird nicht nur eine Brücke zur eigenen Lebenswelt deutlich, auch verliert das Spiel seinen konstruierten Modellcharakter. Zum dokumentierten Spiel „passt" ein Artikel in der „Badischen Zeitung" vom 18. Januar 2002: Schlagzeile: „Zapfstellen wird der Hahn zugedreht. Neue Streckenführung der B31-Ost lässt den Durchgangsverkehr fünf der sechs bisherigen Tankstellen gar nicht mehr passieren". Treffend auch die zweite Textsorte: die Überschrift des Kommentars lautet: „Und schwups in der Pampa". Der Bezug zur politischen Realität stellt immer auch einen Aspekt der Auswertung dar.

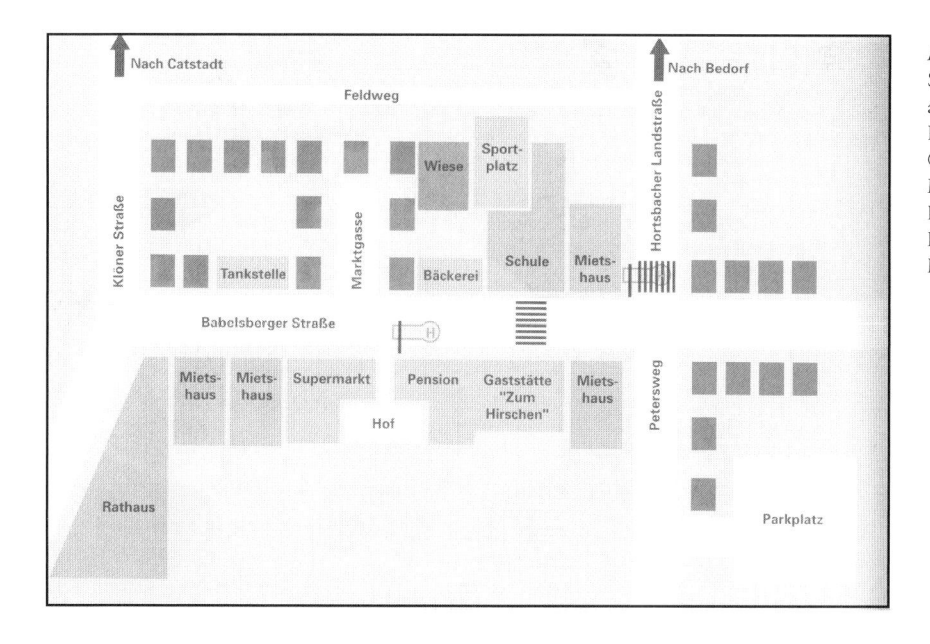

Abb. 3: Stadtplan aus: Tatsache Politik, Band 1 © Verlag Moritz Diesterweg, Frankfurt am Main 1997

Abb. 4
aus: Tatsache Politik, Band 1
© Verlag Moritz Diesterweg, Frankfurt am Main 1997

Sabine, 6. Klasse (SV), und Herr Maurer (Elternbeirat)

... sind der Meinung, dass der Feldweg hinter dem Sportplatz ausgebaut werden soll. Dann soll die Babelsberger Straße zwischen der Klöner Straße und der Horstbacher Landstraße für den Verkehr gesperrt werden. Hier soll eine Fußgängerzone entstehen. Der Autoverkehr soll dann über den ausgebauten Feldweg hinter dem Sportplatz um die Innenstadt herumgeführt werden.
So würde vor der Schule überhaupt kein Verkehr mehr fließen und alle Probleme wären mit einem Schlag gelöst ...

Abb 5
aus: Tatsache Politik, Band 1
© Verlag Moritz Diesterweg, Frankfurt am Main 1997

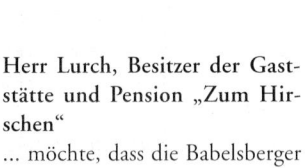

Herr Lurch, Besitzer der Gaststätte und Pension „Zum Hirschen"

... möchte, dass die Babelsberger Straße auf keinen Fall gesperrt wird. Er befürchtet, dass er dann weniger Gäste in seiner Pension hat. Er ist der Meinung, dass vor beiden Zebrastreifen eine Ampel gebaut werden soll. Dann gibt es weniger Unfälle ...

Nach einer Reihe von Erfahrungen mit diesem Planspiel in der Lehrerausbildung lassen sich folgende Punkte festhalten:
- nach einer Phase der vorbereiteten Argumente auf der Grundlage der Rollenkarten (Eingangsstatements) kommt es zu einer offenen Diskussion
- dabei werden unterschiedliche Vorschläge unterbreitet, in die die jeweiligen Partikularinteressen einfließen
- in der Auseinandersetzung werden diese Partikularinteressen transparent gemacht
- schließlich erfolgt eine lang andauernde Diskussion und Prüfung der verschiedenen Vorschläge, die in einem Gedankenexperiment auf Folgen überprüft werden
- immer werden Zielkonflikte deutlich, die erneut Denkprozesse in Gang setzen
- in der Auswertung des „Spiels", das in der angedeuteten Dynamik immer auch die Grenze vom Spielcharakter zur Ernstsituation – aufgrund des Risikos bei Nicht-Entscheidung – überschreitet, lassen sich die genannten Einsichten nochmals verbalisieren und ggf. im Tafelbild festhalten
- die Auswertung kann unterstützt werden durch eingegrenzte Beobachtungsaufgaben für das „Publikum", aber auch durch technische Medien wie eine Videokamera, die den gesamten Ablauf festhält, oder ein Tonband. Mit beiden Medien lassen sich auch gezielt kurze Passagen einspielen, die als Schlüsselszenen bedeutsam sind. Eine einfache Möglichkeit, diese Medien gezielt einzusetzen, besteht darin, das Video oder das Tonband immer wieder zu unterbrechen. Diese Art der Verfremdung hilft, den Schritt von Spiel zum (Nach-) Denken zu gehen.

Unterrichtsstrategien

In den dokumentierten Fallgeschichten werden immanent Strategien zur Bearbeitung von Konflikten angewendet. Aus der Konfliktdynamik verweist der Gegensatz zwischen Personen, Eigenschaften und Verhaltensweisen darauf, dass erst über Rituale (Kreis), über Vergegenständlichung (Karten), Formalisierung, Festsetzung von Verfahrensregeln usw. eine „Auflösung" des Konflikts möglich wird. Erst Abstrahierung, Verbalisierung und Identifizierung der Normen ermöglicht Lösungen. An den Beispielen sowie an den empirischen Befunden wird ebenso deutlich, dass in der Grundschule noch starke Stützen „von außen" notwendig sind, entweder in der Form von klaren Verfahrensregeln wie beim Klassenrat oder durch einen Erwachsenen, der zugleich den Konflikt als Thema annimmt als auch Impulse zur Entdramatisierung setzen kann. Eine bloße Mediation als Streitschlichtung unter Gleichaltrigen könnte eine Überforderung von Grundschülerinnen und -schülern sein.
Die empirischen Befunde können nicht als Ziele und Normen verstanden werden, das wäre eine bloße Verdoppelung der (schlechten) Realität. Ihre Bedeutung liegt aber darin, vorliegende Konzepte zur Konfliktbearbeitung kritisch zu prüfen.
Daraus ergeben sich für den Sachunterricht zwei Konsequenzen:
- zum einen sollte der Versuch gemacht werden, die in der Analyse sozialer Konflikte erworbenen Kompetenzen auf überpersönliche gesellschaftliche und politische Konflikte zu transformieren. Wenn die konkrete Lebenswelt überschritten wird (vgl. Weißeno 2003), kann sozialwissenschaftliches Denken in politisches Den-

ken übergeführt werden. Dabei bietet es sich an, eine Makromethode politischen Lernens bereits am Ende der Grundschulzeit einzuführen, die sich auf politische Entscheidungsprozesse bezieht: das Planspiel.
– zum zweiten wird damit eine *Stufung* vorgeschlagen, die den erweiterten Konfliktkompetenzen der Schülerinnen und Schüler entgegen kommt: Während die sozialen Konflikte in Rollenspielen auch indirekt als Verhaltensübungen [z. B. bei der Suchtprävention (vgl. Tausenfüßler 1996, 62–64) oder der Gewaltprävention (vgl. Weißmann 2003; vgl. das Projekt „Faustlos"; www.faustlos.de) vergegenständlicht und analysierbar werden, erfordern Planspiele weitergehende Kompetenzen.

Am Beispiel des Schulbuchtextes (Fallgeschichte 3) möchte ich den skizzierten Übergang demonstrieren. Als besonders geeignet für die Konfliktbearbeitung im Sachunterricht erweisen sich zwei Politikfelder: die Kommunalpolitik und die Verkehrspolitik (vgl. Prote 2000; vgl. Warwitz 1998).
Im Unterschied zu sozialen Konflikten, die eher auf persönliche Eigenschaften, Stärken und Schwächen usw. zurückgeführt werden, geht es bei Planspielen um *strukturelle* Konflikte, Ziel- und Interessenkonflikte, bei denen nicht der „gute Wille" allein eine Lösung ermöglicht. Beide Ebenen erfordern auch unterschiedliche Theoriebindungen in der Vorbereitung der Lehrenden. Bei Rollenspielen scheint die Kenntnis der soziologischen Rollentheorie nützlich sowohl zur Vorbereitung als auch – besonders – zur Auswertung zu sein. Es geht ja weniger um individualpsychologische Erklärungen als um sozialpsychologische (Leseempfehlung: Hartung 2000) und um soziologische (vgl. Dahrendorf 1977). In diesem Zusammenhang bietet die These von Hilbert Meyer, dazu tauge eigentlich nur die „interaktionistische Rollentheorie" einen wichtigen Anstoß. Meyer unterscheidet das traditionelle Konzept der Rollentheorie vom interaktionistischen und folgert: „Nur das zweite, interaktionistische Rollenkonzept ist für eine produktive und humane Rollenspielpraxis interessant." Seine Begründung: „Denn nur dann, wenn eine kreative und zum Teil selbstbestimmte Ausfüllung und Weiterentwicklung der zu übernehmenden Rollen theoretisch untermauert werden kann, lohnt sich die Aufarbeitung dieser Rollentheorien" (1987, 358). Dies verweist auf die Qualifikation der Lehrenden.
Die Anbahnung dieser Vorstellung von Konflikten erscheint anschlussfähig zur Thematisierung weiterer Konflikte in der Sekundarstufe I: Beispiele liefern
– das Wochenschau-Heft „Umgang mit Konflikten" (2001). Das plausible Konzept von Konfliktgegenstand (worum geht es?), Konfliktparteien (wer ist beteiligt?) und Konfliktlösung (wer versucht wie, den Konflikt zu beenden?) folgt allerdings dem Muster von Happy-End-Geschichten.
– das Politikbuch „Anstöße 3" mit dem Kapitel „Konflikte in der Arbeitswelt".

Das in der Ratgeberliteratur (Gordon u. a.) gerne propagierte „win-win-Prinzip", d. h. dass in der Lösung beide Seiten sich als Gewinner verstehen können, blendet systematisch die Möglichkeit aus, dass es auch klare Gewinner-Verlierer-Konstellationen gibt. Erst die Suche nach einem tragfähigen Kompromiss verweist wieder auf das Politische des Planspiels.

Damit ergibt sich eine *doppelte Stufung*:
- alltägliche soziale Konflikte, Rollenkonflikte in der Schule, können durch eine Konfliktanalyse aufgelöst und durch Vereinbarungen zur Weiterentwicklung sozialer Kompetenzen genutzt werden
- politische Konflikte verweisen auf strukturelle und legitime Interessenunterschiede; das Planspiel mit den charakteristischen Merkmalen des sozialen Perspektivenwechsels, dem Problem- und Entscheidungsdruck sowie der Notwendigkeit, Lösungen in Gedankenexperimenten gemeinsam zu prüfen, und strukturelle Widersprüche und Zielkonflikte auszuhalten (Ambiguitätstoleranz), erweitern das sozialwissenschaftliche Denken hin zu politischem Denken.

Wie andere Makromethoden auch, lassen sich Rollenspiele und Planspiele vom Lehrenden als *Diagnoseinstrumente* einsetzen: im dynamisch offenen Spiel werden Weltsichten erkennbar, die das Zusammenleben in der Gruppe ebenso betreffen wie erste Politikbilder. Aus der handlungsentlasteten Beobachterperspektive kann die Fachlehrerin/der Fachlehrer gezielt in der Auswertung und Nachbesprechung (vorsichtig und begrenzt) soziologische Grundbegriffe – viele sind mittlerweile in die Alltagssprache eingeflossen, wie Rolle, Erwartung, Position, Konflikt – sowie politologische Kategorien (Interesse, Akteure, Konfliktlinien) aus dem konkreten Beobachtungsmaterial herausfiltern und als Erkenntnisse festhalten.

Wenn es richtig ist, dass die Bearbeitung von Konflikten tendenziell die kognitiven Fähigkeiten der Schülerinnen und Schüler stärkt, dann trägt die Verbindung von Rollen- und Planspielen diesem Ziel ebenso Rechnung wie sie die Erlebnisqualität (im Spiel) mit dem Denken in Zusammenhängen (in der Auswertung) verknüpft. In diesem Geflecht treffen soziale, kommunikative und kognitive Kompetenzen zusammen, die der Sachunterricht als Teil der „grund-legenden" Bildung vermitteln kann.

Anstöße 3. Ein Arbeitsbuch für den Politikunterricht. Weinbrenner, P. (Hrsg.) Stuttgart 1996 (bes. Kapitel: Arbeitsfrieden oder Streik? Interessenvertretung und Konfliktregelung in der Arbeitswelt, S. 106–123)

Aufregung in Almendorf – ein Rollenspiel, in: Helbig, L. (Hrsg.): TatSache Politik. (Bd. 1) Diesterweg-Verlag. Frankfurt a. M. 1997, S. 94–97

Breit, G.: Mit den Augen des anderen sehen – Eine neue Methode zur Fallanalyse, (2. Aufl.): Schwalbach 1992

Breit, G.: Artikel: Fallanalyse. In: Kuhn/ Massing 2000, S. 44–47

Breit, G./ Schiele, S. (Hrsg.): Demokratie Lernen – eine Aufgabe politischer Bildung. Schwalbach/Ts. 2002

Dahrendorf, R.: Homo sociologicus. Ein Versuch zur Geschichte, Bedeutung und Kritik der Kategorie der sozialen Rolle. Wiesbaden und Opladen 1977

Fischer, H.-J.: Aus Konflikten lernen. Streit zwischen Kindern als Gegenstand des Unterrichts in der Grundschule. In: Duncker, L./ Popp, W. (Hrsg.): Über die Fachgrenzen hinaus. Chancen und Schwierigkeiten des fächerübergreifenden Lehrens und Lernens. Bd. II: Anregungen und Beispiele für die Grundschule. Heinsberg 1998, S. 107–119

GDSU (Gesellschaft für Didaktik des Sachunterrichts) (Hrsg.): Perspektivrahmen Sachunterricht. Bad Heilbrunn 2002
George, S./ Prote, I. (Hrsg.): Handbuch zur politischen Bildung in der Grundschule. Schwalbach/Ts. 1996
George, S./ Henrich, N.: Integrierter Sachunterricht als Konzept und in der Praxis. In: Kuhn 2003, S. 21–35
Giesecke, H.: Didaktik der politischen Bildung (1965). Neue Ausgabe: München 1972
Giesecke, H.: Methodik des politischen Unterrichts. München 1993
Hartung, J.: Sozialpsychologie. Reihe: Psychologie der Sozialen Arbeit. Stuttgart u. a. 2000
Herdegen, P.: Soziales und politisches Lernen in der Grundschule. Grundlagen – Ziele – Handlungsfelder. Ein Lern- und Arbeitsbuch. Donauwörth 1999
Kiper, H.: Selbst- und Mitbestimmung in der Schule. Das Beispiel Klassenrat. Baltmannsweiler 1997
Konfliktbewältigung. Flensburger Hefte 38, (9), (1992), Flensburg
Krappmann, L./ Oswald, H.: Alltag der Schulkinder: Beobachtungen und Analysen von Interaktionen und Sozialbeziehungen. Weinheim 1995
Kroll, K.: Rollenspiel. In: Kuhn/ Massing 2000, S. 155–158
Kuhn, H.-W./ Massing, P. (Hrsg.): Methoden und Arbeitstechniken. Bd. 3 des Lexikons der politischen Bildung. Schwalbach 2000
Kuhn, H.-W. (Hrsg.): Sozialwissenschaftlicher Sachunterricht. Konzepte, Forschungsfelder, Methoden. Ein Reader. Herbolzheim 2003
Lutter-Link, C./ Reinhardt, S.: „Export einer Chemiefabrik" – Schüler/innen diskutieren eine moralische Frage. In: Grammes, T./ Weißeno, G. (Hrsg.): Sozialkundestunden. Politikdidaktische Auswertungen von Unterrichtsprotokollen. Opladen 1993, S. 35–51
Massing, P.: Planspiel. In: Kuhn/ Massing 2000, S. 127–130
Meyer, H.: Unterrichtsmethoden. Bd. 2: Praxisband. Frankfurt a. M. 1987
Moll, A.: Was Kinder denken. Zum Gesellschaftsverständnis von Schulkindern. Schwalbach 2001
Petillon, H./ Laux, H.: Soziale Beziehungen zwischen Grundschulkindern – empirische Befunde zu einem wichtigen Thema des Sachunterrichts. In: Spreckelsen, K. u. a. (Hrsg.): Ansätze und Methoden empirischer Forschung zum Sachunterricht. Bad Heilbrunn 2002, S. 185–204
Prote, I.: Dimensionen politischen Lernens. In: Grundschule, (4), (2000) (Themenschwerpunkt: Politisches Lernen in der Grundschule?), S. 36–38
Reeken, D. v.: Politisches Lernen im Sachunterricht. Didaktische Grundlegungen und unterrichtspraktische Hinweise. Baltmannsweiler 2001
Reinhardt, S.: Fallstudie. In: Kuhn/ Massing 2000, S. 47
Reinhardt, S./ Tillmann, F.: Politische Orientierungen Jugendlicher. Ergebnisse und Interpretationen der Sachsen-Anhalt-Studie „Jugend und Demokratie". In: Aus Politik und Zeitgeschichte, (B45/2001), S. 3–13
Richter, D. (Hrsg.): Methoden der Unterrichtsinterpretation. Qualitative Analysen einer Sachunterrichtsstunde im Vergleich. Weinheim und München 2000
Der Tausendfüßler. Heimat- und Sachunterricht, 4. Schuljahr, Neuausgabe, Donauwörth 1996
Umgang mit Konflikten. Wochenschau-Heft. Sekundarstufe I (März/April 2001)
Warwitz, S.: Verkehrserziehung vom Kinde aus: Wahrnehmen – Spielen – Denken – Handeln. (3. Aufl.): Baltmannsweiler 1998
Weißmann, I.: Gewaltprävention – ein Thema für die Grundschule? In: Kuhn 2003, S. 103–115
Weißeno, G.: Lebensweltorientierung – ein geeignetes Konzept für die politische Bildung in der Grundschule? In: Kuhn 2003, S. 79–85

3| Dagmar Richter
Friedenserziehung als ästhetische Auseinandersetzung mit Schreckensbildern

Zur Ästhetisierung von Kriegen

Bislang gab und gibt es stets eine Vielzahl von Kriegen auf der Welt, mit verschiedenen Formen der Gewalt: „Das Zeitalter der zwischenstaatlichen Kriege geht offenbar zu Ende. Aber der Krieg ist keineswegs verschwunden, er hat nur seine Erscheinungsform verändert. In den neuen Kriegen spielen nicht mehr Staaten die Hauptrolle, sondern Warlords, Söldner und Terroristen. Die Gewalt richtet sich vor allem gegen die Zivilbevölkerung; Hochhäuser werden zu Schlachtfeldern, Fernsehbilder zu Waffen" (Münkler 2002, Klappentext). Neben traditionellen Kriegen treten neue Varianten plötzlich und inmitten des Alltäglichen auf. Wenn sich die von uns wahrgenommenen Kriege verändern, muss auch Friedenserziehung ihre Themen und Methoden erweitern. Kriege und Katastrophen erleben Grundschüler/innen in Deutschland in der Regel ‚nur' medial vermittelt, dafür aber gehäuft: Ihre Bilder erscheinen fast täglich in den Medien. Die Kriegsberichterstattung zeigt verschiedene Bilder – schrecklich sind sie alle auf die eine oder andere Art:
- Krieg, zumindest wenn westliche Industrienationen an seinem Beginn und seiner Gestaltung beteiligt sind, wird von den Handlungsträgern als reine Vernunft- oder Verstandeshandlung dargestellt, als „Polizeischutzaktion". Er wird legitimiert, indem er zwar abstrakt nicht als „Mittel der ersten Wahl" gilt, aber im konkreten Fall als einzig verbleibende Möglichkeit des Handelns von „Männern in Anzügen und mit Krawatte" begründet wird.
- Kriege werden als kontrollierte Hightech-Veranstaltung in Form beeindruckender Kampfflugzeuge gezeigt und entfachen Technikeuphorie. Kriegsakteure, -handlungen und Ziele sind anonymisiert, abstrakt und vergegenständlicht. Gewalt und Zerstörung, die Charakteristika von Krieg, bleiben unsichtbar.

- Kriege geraten zu einem ästhetisierten Lichterfeuerwerk, ohne Täter, ohne Opfer, ohne sichtbare Waffen; sie werden zum virtuellen Krieg (z. B. beim Golfkrieg 1991).
- Kriegsdarstellungen zeigen das Leid in Form martialischer Bilder von Opfern. Es sind zwar detailreiche Bilder der Zerstörungen zu sehen, aber von anonymen Menschen, austauschbaren Städten und ‚irgendwelcher' Natur.
- Seltener werden Auswirkungen auf die Zivilbevölkerung gezeigt, bei der die Würde der Betroffenen gewahrt bleibt. „Die behutsame Annäherung an Opfer, deren Leid nur vermittelt zu erkennen wäre (ein Kind hat Vater und Mutter verloren, ein Nomade hat seine Herde bei einem Überfall eingebüßt) ist nicht alltäglich" (Hörburger 1996, 172).

Die Intentionen dieser verschiedenen Darstellungsweisen sind von den Zuschauenden nicht immer zu erkennen. Die mediale Bildlichkeit wird in der Regel unterhaltsam, aber weitgehend kontextlos präsentiert: Die „Urheberschaft (der) willentlich produzierten Weltbilder", und damit ihre Intentionen, bleiben unsichtbar. Sie befördern nach Meyer daher Blendungen, Distanzverluste und schließlich Unmündigkeit (Meyer 1995, 53). Diskursive Erfahrungen von Welt und somit Reflexionen werden zurückgedrängt: „Der Eindruck zählt, nicht das Argument" (Meyer 1995, 54 f.). Aber auch der flüchtige Eindruck, die fast nicht wahrgenommene Wahrnehmung bleibt nicht spurenlos. Sie beeinflusst Gefühle, Stimmungen oder Ängste, ohne dass dies auf die Ebene bewusster Verarbeitung gelangt; sie bleibt vorreflexiv. Die Differenzierung des Vermögens der Wahrnehmung und die Fähigkeit, mediale Bildpräsentationen kritisch zu hinterfragen, sind zu wichtigen Bildungsaufgaben geworden. In diesem Sinne soll hier auf die Bilder, auf die Ästhetisierung von Kriegen und Katastrophen eingegangen werden. Es wird ein Ansatz zum hermeneutischen Bildverstehen vorgestellt, der kurzfristig eine Bearbeitung von Ängsten ermöglichen soll, längerfristig vermag er im gelungenen Fall Orientierungen in der ästhetisierten Modernisierung der Welt zu geben.

Mediale Schreckensbilder und ihre Wirkungen auf Grundschulkinder

Ein besonderer Aspekt medialer Bildpräsentationen sind Schreckensbilder, genauer: mediale Darstellungen von Gewalt, Terror, Amok oder Kriegen. Im Folgenden wird besonders auf Kriegsdarstellungen Bezug genommen, jedoch sollten die Überlegungen auch auf andere Katastrophen übertragbar sein, die medial vermittelt zu eigenen Bildern des Schreckens werden. In der Literatur ist dieses Thema bislang nur spärlich bearbeitet (als Ausnahme: Grammes 1991). Hauptmedium der Vermittlung von Katastrophen ist das Fernsehen, welches sprachlich und bildlich von ihnen berichtet. Nachrichtensendungen wie „Tagesschau" oder „heute" sind nicht für Kinder gemacht, doch liegen sie zeitlich in ihrer Hauptfernsehzeit. Aber auch viele Zeitungen, Zeitschriften und Magazine gestalten damit mehr oder weniger täglich ihre erste Seite.

‚Positive' und unspektakuläre Nachrichten geraten in den Hintergrund. Mit Sensationen und ‚Bilderkrieg' soll Interesse am Kauf bzw. Konsum der Medien geweckt werden. Insofern ist der Glaube vieler Eltern, ihre Grundschulkinder vor schrecklichen Meldungen schützen zu können, eine Illusion. Das ein oder andere Bild mag man ‚verstecken' können, aber selten alle Bilder oder gar die Meldungen selbst. Sind die Eltern über bestimmte Schreckensbilder besorgt, so bleibt auch dies ihren Kindern nur selten verborgen. In der Medienforschung wird angenommen, dass Kinder bei aktuellen Gewalt- und Kriegsberichterstattungen in den Medien die Reaktionen der Erwachsenen genau verfolgen, sie in ihre eigenen Denk- und Handlungsmuster einbeziehen und manchmal auch versuchen, die Erwachsenen mit ihren Emotionen zu imitieren. Dies gilt sowohl für angemessene als auch panische oder verdrängende Umgangsweisen mit bedrohlichen Situationen (vgl. Büttner 1982; Ahlheim 1991, 57). Insbesondere jüngere Kinder reagieren sensibel und stark auf den Gefühlszustand ihrer Eltern. Verändert er sich für sie aus unerklärlichen Gründen, ist dies für Kinder beängstigender, als wenn sie die Ursache kennten. Offenheit, angebotene Gespräche und Erklärungen sind daher besser, als wenn Kinder versuchen müssen, mit ihren Ängsten allein fertig zu werden.

Eine weitere Begründung für das Aufgreifen von Schreckensbildern im Unterricht liegt in der Tatsache, dass Kinder oftmals Nachrichtensendungen alleine sehen oder dass anschließend keine Gespräche mit anderen über das Gesehene stattfinden. Nun lässt sich zwar nicht behaupten, dass alle Kinder ihrerseits das Gespräch suchen, aber eine überwiegende Zahl will sich (sprachlich, bildlich, spielend etc.) mit dem Gesehenen auseinandersetzen. Auch die Schule, also auch der Sachunterricht ist gefordert, auf „epochaltypische Schlüsselprobleme" (Klafki) einzugehen, zu denen Krieg und Gewalt (leider) gehören. Mögliche Bedenken von Eltern gegen diese Thematiken im Unterricht (‚Verfrühung', Erzeugung von Ängsten, Befürchtungen der Manipulation) lassen sich abbauen, indem ihnen die didaktisch-methodischen Begründungen, die Lehr-Lern-Ziele sowie die Unterrichtsmaterialien gezeigt werden. Es ist zu verdeutlichen, dass die Tabuisierung eines solchen Ereignisses Kinder mit ihrer eigenen Fantasie und ihren Ängsten allein lässt.

Die verschiedenen *‚Typen' von Schreckensbildern* – wie eingangs dargestellt – beeinflussen durch die Art und Weise ihrer Gestaltung die Reaktionen. Die Gestaltung der Bilder folgt Medienstrategien. Diese bewegen sich zwischen den Pressegesetzen und dem Berufsethos, Gewalt oder Tod nur dann zu zeigen, wenn sie zur Information und (Auf-)Klärung der Sache beitragen, sowie dem Medienzwang, stets zur sprachlichen Information ‚passende' Bilder, möglichst aktionsorientiert zeigen zu müssen. Die vorhandenen Bildmaterialien, die teilweise von fremden Nachrichtenagenturen übernommen werden oder manchmal auch militärischer bzw. politischer Zensur unterliegen, gestalten die Informationen mit. Durch diese ‚Rahmenbedingungen' kommt es zu verschiedenen Formen der Berichterstattung. Die Reaktionen jugendlicher und erwachsener Fernsehzuschauer/innen oder Zeitungsleser/innen schwanken entsprechend der Art der (bildlichen) Berichterstattung zwischen Teilnahmslosigkeit, einem voyeuristischen Blick auf ‚Schicksalsschläge', dem Lust-Reiz des Schreckens, einem angeekelten Wegsehen, einer von Emotionen dominierten kurzzeitigen Betroffenheit oder einer beruhigten Kenntnisnahme, dass man sich selbst in sicherer Entfernung befindet oder die eigene Seite ‚alles im Griff' hat. „Die sekundäre Weltsicht durch das Medium bedient augenblicklich allzu sehr Phänomene der Angst und des Entsetzens und entmutigt die Zuschauer, an konstruktiven Lösungen mitzuarbeiten" (Hörburger 1996, 166). Mittel- bzw. längerfristig sind Prozesse der Abstumpfung die Regel: „Der Anblick von zerfetzten Beinen, hungernden Flüchtlingen, rollenden Panzern, brennenden Häusern ist kaum noch zu überbieten und erzieht zur ohnmächtigen Akzeptanz des Grauens" (Hörburger 1996, 171). Die frühere Hoffnung, durch realistische Kriegsbilder für Frieden zu werben (Friedrich 1924, Tucholsky 1975), findet sich heute nicht mehr, wohl aber die Hoffnung, über die Ereignisse aufzuklären. Dazu sind jedoch Bildungs- und Lernprozesse nötig: „Die Voraussetzung für eine moralische Beeinflussung durch Fotos ist die Existenz eines relevanten politischen Bewusstseins. Ohne die politische Dimension wird man Aufnahmen von der Schlachtbank der Geschichte höchstwahrscheinlich nur als unwirklich oder als persönlichen Schock empfinden" (Sontag 1980, 24 f.).

Zu den Reaktionen von Kindern auf Schreckensbilder liegen kaum gesicherte Erkenntnisse vor. Trotz einer Bandbreite gezeigter Reaktionen wird in der Friedens- und Medienforschung vermutet, dass alle Kinder Ängste entwickeln und verunsichert sind, was einige nur zu überdecken versuchen. „Die meistverbreitete Art der Betroffenheit bei Kindern scheinen Angstreaktionen zu sein, die häufig zu einem Gefühl der Ohnmacht, zur Resignation und Apathie ... führen, aber auch starken Abwehrversuchen unterzogen werden, in deren Folge sich aggressive und zynische Reaktionen sowie Gefahrenverleugnungen und Illusionen der Gefahreneingrenzung durch Aneignung und Beherrschung des Vernichtungspotentials wachhaltende Einvernehmungsattitüden einstellen" (Weiß 1991, 53). Dabei gibt es Unterschiede zwischen Mädchen und Jungen: „Die Betroffenheit der Schüler äußerte sich in Stille, leiser Diskussion oder leisen Bemerkungen (meist Mädchen), in Lachen, aggressivem Verhalten, Witzen über Bilder oder Bemerkungen von Klassenkameraden (meist Jungen)" (Gschwandtner/Meyer 1977, zitiert nach Weiß 1991, 57). Diejenigen, die von der Technik fasziniert waren, schienen sich für die Verletzten und Toten nicht zu interessieren.

Verbreitet ist in der Medienforschung die These, dass Kinder bei Gewaltdarstellungen primär auf die Folgen für die Opfer achten und Gewalt entsprechend definieren. So interpretieren sie z. B. Comicfilme nicht als gewalttätig, wenn das zusammengeschlagene Opfer sich in der nächsten Szene wieder ‚ausbeult' und munter weiterläuft. In diesem Beispiel ist allerdings der fiktive Charakter der Darstellung deutlich zu erkennen und es gibt, anders als in den Berichten zu Schreckensbildern, ein ‚Happy End'. Ein positiver Ausgang, das Aufzeigen von ‚guten' Perspektiven ist hilfreich für das Verarbeiten des Schreckens.

In heutigen Fernsehdarstellungen ist nach Gugel für Kinder „die Unterscheidung zwischen ‚Fiktion', gespielten oder manipulierten Szenen und der Wirklichkeit ... kaum noch möglich" (Gugel 2001, 8). Manche Kinder vergleichen die gezeigten Realitätspartikel aus dem Fernsehen mit den virtuellen Welten ihrer Computerspiele. Dann ist für sie nicht immer „nachvollziehbar, dass Krieg auch Zerstörung, Verletzung und Tod bedeutet", zumal „das Wechselbad zwischen verharmlosender, sachlich technischer Sprache in Nachrichtensendungen und brutalen Ausdrucksweisen in vielen Filmen und Videos desorientierend" wirke (ebd.). Dies mag sie manchmal vor einem ‚brutalen Erkennen' schützen, aber verharmlosende Vorstellungen über Kriegs- und Gewalthandlungen oder von virtuellen Welten geleitete Vorstellungen können im pädagogischen Raum nicht akzeptiert werden, zumal sie kaum über längere Zeit aufrecht zu erhalten sind und dann durch die Desorientierung größeren Schaden anrichten als eine frühe, behutsame Aufklärung. Eine realitätsgetreue Vorstellung (was nicht heißt, jedes Detail zu thematisieren!), die Trauer und Mitgefühl für die Opfer umfassen sollte, ist anzustreben und als Anlass zur Entwicklung von Handlungsperspektiven zu nehmen.

Je jünger die Kinder sind, desto eher beziehen sie die im Fernsehen gezeigten Ereignisse auf sich. Sie können oftmals „keine räumliche Distanzierung und realistische Bedrohungsabschätzung für sich selbst vornehmen" (Gugel 2001, 9). Kriegsängste gehören bei über 50% der deutschen Jugendlichen zur dominierenden Angst; gefolgt von der Angst vor Einsamkeit und Arbeitslosigkeit bei jeweils 13% (Emnid 1999). Hurrelmann (1991) weist darauf hin, dass gerade der erfahrens- und erlebnismäßig unberechenbare und wenig ‚greifbare' Charakter von ‚Krieg' ihn zu einem beängstigenden und bedrohlichen Ereignis für Kinder machen kann. Schon ein gezeigtes Kampfflugzeug oder ein Lichterfeuerwerk kann die Fantasie von Kindern so anregen, dass sie Kriegsängste entwickeln, die sich äußerlich in Unruhe oder Aggressivität ausdrücken können. Insofern dienen Kriegsspiele oftmals auch der Verarbeitung von Medienerfahrungen, da in ihnen neben körperlicher Bewegung und der Spannung des Spiels „zum Abreagieren" zugleich Wirkungen von Macht, Herrschaft, Unterordnung und strategischem Handeln spielerisch erprobt werden.

Zusammenfassend: Die gezeigten Reaktionen der Kinder können also sehr unterschiedlich sein und sind nicht immer ein Indikator für tatsächliche Eindrücke und Ängste. Einige Kinder wollen sich spontan für Aktionen gegen die Gewalt engagieren und kennen verschiedene Möglichkeiten von ‚Briefe schreiben' bis hin zu Demonstrationen. Andere reagieren zumindest dem äußeren Anschein entsprechend ‚cool' und eher desinteressiert. Wiederum andere behaupten, das Gemetzel witzig zu finden oder erklären das Ansehen von Schreckensbildern zur Mutprobe, in der Angst in Angst-Lust umschlagen kann. Auch in diesem Fall können Bewertungen, die inhumane oder zynische Züge enthalten, im Unterricht nicht unhinterfragt bleiben. Zwar sollten Schüler/innen nicht unnötig Schreckensbilder zugemutet werden, aber sie sind keinesfalls nur als ‚Opfer' beim Rezipieren anzusehen, die hilflos den Medien ausgesetzt sind. Auch sie verfügen über mehr oder weniger geeignete Strategien der Verarbeitung bzw. Verdrängung. Jedoch sind Gewöhnungsprozesse an Schreckensbilder bei Kindern meist noch nicht erfolgt und ihre Verdrängungsmechanismen funktionieren nicht so ‚gut' wie bei Jugendlichen oder Erwachsenen. Erst mit zunehmenden Alter lernen Kinder ihre Ängste zu unterdrücken bzw. zu beherrschen (vgl. Birckenbach/ Sure 1987, 26), was natürlich keine adäquate Verarbeitung darstellen muss (insbesondere dann, wenn sie zur Übernahme von inhumanen Verhaltensdispositionen oder zum Bedürfnis nach ‚Mehr', also nach Steigerung des Reizes führen).

Konsequenzen für den Unterricht

Aufgrund der unterschiedlichen Reaktionen der Schüler/innen ist besonders in der Friedenserziehung auf jedes einzelne Kind pädagogisch sensibel einzugehen. Dies erfordert in der Regel eine Differenzierung des Unterrichts. Inhaltlich gehören dazu das Aufgreifen ihrer Ängste, die ernst zu nehmen sind, sowie ihrer eventuell ansatzweise vorhandenen Strategien der Verarbeitung und dazu gehört die Aufklärung über das Ereignis: Diagnosen des Geschehens, Gesten des Trauerns und trotz allem eine Sicherung von Normalität im Unterrichtsgeschehen helfen, Ängste abzubauen.

Informationen, die aus den Medien erworben werden, sind in der Regel ungeordnet, bruchstückhaft und zufällig. „Das Gesehene kann nur in seltenen Fällen von den Kindern selbständig verarbeitet werden. Die Bilderflut über Kriege, Entführungen und Katastrophen stürzt auf die Kinder ungeordnet ein. Es gelingt dem jungen Fernsehklientel nur schwer, Ordnung in Bild- und Höreindrücke zu bekommen. Auch Kinder mit günstiger Sozialisation und breitem Vorwissen, das belegen neueste Untersuchungen, können die Weltnachrichten nur unvollkommen verstehen, zumal die drastischen Bilder die persönliche Einschätzung der Nachricht stark behindern. Kinder mit ungünstigen Dispositionen sind fast nur dem Bildmaterial ausgeliefert. Es ist das primäre Angebot, das von ihnen genutzt wird" (Hörburger 1996, 88). Die Informationen zum Ereignis sind daher im Unterricht zu *ordnen und in Zusammenhänge zu stellen*: Ursache(n) und Folge(n), räumliche und zeitliche Einordnung sowie Auslöser des konkreten Ereignisses im Zusammenhang mit vorher schon bestandenen Faktoren und Möglichkeiten künftigen Handelns sind altersgerecht zu erklären.

Zunächst sind *Analysen zum „Bild des Schreckens"* (hier auch als Metapher für das Ereignis), ist eine Sachanalyse erforderlich:

- Was ist das Thema des „Schreckensbildes"? Wie ist es inhaltlich einzuordnen?
- Gibt es thematische Bezüge zu früheren Themen des Sachunterrichts?
- Wie ist der Kontext des Bildes bzw. der Bilder begrifflich zu fassen?
- Was ist das Schreckliche an der Meldung und an den gezeigten Bildern?
- Welche Reaktionen erwarte ich bei meiner Lerngruppe bzw. bei einzelnen Schüler/innen?
- Welche Formen der Auseinandersetzung bieten sich außer dem klärenden, informierenden Unterrichtsgespräch an?
- Gibt es für die Schüler/innen Handlungsperspektiven, die das Schreckliche „in ihren Köpfen" mildern könnten?

Die *Materiallage* für den zu planenden Unterricht wird unterschiedlich sein; in einem Fall kann es Allgemeines zum Thema „Krieg und Frieden" geben, das einzusetzen möglich ist, in einem anderen Fall kann es sinnvoll sein, auf entsprechend für Kinder gestaltete Nachrichtensendungen wie *logo* (Kinderkanal) oder auf Rundfunksendungen zurückzugreifen, die per Video aufzunehmen, gemeinsam anzusehen und zu besprechen sind (ein stets aktualisierter Überblick über Fernsehsendungen findet sich bei www.sachunterricht-online.de). Auch können die Informationen, über welche die Kinder schon verfügen, im Klassengespräch gesammelt und von der Lehrkraft kommentiert werden; ggf. kann in einer späteren Stunde geeignetes Material einige Aspekte klären helfen. Oder aber die Lehrkraft gibt entsprechende Materialien in den Unterricht – bei der Recherche zu aktuellen Ereignissen helfen mittlerweile Bildungsserver oder Homepages von Verlagen. Selbst wenn komplexe Hintergrundinformationen zum Verstehen der jeweiligen Situation noch nicht zur Verfügung stehen bzw. die Lehrkraft sich spontan überfordert fühlt, sie didaktisch adäquat vermitteln zu können, sollten die Fragen der Schüler/innen nach Möglichkeit beantwortet und ein erster sachlicher Zugang versucht werden, mit dem das Geschehen wenigstens ansatzweise begriffen werden kann. Dies kann diffuse Ängste beruhigen. Diese *kognitive Ebene* ist wichtig, obwohl konkrete Vorschläge, die für alle möglichen „Schreckensbilder" passen, sich hier nicht allgemeingültig formulieren lassen. Auch über den Zeitpunkt, zu dem die kognitive Ebene der Auseinandersetzung mit dem Ereignis betont werden sollte, lässt sich verallgemeinert wenig aussagen: Das diagnostische Wissen der Lehrkraft über ihre Schüler/innen, deren Lernvoraussetzungen und Leistungen bleiben Fundamente jeglicher Unterrichtsentscheidungen.

Wichtig ist auch die Berücksichtigung der *emotionalen Ebene*. Gespräche oder Bilder sollten jedoch nicht im Sachunterricht aufgenommen werden, damit sie Betroffenheit bei den Kindern erzeugen. Betroffenheit ist gerade bei Kindern meist schon vorhanden. Wichtiger ist es nach Weiß zu überlegen, „*wie* sich Betroffenheit auswirkt, d. h. welche Reaktionen (Verdrängung, Realitätsverzerrung, Verleugnung, Zynismus, kritische Realitätsanalyse usw.) hauptsächlich aus ihr folgen" (Weiß 1991, 53). Hier sind die Vorerfahrungen der Schüler/innen relevant. Da Mitleid im Allgemeinen nur dann erzeugt wird, wenn das ‚außenstehende' Medienereignis von den Rezipient/innen in ihre sozialen Erfahrungen integriert werden kann, ist es aber durchaus empfehlenswert, die Schüler/innen zum Geschehen erzählen zu lassen. Dies hilft nicht nur der Lehrkraft für die Einschätzung der Lernvoraussetzungen, sondern verdeutlicht die besonderen Perspektiven der Schüler/innen, die aufgegriffen werden können.

Fast alle Kinder haben Bilder vom Krieg oder Terror in ihren Vorstellungen. Die Bilder sind von Fantasie durchdrungen: „Vorstellungsbilder sind keine Abbildungen, sondern kreative Hervorbringung des Geistes unterhalb der Reflexionsschwelle. Man sieht etwas, ohne es ‚wirklich' zu sehen. Das Vorstellungsbild setzt ‚die faktische Abwesenheit dessen voraus, was in den Bildern zur Anschauung gelangt'" (Schörken 1994, 40). Die Chancen, die darin liegen, auf Ängste und Verwirrungen der Schüler/innen konstruktiv einzugehen und sie zu bearbeiten erscheinen größer als die Risiken, sie erneut durch die Thematisierung des Schrecklichen im Unterricht zu ängstigen. Das gemeinsame Betrachten und Sprechen über Bilder des Schreckens nimmt sie ernst mit ihren Ängsten und Verstörungen, die auch beim Anblick scheinbar ganz alltäglicher Gewalttätigkeiten entstehen können. Es ermöglicht oder fördert ihre Versuche,

– die Betroffenheit, die Emotionen zuzulassen und zu erkennen, dass auch Andere (auch die Lehrkraft) betroffen und möglicherweise ängstlich sind;
– die zunächst oft vorhandene Sprachlosigkeit zu überwinden und Gefühle gemeinsam zu verbalisieren;

- in symbolischen Akten zu trauern und auf verschiedenen Ebenen Handlungsperspektiven zu entwickeln (sinnvolle Aktionsformen finden, Konfliktlösungen aufzeigen), so dass es nicht zur Resignation kommt;
- sich mit evtl. vorkommenden eigenen aggressiven Potentialen (Hass, Wut u.ä.) auseinander zu setzen und sie zu kontrollieren lernen; Bilder der Gewalt provozieren oftmals beides, Ablehnung und „Gefühle der Überlegenheit und der Erleichterung – und damit ein geheimes Bündnis mit der Gewalt" (Fayet 2002, 25). Die „Einsicht in diese Ambivalenz, die für unser Verhältnis zur Gewalttat und zum Opfer kennzeichnend ist, (ist) ein Gewinn" (ebd.).

Eventuell, bei entsprechenden Lernvoraussetzungen, kann das Thema auch in die Medienerziehung eingebettet werden. Die medial vermittelten Sichtweisen können mit anderen Erfahrungen zum Thema verglichen werden; formuliert als Ziele:
- verschiedene Wahrnehmungen zum Geschehen kennen lernen, vergleichen und die eigenen Wahrnehmungen ggf. überdenken;
- ein Hinterfragen medialer Darstellungen erlernen durch Verfremdung bzw. Veränderung des Gezeigten.

Erste Reaktionen „am Tag danach":
Es gibt manchmal die Dringlichkeit, relativ spontan auf ein aktuelles Ereignis des Vortages einzugehen, damit die Schüler/innen psychisch entlastet werden. Dies kann – je nach sichtbaren Reaktionen der Schüler/innen und Einschätzung der Lehrkraft – in verschiedenen methodischen Formen erfolgen:
- Im morgendlichen Sitzkreis ohne ‚besondere' pädagogische Ziele über das medial präsentierte Ereignis so lange sprechen, bis das Redebedürfnis der Schüler/innen befriedigt erscheint. Informationen können ungezügelte Schreckensfantasien zügeln.
- Körperlich-sportliche Aktivitäten als (unspezifisches) Mittel des Sich-Abreagierens initiieren.
- Bilder zu dem Ereignis aus dem Gedächtnis malen lassen (evtl. anschließend die selbst gemalten Bilder gemeinsam besprechen).
- Ein Standbild zum Ereignis mit den Schüler/innen bauen und im nächsten Schritt gemeinsam mit ihnen überlegen, wie es in Richtung möglicher Perspektiven (z. B. Frieden) verändert werden kann.
- In symbolischen Akten (Standbilder, Zeichnungen etc.) trauern.
- Nach hoffnungsvollen Handlungsperspektiven suchen und sie im weiteren Verlauf auf ihre Wirkungen, Chancen und Grenzen prüfen.

Von einem erneuten Zeigen des Schreckensbildes im Unterricht ist in der Regel eher abzuraten. Fernsehbilder können von den Schüler/innen auch nicht materialiter ‚mitgebracht' und gezeigt werden. Anders ist es bei Zeitungsbildern. Möchte ein/e Schüler/in ein Bild zeigen, ist es ratsam, keine Neugier durch Verbot oder Verstecken des Bildes zu wecken, sondern sich auf den Prozess des gemeinsamen Betrachtens einzulassen. Dient das Bild nicht dem Verständnis des Ereignisses und fördert es nicht

Solidarität und Mitleid mit den Opfern, Trauer und den Willen zur Hilfe, sollten folgende Fragestellungen von der Lehrkraft kindgerecht gestellt werden und ggf. zur Kritik am Bild in das Gespräch mit den Schüler/innen einfließen:
– Kann es Reaktionen provozieren, die als ‚cool', gelangweilt oder menschenverachtend zu beschreiben sind?
– Sind komplexe Situationen auf ikonographische Botschaften reduziert, also z. B. auf eine Schießszene oder Verstümmelungen, auf Machtsymbole wie Fahne oder Militärapparate, so dass mit dem Bild keine sachlichen Informationen, sondern lediglich Gefühle, Betroffenheit oder eine vordergründige Moralisierung vermittelt werden?
– Fördert es eine Faszination an (menschenvernichtender) Technik?
– Ist Solidarität mit den Opfern des „Schreckens" möglich? Behalten die Opfer ihre Würde oder werden sie ‚Mittel zum Zweck'? Wird nur ihre Opferrolle oder werden auch ihre Gestaltungschancen deutlich?
– Wessen Sichtweise wird präsentiert? Wird hinterrücks beim Betrachten des Fotos die Täter-Perspektive eingeführt?

Diese Aspekte setzen gewisse bildhermeneutische Kompetenzen der Lehrkraft voraus, also die Fähigkeit, sich auf Bilder einzulassen, sie zu deuten und zu interpretieren sowie – als Perspektivenübernahme – die Wirkungen auf Schüler/innen einzuschätzen. Und – dies ist gleichfalls nicht zu unterschätzen – es setzt den Mut der Lehrkraft voraus, eigene Gefühle, Sorgen und Hoffnungen zu zeigen bzw. sie mitzuteilen; hier ist eine Art Vorbildfunktion in der Haltung der Lehrperson gefordert.
Es gibt im Unterrichtsverlauf verschiedene Möglichkeiten der Auseinandersetzung mit schrecklichen Geschehnissen, die in der Literatur zu finden sind:
– Schüler/innen sammeln Begriffe aus der *Mediensprache*, die im Unterricht gemeinsam geklärt werden, indem sie im (Kinder-)Lexikon nachgeschlagen oder von der Lehrkraft kommentiert werden. Beispielsweise „Freischärler", „Heckenschütze", „Hochburg", „Kampfgeschwader" oder „Terrorist" (vgl. Hörburger 1996, 81).
– Es kann ein *Kriegstagebuch* (mit kleinen eigenen Texten oder Bildern) zu den Fernsehberichten, die z. B. in Kindernachrichtensendungen wie logo zu sehen sind, geführt werden (vgl. Große-Oetringhaus 1999, 99). Die eigenen Gedanken und Gefühle wie Verzweiflung oder Wut, auch abnehmendes Interesse usw. können festgehalten und von Zeit zu Zeit gemeinsam in der Klasse besprochen werden, ohne dass die Texte selbst veröffentlicht werden. Die Gespräche *über* die eigenen Texte oder Bilder ziehen eine weitere hilfreiche Ebene der Distanz zwischen dem Ereignis und dem Kind ein, die ein individuelles Vergleichen zwischen verschiedenen Formen des Reagierens, der Trauer u.ä. ermöglicht.
– *Moralisch-ethische oder auch religiöse Fragen* wie „Gibt es einen gerechten Krieg?" oder „Kann man in jeder Situation auf staatliche Gewalt verzichten?" lassen sich philosophisch klären. Wer ist Opfer, wer ist Täter? Fragen, die nicht immer eindeutig zu beantworten sind.
– Mögliche *Aktionen* von Grundschüler/innen (vgl. Schernikau/ Zahn 1990) sind:

- eine Ausstellung machen, ein Schauspiel oder Konzert aufführen, Plakate entwerfen für den Frieden und präsentieren;
- Briefpartnerschaften (auch als Emails) mit Kindern in einem anderen Land beginnen;
- Friedenstauben basteln, malen, backen und dann ausstellen, verkaufen, verschenken oder als Briefpapier mit Text an entsprechende Funktionsträger schicken, an Luftballons gehängt fliegen lassen;
- aus den Zeitungen Nachrichten zu Friedensaktionen sammeln, ans Schwarze Brett hängen und sich für eine Beteiligung entscheiden;
- eine „(Umtausch)Aktion Kriegsspielzeug" organisieren.

Oder aber ein ästhetischer Zugang (vgl. als allgemeinen Überblick: Mattenklott 1998).

Ästhetische Zugänge mit ‚Gegenbildern'

Man braucht Abstand zu den Schreckensbildern, damit ihnen rational begegnet werden kann und sie ihren Schrecken durch Rationalisierung verlieren. Zugleich sollte die Rationalisierung nicht zu einer Gleichgültigkeit oder zu Desinteresse führen. Insofern ist es sinnvoll, im Unterricht gegen die Schreckensbilder, die in den Vorstellungen der Schüler/innen weiterwirken, ‚Gegenbilder' zu setzen: andere ‚Bilder' werden kontrastiert gegenüber den vorhandenen „Bildern im Kopf". Dies ist *eine* Möglichkeit pädagogischen Wirkens, die aber erfolgsversprechend scheint: „Einfluss können wir nehmen, indem wir Symbolisierungen erweitern und kontextualisieren. Einfluss können wir darüber hinaus nehmen, indem wir die Repräsentationen überprüfen, mit ihnen bewusst umgehen, sie verstärken, indem wir sie weitergeben oder sie schwächen, indem wir sie nicht erwähnen" (Hoffmann 1997, 60).

Die Gegenbilder, die selbst natürlich weder Schreckensbilder sein noch zur ‚Betroffenheitskunst' zählen sollten, sind nicht ‚angstbesetzt', sondern symbolisieren den Schrecken bzw. einen Aspekt von ihm. Die Symbolisierungen können reflektiert werden, der Schrecken wird damit kognitiv und emotional zugänglich. ‚Exorzistische Wunder' dürfen natürlich nicht von Gegenbildern erwartet werden. Aber von ihnen ausgehend kann sich dem Schrecken behutsam erneut genähert werden. Weitere prinzipielle Vorteile:

– Eine emotionale, (zunächst) sprachentlastende Auseinandersetzung ist bei Bildern möglich, die noch nicht gleich auf Wörter und kognitive Rationalität reduziert ist. Dadurch können Emotionen eher zugelassen werden.
– Neue Bilder ermöglichen, sich mit dem Schrecken mit Hilfe einer neuen Perspektive auseinander zu setzen, die nicht angstbesetzt ist und die daher eine Reflexion der früheren Gefühle und somit neue Deutungen provozieren kann.
– Eigene Ängste müssen nicht als eigene thematisiert werden, sondern können in das Bild hinein projiziert werden: z. B. zeigt die im Bild dargestellte Person Symptome der Angst. Deren Ängste zu thematisieren, fällt leichter – und bedeutet im Unterrichtsgespräch zugleich einen Schutz der Intimsphäre.

– Der emotionale Zugang zu einem Aspekt des Schreckens wird evtl. der Perspektive der Opfer gerechter als es das Schreckensbild ermöglichte: Die „emotionale Erkenntnis" schafft einen Bezug zur eigenen Person, zum eigenen Leben (Stenger 1990, 184) und ermöglicht Mitgefühl bzw. eine Perspektivenübernahme mit den Opfern.
– Sich in einem Perspektivenwechsel mit Schwächeren (Opfer) auseinander zu setzen, sie aus ihrem Kontext heraus versuchen zu verstehen, führt nicht zur reflexionslosen Betroffenheit, sondern da eine bewusste Distanz aufrecht erhalten werden kann, zur Auseinandersetzung mit den Schwächeren. Damit wird evtl. ein realeres Bild auf das Schreckensereignis möglich.

Zur Werkauswahl von ‚Gegenbildern':
Ein ‚Gegenbild' kann ein Gedicht oder eine Geschichte sein, die innere Bilder bei den Schüler/innen erzeugen (siehe als Materialsammlung z. B. Riedl 1995). Es kann eine (evtl. selbst geschriebene) Fallgeschichte sein, die vorgestellt und besprochen wird (z. B. aus der Perspektive eines betroffenen Kindes, mit hoffnungsvollem Ende); oder die Schüler/innen werden (ggf. mit entsprechenden Hilfen) animiert, selbst eine Geschichte zu schreiben. Ein ‚Gegenbild' kann eine von der Lehrkraft selbst hergestellte Collage sein, die das Schrecklichste am ‚Original-Schreckensbild' verdeckt, es also verfremdet und sich dennoch oder gerade deshalb als Gesprächsanlass eignet, im Idealfall eine neue Perspektive auf das Geschehen eröffnet.
Ein ‚Gegenbild' kann auch ein reales Bild sein, das zum Gegenstand von Interpretationen wird. Welche Bilder sind geeignet, Medienbilder (Fotos) oder Tafelbilder (Kunst)? Diese Frage ist abstrakt kaum zu beantworten, da beide qualitativ sehr unterschiedlich sein können. Aber gegen das ‚normale' Foto spricht oftmals: Es scheint ohne Urheberschaft zu sein und die Realität so abzubilden, wie sie ‚ist' – was eine Illusion ist. Erst ein/e geübte/r Betrachter/in kann in kritischer Haltung die Perspektive, die Helligkeit bzw. Farbwahl (durch Filter) oder den Ausschnitt als Mittel der Gestaltung erkennen und über das Nicht-Gezeigte spekulieren. Der normale Blick vermittelt mit hoher Intensität: „So ist es gewesen", obwohl das Bild sozial konstruiert ist (vgl. Fuhs 1997, 274). Meist ‚plädiert' das Foto daher für nur eine einzige Interpretation zum Dargestellten.
Das Kunstwerk stellt bereits eine Auseinandersetzung mit Welt dar – es versucht nicht, ‚die' Realität zu zeigen, sondern es eröffnet Möglichkeiten für weitere Auseinandersetzungen mit der Welt. Kunst präsentiert nicht ‚die' Welt, sondern eine Sichtweise auf Welt – andere können folgen. Das Werk sollte daher das präsentieren, worum es im Unterricht gehen soll. Der Begriff „Präsentation" ist dabei weit gefasst; es wird kaum ein Bild zu finden sein, das exakt das gleiche Geschehen präsentiert – und dies ist auch nicht nötig. Mit ‚Gegenbild' wird kein Anspruch an das Kunstwerk gestellt, sondern an die Lehrkraft, ein dafür geeignetes Bild für die Schüler/innen zu finden.
Beispiele:
– Möglich ist ein Bild, mit dessen Hilfe das Schreckensereignis verglichen werden kann, indem Ähnliches, aber auch Anderes repräsentiert wird, das der Reflexion dient (thematischer Vergleich). So gibt es viele Bilder, die Grundformen mensch-

licher Erfahrung wie Angst, Schreck, Verzweiflung, Trauer oder Leid, Verletzungen der Seele zeigen (z. B. bei Picasso, Dix, Kollwitz, Barlach; oder Leon Golub, Annette Messager usw.) (siehe auch Saure u. a. 1999, Jürgens-Kirchhoff 1993).
- Manche Werke oder Installationen thematisieren das Schreckliche, indem sie auf es verweisen, ohne es selbst abzubilden; sie regen zu Assoziationen darüber an (z. B. Boltanski).
- Geeignet sein kann ein Bild mit Symbolen, die an die Stelle dessen treten, was reflektiert werden soll; z. B. stehen für Frieden die Taube (Picasso) oder der Hase (Beuys); es finden sich auch Allegorien, die menschliche Charaktere wie Geiz, Neid oder auch Gerechtigkeit veranschaulichen (z. B. im druckgraphischen Werk von Bruegel d. Ä. oder den Kupferstichen von Goya). Auch Friedensallegorien sind sinnvoll (zu finden z. B. bei Rubens, Delacroix oder Lorenzetti).
- Darstellungen von Räumen können bedrückende oder beängstigende Gefühle präsentieren (z. B. bei Piranesi, de Chirico)
- Des Weiteren gibt es in Bildbänden zahlreiche Bilder für Kinder, von denen auch einige für das jeweilige Thema geeignet sein können. Es sollten jedoch keine verharmlosenden, plakativen Illustrationen einer heilen Welt als Gegenbild verwendet werden, die unglaubwürdig wirken.

Sowohl ‚klassische' Malerei als auch moderne, ja auch avantgardistische Kunst ist für Grundschüler/innen geeignet (dazu: Kirchner 1999).

Zur praktischen Vorbereitung der Interpretation eines Kunstwerkes

Viele Grundschüler/innen können Bilder sehr gut interpretieren. Dennoch ist es wichtig, in der Vorbereitung des Unterrichts verschiedene Bildebenen zu interpretieren, um entsprechende Hilfestellungen im Unterricht geben zu können. Zu unterscheiden sind die „fünf elementaren Methoden ... für eine systematische pädagogische Bildinterpretation" (Rittelmeyer 2001, 73):
„1. Die *strukturale Interpretation*: Analyse des Bildaufbaus bzw. Bildkomposition, der Farbvalenzen, der Formate und Herstellungstechniken usw.; die Frage also nach der formalen Beschaffenheit des Bildes.
2. Die *kontextuelle Interpretation* (‚grammatische' Interpretation im Sinne Schleiermacher): Analyse der ikonographischen Tradition oder ‚Bildsprache', die zitiert wird, Art der Teilhabe an typischen Metaphern, Regeln, Allegorien, rhetorischen Figuren und Argumenten der Ikonographie/Sprache einer historischen und regionalen Sprachgemeinschaft.
3. Die *komparative Interpretation*: Vergleich des Bildes mit anderen Bildern zum gleichen Thema, zur gleichen historischen Situation oder auch zu Bildern anderer Epochen: Was ist das Besondere an diesem Bild? Wodurch hebt es sich von anderen ab? Was hat es mit anderen Bildern gemeinsam, sodass sich hier vielleicht ein historischer Habitus des Themas und seiner ikonographischen Darstellung zeigt?

4. Die *psychologische bzw. mimetische Interpretation*: ‚Einfühlung' in das Bild und seine Bedeutung, in den Urheber/ die Urheberin. Welche Eindrücke, Gefühle, Gedanken, Haltungen löst es in mir aus? Welche Motive und Erlebnisse könnten seiner Herstellung zugrunde liegen? Was ist der psychologische Gehalt, die Wirkung auf Urheber und Betrachter?
5. Die *experimentelle Interpretation*: Was wäre, wenn ... [...] Welche Wirkung haben ... diese Kleidung, diese Kopfhaltung, diese Perspektive für die Auffassung und für das Verständnis des Bildnisses, der dargestellten Person?" (Rittelmeyer 2001, 74).

Im Grundschulunterricht sind jedoch nicht alle, sondern eventuell ‚nur' die strukturale und die psychologische Interpretation zu empfehlen, als Abschluss – zur Bildung von Perspektiven – möglicherweise noch die experimentelle. Erstere eröffnet einen ersten Zugang, gerade wenn das Bild zunächst noch ‚fremd' erscheint; letztere ist zentral für das Nutzen als ‚Gegenbild'.
Folgende Wahrnehmungsprozesse sind anzuleiten:
1. Wahrnehmen: die Ebene des Deutens, des Interpretierens.
2. Erklären: die Ebene des Wissens, Ergänzungen durch Fakten, Hintergrundinformationen zum Bild oder zum Künstler/zur Künstlerin, die ggf. von der Lehrkraft eingebracht werden.
3. Urteilsbildung: die Ebene des Orientierens, des Verstehens, evtl. des Wertens; eine Interpretation wird von jeder/jedem Schüler/in favorisiert.
4. Bezug zum aktuellen Geschehen, Vergleichen.

Ein Beispiel
Es ist die Zeichnung eines unbekannten Kindes (angefertigt in einem Konzentrationslager oder kurz nach der Befreiung).
Der erste Zugang sollte ein „*freies Fragen*" der Schüler/innen an das Bild ermöglichen: Wovor läuft das Kind davon? Was bedeutet das Schwarze mit dem Loch? Hier zeigen sich schon Interpretationen: Das Kind könnte auch still stehen und nur die Haare „stehen ihm zu Berge". Es sind *Begründungen* für die Deutungen zu suchen, die mit weiteren Details die erste Interpretation belegen können: die horizontalen Striche symbolisieren Bewegung. Hier muss die Lehrkraft ggf. Hilfen geben, indem sie auf *strukturale Bildelemente* verweist. Warum hat das Kind die Hände vor dem Gesicht? Das stört beim Laufen. *Details und das ganze Bild* werden aufeinander bezogen. Ich bleibe bei meiner ersten Interpretation und ergänze: Die Hände sind schon von den Augen genommen, aber noch in verkrampfter Haltung, weil das Kind Angst hat (psychologische Interpretation). Es läuft vor dem Schwarzen davon, vielleicht ist es ein Haus? Oder eine verschlossene Tür?
Oder ich lasse mich von anderen Argumenten überzeugen: Das Kind steht, es hatte etwas Schreckliches gesehen und nimmt jetzt langsam die Hände von den Augen. Das Schwarze besteht in seiner Fantasie, es ist ein Symbol und das kleine weiße Loch ist ein Ausweg, eine sich eröffnende Hoffnung. Wie könnte sie aussehen? Die eigene Interpretation ist in gemeinsamen Gesprächen *immer wieder in Frage zu stellen*,

Abb. 6
aus: Beckmann u. a. 1986, 31

denn schlüssige ‚Lösungen' zur Interpretation gelingen nicht, immer scheint ein Detail zu ‚widersprechen'. Dadurch beginnt der/ die Rezipient/in, die eigenen Interpretationsprozesse zu reflektieren: Wieso deute ich die Hände so? Woher kenne ich das? Es finden hermeneutische Bildinterpretationen statt, die längerfristig allgemein der Medienkompetenz zugute kommen: Das Befragen von Bildern aller Art ist – wie eingangs skizziert – eine wichtige Kompetenz.

Ein pädagogischer Vorteil von Kunst ist, dass beim Betrachten ‚nur' die Assoziationen ‚bildlich' geweckt werden, die man selbst ertragen kann, da sie aus den eigenen Vorstellungs-Bildern heraus entstehen. Das Schwarze wird mit eigenen Bildern ‚gefüllt'. Idealerweise kann eine Auseinandersetzung mit einem Kunstwerk das mediale Schreckensbild ‚überlagern'. Es wird kein überwältigendes Grauen und keine Lähmung erzeugt, es werden keine negierenden Abwehrmechanismen entwickelt, denn durch die ästhetische Umformung wird der Schrecken ‚fremd': „Bilder sind eine Möglichkeit, sich durch die Wirklichkeitsdarstellung eines anderen einer Wirklichkeit zu nähern" (Ossenberg 1998, 11 f.). Das Kind bietet Möglichkeiten zum Mitempfinden, aber auch zum distanzierten Betrachten: Die Haare, die Hände, das Auge können mit eigenen Emotionen bei Schrecken oder anderen Wahrnehmungen aus dem Alltag verglichen werden – im Gegensatz zu den Medienbildern, die distanzlos auf Emotionen rekurrieren. „Insofern Bilder Kunstwerke sind, wird das Subjektive in eine objektive Formsprache übersetzt, die das Grauenvolle durch die ästhetische Umformung noch intensiver ‚fremd' werden lässt, zu einem anschaulichen Objekt, zu dem Distanz (und damit ein Reflektieren des Dargestellten, D.R.) möglich ist" (Ossenberg 1998, 11). Es ist ein Wechselspiel von Sich-Einlassen und Distanzieren. „Bilder kann man ‚betrachten', beim Betrachten muss man zurücktreten, wodurch sich neue Perspektiven und Möglichkeiten ergeben. Betrachten bedeutet Überblick, Distanz anstelle von Involviertsein" (ebd.). Ein wichtiger Unterschied zu den Massenmedien.
Verschiedene Deutungen, die eigene und die der Anderen, können im Unterrichtsgespräch ausprobiert werden, die Differenzen zwischen ihnen für weitere Deutungen genutzt werden. Mit der Reflexion sind (soziale) Perspektivenübernahmen zwischen den Schüler/innen möglich. Es sind in der Folge wertende Stellungnahmen möglich, die zusammen mit Sachkenntnissen zur Urteilsbildung über den gewählten Aspekt (z. B. Folgen für die Opfer) beitragen: Ist das Fortlaufen eine Alternative? Welche Alternativen haben Kinder überhaupt? Kann man immer fortlaufen?
Es muss nicht immer ein gemeinsames Interpretieren sein. Sind die Schüler/innen schon geübt mit Bildinterpretationen, können sie auch in Gruppen oder allein Kommentare, Geschichten oder Gedichte zum Bild schreiben. Manchmal kann auch eine zunächst nonverbale Auseinandersetzung mit dem Kunstwerk förderlich sein; wichtig ist, dass die Ebene des bloßen Betrachtens verlassen wird und ein Sich-Einlassen erfolgt:
– Nachmalen, Nachzeichnen, Nachstellen
– Weitermalen einer Kopie (über den ‚Rand' hinaus)
– Übermalen einer Kopie, eine Collage erstellen

Diese Form des Arbeitens kann jedoch auch in das experimentelle Interpretieren überleiten: Ich male das Bild auf der linken Seite weiter, das Kind findet dort Geborgenheit ...
Da nicht jede/r von jedem Bild ‚angesprochen' wird, ist im Unterricht eine Wahlmöglichkeit zwischen verschiedenen Bildern sinnvoll. Sie kann für eine komparative Interpretation genutzt werden.

Ein idealtypischer Unterrichtsverlauf könnte also zusammengefasst so aussehen:
- Ein erstes Gespräch: Was ist geschehen? Spontane Reaktionen aufgreifen, Erklärungen geben.
- Gemeinsame Planungen zum weiteren Verlauf des Unterrichts: Was soll vertieft werden, was interessiert oder ängstigt die Schüler/innen?
- 1. Abstraktionsschritt (ästhetisch orientiert): Betrachtung und Auseinandersetzung mit einem ‚Gegenbild': Was ist zu sehen? Welchen Bezug hat dieses Bild zum Schreckensbild? Äußern von Gedanken, Assoziationen, Gefühlen und/oder praktische Formen der Bildbearbeitung.
- 2. Abstraktionsschritt (kognitiv orientiert): Informationen zum Ereignis sammeln, Erklärungen und Meinungen diskutieren.
- Visionen für Frieden entwerfen in Form von Geschichten, eigenen Bildern, Friedensaktionen usw.

Literatur

Ahlheim, R.: „Traurigkeit hat in der Kindheit nichts zu suchen". Der Golfkrieg und die Angst der Kinder – psychoanalytische Überlegungen. In: Widersprüche, 11(38), (1991), S. 57–60

Beckmann, R./ Klare, A./ Koch, R. (Hrsg.): Kinder als Opfer des Nationalsozialismus. Materialienband. (3. Aufl.) Frankfurt a. M. 1986

Birckenbach, H.-M./ Sure, C.: „Warum haben Sie eigentlich Streit miteinander?" Kinderbriefe an Reagan und Gorbatschow. Opladen 1987

Büttner, C.: Kriegsangst bei Kindern. München 1982

Emnid : Untersuchung zu den größten Ängsten bei Jugendlichen; im Auftrag von und veröffentlicht in: „Der Spiegel" (28), (1999), S. 95

Fayet, R.: Der Tod des Anderen, die eigene Lebendigkeit. Notiz zum Thema Gewalt und Bild. In: Fayet, R. (Hrsg.): Publikation zur Ausstellung „GewaltBilder". Museum Bellerive, Zürich 2002, S. 22–26

Friedrich, E.: Krieg dem Krieg. Berlin 1924

Fuhs, B.: Fotografie und qualitative Forschung. Zur Verwendung fotografischer Quellen in den Erziehungswissenschaften. In: Friebertshäuser, B./ Prengel, A. (Hrsg.): Handbuch Qualitative Forschungsmethoden in der Erziehungswissenschaft. Weinheim und München 1997, S. 265–285

Grammes, T.: Didaktik des Mit-Leidens oder: „Von der Unzulänglichkeit, nur die Blumen an den Ketten zu zerpflücken". Andere Rationalität als Herausforderung von Sozial-Kunde. In: Schiele, S./ Schneider, H. (Hrsg.): Rationalität und Emotionalität in der politischen Bildung. Stuttgart 1991, S. 92–117

Große-Oetringhaus, H.-M.: Kinder im Krieg – Kinder gegen Krieg. Materialien für den Unterricht: Geschichten, Reportagen, Gedichte, Aktions- und Unterrichtsideen. Mülheim a. d. Ruhr 1999

Gugel, G.: Kriegsangst bei Kindern. In: http://www.friedenspaedagogik.de

Hoffmann, D.: Auschwitz im Kopf. In: Dethlefsen, K./ Hebler, T. B. (Hrsg.): Bilder im Kopf. Auschwitz. Einen Ort sehen. Berlin 1997, S. 48–61

Hörburger, C.: Krieg im Fernsehen. Didaktische Materialien und Analysen für die Medienerziehung, herausgegeben vom Bildungswerk für Friedenserziehung und Jugendarbeit Jena e. V., Verein für Friedenspädagogik Tübingen e.V. 1996
Hurrelmann, K.: Politische Ängste – Wie Kinder und Jugendliche auf Kriegsgefahren reagieren, Manuskript. 1991
Jürgens-Kirchhoff, A.: Schreckensbilder. Krieg und Kunst im 20. Jahrhundert. Berlin 1993
Kirchner, C.: Kinder und Kunst der Gegenwart. Zur Erfahrung mit zeitgenössischer Kunst in der Grundschule. Seelze 1999
Magull,G.: Sprache oder Bild? Unterrichtsforschung zur Entwicklung von Geschichtsbewusstsein. Schwalbach/ Ts. 2000
Mattenklott, G.: Grundschule der Künste. Vorschläge zur Musisch-Ästhetischen Erziehung. Baltmannsweiler 1998
Meyer, T.: Herausforderungen und Perspektiven einer visuellen Kultur. In: Baacke, D./ Röll, F. J. (Hrsg.): Weltbilder. Wahrnehmung. Wirklichkeit. Bildung als ästhetischer Lernprozess. Opladen 1995, S. 50–70
Münkler, H.: Die neuen Kriege. Reinbek bei Hamburg 2002
Ossenberg, U.: Sich von Auschwitz ein Bild machen? Kunst und Holocaust. Ein Beitrag für die pädagogische Arbeit. Frankfurt a. M. 1998
Riedl, F. X.: Kinder im Krieg. Donauwörth 1995
Rittelmeyer, C.: Bildhermeneutik. In: Rittelmeyer, C./ Parmentier, M.: Einführung in die pädagogische Hermeneutik. Darmstadt 2001, S. 72–104
Saure, G./ Schirmer, G. (Hrsg.): Kunst gegen Krieg und Faschismus. Weimar 1999
Schernikau, H./ Zahn, B. (Hrsg.): Frieden ist der Weg. Bausteine für das soziale und politische Lernen. Weinheim und Basel 1990
Schörken, R.: Historische Imagination und Geschichtsdidaktik. Paderborn 1994
Sontag, S.: Über Fotografie. Frankfurt a. M. 1980
Stenger, H.: Vom Katastrophenwissen zum Umweltbewusstsein. Wissenssoziologische Schlussbemerkungen. In: Dreitzel, H.-P./ Stenger, H. (Hrsg.): Ungewollte Selbstzerstörung. Reflexionen über den Umgang mit katastrophalen Entwicklungen. Frankfurt und New York 1990, S.177–196
Tucholsky, K.: Französischer Kriegsfilm, Gesammelte Werke Bd. 5. Reinbek 1975
Weiß, E.: Nukleare Bedrohung, ihre Darstellung und deren friedenspädagogische Bedeutung. In: Nolz, B./ Weiss, E. (Hrsg.): Bedrohung – Bilder – Bildung: Atomfotografie und Friedenspädagogik. Hamburg 1991, S. 37–58

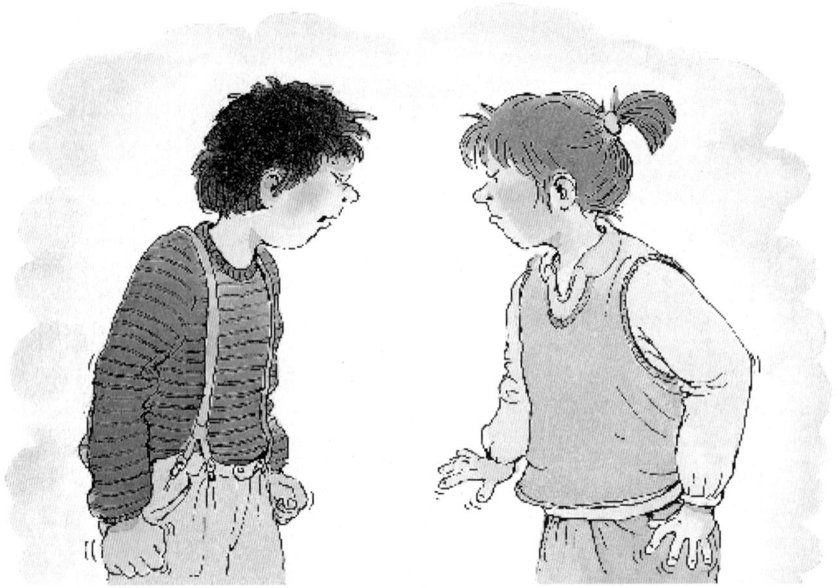

Ähnlichkeiten und Differenzen der Kulturen

4 | Kerstin Michalik
Pluralismus als Botschaft und Ziel des Philosophierens mit Kindern

Das Philosophieren mit Kindern als gemeinsames Nachdenken über Fragen, auf die es keine eindeutigen Antworten gibt, ist keine Übung losgelöst von den übrigen Inhalten des Sachunterrichts, sondern stellt insbesondere für das sozial- und kulturbezogene Lernen eine besondere Bereicherung und Herausforderung dar. Philosophische Nachdenklichkeit, die das Lernen über Kultur und Gesellschaft mit Sinn- und Bedeutungsfragen verbindet und sich im Rahmen einer Forschungs- und Gesprächsgemeinschaft vollzieht, steht im Dienste sozialen und demokratischen Lernens und der Förderung einer pluralistischen Haltung, die sich durch einen konstruktiven Umgang mit alternativen Sichtweisen und Deutungen von Welt, durch Neugierde und Offenheit gegenüber dem Anderen und Fremden auszeichnet.
Im Folgenden wird erstens erörtert, inwiefern das Philosophieren mit Kindern der Entwicklung pluralistischer Einstellungen dienlich ist und welche praktischen Voraussetzungen – hier in Form von Merkmalen und Regeln philosophischer Gespräche mit Kindern – gegeben sein müssen, damit das Projekt gemeinsamen Nachdenkens erfolgreich sein kann. Im Anschluss werden zweitens konkrete, themenbezogene Möglichkeiten des Philosophierens mit Kindern im Sachunterricht am Beispiel des neuen Hamburger Rahmenplans für den Sachunterricht vorgestellt, der auf besonders innovative und bislang einzigartige Weise das Philosophieren mit Kindern im Sinne der Förderung von Reflexionsvermögen als Unterrichtsprinzip in den Sachunterricht integriert und an dessen Inhalte anbindet. Drittens und abschließend werden thematische Beispiele aus dem Hamburger Rahmenplan näher entfaltet, um die besonderen Potenziale des Philosophierens mit Kindern für die inhaltliche Erschließung und Bereicherung sozialer und kulturbezogener Themen des Sachunterrichts aufzuzeigen.

Nachdenklichkeit und Pluralismus –
Inwiefern vermag das Philosophieren mit Kindern eine pluralistische Haltung zu fördern?

In einer zunehmend komplexen und offenen Gesellschaft, die nicht durch Einheitlichkeit und Eindeutigkeit, sondern durch Mehrdeutigkeit, Differenz und Vielfalt gekennzeichnet ist, in der es kaum noch verbindliche Werte und Normen zu geben scheint, und in der Menschen ganz unterschiedlicher kultureller und religiöser Prägungen zusammenleben, ist das Vermögen zur eigenen gedanklichen und existentiellen Orientierung sowie die Fähigkeit und Bereitschaft zur Verständigung und zum Austausch mit anderen von wachsender Bedeutung.

Für einen konstruktiven Umgang mit der vorhandenen Vielfalt der verschiedenen Lebensformen, Denk- und Sichtweisen, Welt- und Wirklichkeitsdeutungen, die das Bild heutiger moderner Gesellschaften prägen, ist die Entwicklung einer pluralistischen Einstellung im Sinne eines angstfreien, entspannten und konstruktiven Umgangs mit dem Neuen, Unvertrauten und Unbekannten ein wichtiges Ziel von Erziehung und Bildung. Das Philosophieren mit Kindern befördert die Botschaft des Pluralismus auf verschiedenen Ebenen, wie anhand der zentralen Ziele des gemeinsamen Nachdenkens (Michalik 2002b) deutlich wird:

Erschließung eines komplexen Welt- und Wirklichkeitsverständnisses
Auf der Ebene der Inhalte trägt das gemeinsame Nachdenken zu einer Bereicherung, Vertiefung und damit auch Enttrivialisierung des Sachunterrichts (Schreier 1997, 1999) und zu einem mehrdimensionalen Welt- und Wirklichkeitsverständnis bei. Philosophische Nachdenklichkeit richtet sich auf ‚echte Fragen‘, die sich dadurch auszeichnen, dass sie nicht eindeutig zu beantworten sind, sondern eine Vielfalt von Denkbewegungen und Deutungsmöglichkeiten eröffnen. Vielfalt als Konstitutionsmerkmal von Wirklichkeit ins Bewusstsein der Kinder zu heben, ist eine wichtige Grundlage für eine pluralistische Haltung, in der Heterogenität als Bereicherung und Chance wahrgenommen werden kann (Rang 1994).

Das gemeinsame Nachdenken über schwierige Fragen zeigt Kindern eine Welt, die nicht restlos geklärt und auch nicht restlos zu klären ist, weil es Dimensionen des Daseins gibt, die sich menschlichem Wissen entziehen. Nachdenklichkeit, die sich auf das Wesen unseres Wissens und unserer Welterkenntnis richtet und Grenzen menschlicher Erkenntnismöglichkeiten deutlich macht, zielt auf eine kritische Distanz sowohl gegenüber einer naiv erlebten physikalischen als auch gesellschaftlichen Welt mit ihren Regeln, Normen und Werten. Die Einsicht in die Fehlbarkeit unseres Wissens und unserer Urteile und in die Vorläufigkeit dessen, was wir als ‚Wahrheit‘ zu bezeichnen gewohnt sind, ist für den zwischenmenschlichen Umgang und die interkulturelle Verständigung relevant, denn sie ist eine Voraussetzung für die Auseinandersetzung mit anderen Sichtweisen, für Respekt und Toleranz.

Kultivierung einer Haltung der Nachdenklichkeit und Offenheit
Durch die Bekanntschaft mit einer komplexen Welt, die vielschichtig, rätselhaft und offen für verschiedene Deutungen ist, werden zugleich Einstellungen und Haltungen

kultiviert, die für einen angstfreien Umgang mit dem Anderen und Fremden von herausragender Bedeutung sind: Das Interesse am Weiterfragen und Hinterfragen von Dingen, die kritische Bereitschaft, weder vorschnelle Antworten noch vermeintliche Wahrheiten ungeprüft zu übernehmen, und vor allem die Fähigkeit, Ambivalenzen, Spannungen und Offenheiten, die sich aus der Verfasstheit von Mensch und Welt ergeben, auszuhalten.
Ein wichtiges Element des Philosophierens mit Kindern ist die Anregung zu kreativem Denken, das die Grenzen des Gegebenen sprengt. Indem alternative Welten entstehen und die Reichweite der eigenen Vorstellungskraft erkundet wird, werden hergebrachte Wahrnehmungs- und Ordnungsschemata verlassen, neue Denkwege beschritten und ein Denken in Alternativen angebahnt, das dogmatischen Verfestigungen entgegenwirkt und dazu ermutigen kann, sich auf neue, ungewohnte Erfahrungen einzulassen. Damit werden Voraussetzungen geschaffen für einen selbstbewussten und wertschätzenden Umgang mit dem Reichtum der Daseinsformen und Kulturen.

Förderung einer demokratischen Gesprächskultur
Im Mittelpunkt des Philosophierens mit Kindern steht die Methode des gemeinsamen Gesprächs. Das Gespräch bietet Raum und Zeit, sich eigene Vorstellungen und Auffassungen bewusst zu machen, eigene Meinungen zu begründen, zu vertreten und zu hinterfragen. Ziel ist die Entwicklung einer demokratischen Gesprächskultur, in der alle Stimmen Gehör finden, unterschiedliche Standpunkte und Meinungen ausgetauscht, verschiedene Positionen und Deutungen geprüft, deren Reichweite und Anspruch diskutiert werden. Dabei geht es nicht darum, zu einem gemeinsamen Ergebnis zu gelangen oder Konsens über eine bestimmte Frage zu erreichen. Die Kinder sollen lernen, sich mit der Vielfalt von Sichtweisen und Denkmöglichkeiten konstruktiv auseinander zu setzen, eigene begründete Positionen zu entwickeln, ohne in einen indifferenten Relativismus zu verfallen oder sich in Scheinsicherheiten im Sinne dogmatischen Denkens zu flüchten.
Nicht nur die Fähigkeit, selber zu denken, sondern das, was andere denken, zu reflektieren und weiter zu denken, auch vom Anderen her zu denken und sich in Andere hinein zu versetzen ist ein zentrales Anliegen des gemeinsamen Nachdenkens mit Kindern (Schreier 2001). Hierzu gehören zum einen kommunikative Verhaltensweisen, mit der die Qualität von Beiträgen sicher gestellt werden soll, indem zum Beispiel das Begründen von Positionen und Meinungen eingefordert wird (1–5), andererseits Verhaltensformen, die das Miteinander des Gesprächs betreffen und Kindern deutlich machen, dass zu einer wirklichen Forschungsgemeinschaft das genaue Zuhören und die Auseinandersetzung mit den Gedanken der anderen Gesprächsteilnehmer und -teilnehmerinnen gehört (6–10).

Zehn Verhaltensformen, die für das Zustandekommen einer
„Forschungsgemeinschaft" dienlich sind (Schreier 2002, 16–17)
1. **Fragen stellen, die zur Sache führen**: Unstimmigkeiten, Widersprüchliches an einer Darstellung aufdecken und in einer Frage „auf den Punkt bringen".
2. **Vermutungen äußern, die eine Erklärung geben**: Es geht um die Kunst, Hypothesen zu bilden, die einen Zusammenhang beschreiben, der durch die einzelnen verfügbaren Daten und Beobachtungen nur bruchstückhaft in den Blick gerät.
3. **Eine Meinung nicht ohne überzeugende Begründung vortragen**: Das Minimum an argumentativem Verhalten besteht darin, für jede vorgetragene Meinung eine Begründung zu geben, die nachvollziehbar und sachangemessen ist.
4. **Beispiele und Gegenbeispiele liefern**: Mit Hilfe eines geschilderten Falles einen Beleg für das vertretene Prinzip oder Konzept geben, oder für ein entgegengesetztes Prinzip oder Konzept.
5. **Angemessene Analogien bilden**: Es geht um die Kunst, ähnliche Muster und Situationen zu finden, die geeignet sind, die verhandelte Frage zu beleuchten, oder einen neuen Aspekt ins Spiel zu bringen.
6. **Ideen aufgreifen, die von anderen vorgetragen worden sind**: Gedankenstränge kooperativ stärken und weiterspinnen, die von anderen vorher ins Spiel gebracht wurden.
7. **Die „andere Seite" anhören**: Statt sich zu verschließen, wenn die eine Seite eines Arguments plausibel vorgetragen worden ist, sich trotzdem für den Vortrag anderer Perspektiven offen halten.
8. **Vernünftige Kritik annehmen**: Die eigene Position nicht um jeden Preis verteidigen, sondern sich entgegengesetzte Auffassungen anhören, Argumente dafür und dagegen abwägen.
9. **Andere Teilnehmende als Personen respektieren und ihnen das Recht auf Achtung erhalten**: Negative Kritik auf das vorgetragene Argument beschränken, aber die Person, die es vorgetragen hat, als Mensch wertschätzen, unabhängig von den negativen Gefühlen, die das Argument vielleicht ausgelöst hat.
10. **Urteile fällen, die Ansprüchen von Verstand und Vernunft gerecht zu werden versuchen**: Bewertung und Beschreibung, Kritik und Einsicht in eine Art „Zwischenbilanz" einbeziehen.

(ausgewählt, verändert nach der „Cognitive Behavior Checklist" des Institute for the Advancement of Children's Philosophy)

Nachdenklichkeit als Unterrichtsprinzip des Sachunterrichts – Der neue Hamburger Rahmenplanentwurf für den Sachunterricht

Das Philosophieren mit Kindern im Sachunterricht im Sinne eines Unterrichtsprinzips (Michalik 2002a) ist erstmals konsequent im Entwurf für den neuen Hamburger Rahmenplan Sachunterricht verankert worden, der die „Förderung von Reflexionsvermögen" zu einem zentralen Grundsatz der Unterrichtsgestaltung macht. Der Hamburger Rahmenplanentwurf orientiert sich an den fünf Perspektiven des Perspektivrahmens Sachunterricht (GDSU 2002), die als Strukturprinzip der Formulierung von Zielen und Grundsätzen und der Auswahl von Inhalten zugrunde liegen. Neben dem naturbezogenen, technischen, raumbezogenen, historischen und sozial- und kulturbezogenen Lernen wird der Sachunterricht explizit als ein Forum verstanden, um Fragen der Kinder nach Sinn und Bedeutung von Dingen, Mensch und Welt in gemeinsamen Gesprächen nachzugehen.

Im Sachunterricht geht es nicht nur um die Klärung von Sachen, sondern auch darum, in gemeinsamen „Nachdenk-Gesprächen" unterschiedliche Deutungsmuster und deren Ansprüche erwägen zu lernen und sich darin zu üben, einander zuzuhören und Argumente auszutauschen (Hamburger Rahmenplan Sachunterricht 2003, 7f.). Im Sinne dieses Anliegens werden auf allen Klassenstufen und zu jedem der acht Lernfelder „Fragen zum Nachdenken" vorgeschlagen. Es handelt sich um Themenvorschläge für Gespräche, die auf Sachverhalte bezogen sind, die in den Lernfeldern thematisiert werden, und aus der Tradition des „Philosophierens mit Kindern" hervorgehen (vgl. Anhang: Liste der Fragen zum Nachdenken).

Mit den Nachdenk-Fragen sollen die Inhalte der Lernfelder zum einen vertieft und in ihrer Vielschichtigkeit erschlossen werden (Lernfeld ‚Miteinander Leben': Welche Beispiele gibt es für gerechtes Handeln? – Lernfeld ‚Arbeitswelten, Wirtschaft und Konsum': Was braucht ein neugeborenes Kind/ein Baby/ein Schulkind zum Leben? – Lernfeld ‚Ich und mein Körper': Was sind Gefühle und wozu haben wir welche?). Zum anderen zielen die Fragen darauf ab, Inhalte miteinander zu vernetzen und den Blick auf größere Zusammenhänge zu richten, um den komplexen und mehrdimensionalen Charakter von Welt und Wirklichkeit sichtbar und begreiflich zu machen. Dies lässt sich am Beispiel der Lernfelder Natur und Technik deutlich machen, wo u. a. ethische, anthropologische und erkenntnistheoretische Dimensionen von Natur und Technik zum Gegenstand des Nachdenkens gemacht werden (Lernfeld ‚Die technisch gestaltete Welt': Was sind Merkmale des Lebendigen? Kann eine Maschine denken? – Lernfeld ‚Natur': Was ist „Natur"? Gehört der Mensch zur Natur? Kann die Natur uns sagen, was gut und richtig ist und wie wir leben sollen? Wie mag die Welt für eine Fledermaus aussehen?). In diesem Sinne ist das Philosophieren mit Kindern im Hamburger Rahmenplan nicht nur ein elementarer Grundsatz und integraler Bestandteil des Lernens in allen fünf Perspektiven, sondern trägt selbst zur Integration und Vernetzung der Perspektiven bei.

Wie die Hamburger Fragebeispiele zeigen, ist das Philosophieren mit Kindern im Sachunterricht nicht auf bestimmte inhaltliche Bereiche beschränkt, es lässt sich jedoch besonders gut an das weite Themenfeld des sozialen und kulturbezogenen Lernens anbinden, weil es sich hier vorzugsweise um Inhalte handelt, die eine vertiefte, auf eigener Reflexion beruhende Auseinandersetzung einfordern. Das soziale und kulturbezogene Lernen bietet nicht zuletzt auch deshalb ein reichhaltiges Feld für gemeinsame Nachdenklichkeit, weil dessen Inhalte und Ziele den zentralen Anliegen des Philosophierens mit Kindern besonders nahe stehen. Dies gilt nicht nur für den Hamburger Rahmenplan, der u. a. die Entwicklung und Differenzierung der gesellschaftsbezogenen Erfahrungen der Kinder, die Grundlegung von Verständnis für die Bedeutung von Religion, Bräuchen und Lebensweisen für die Sinn- und Wertorientierung als Grundlage des Zusammenlebens sowie die Förderung von Fremdverstehen und Empathie anstrebt, und bei den Kindern eine „Haltung der Neugier, des Respekts und der Toleranz gegenüber Ungewohntem und Fremden" anbahnen möchte.

Auch die für soziales und kulturbezogenes Lernen zentrale Fähigkeit der Kinder, sich ein eigenes Urteil zu bilden, eigene Standpunkte zu gewinnen und zu vertreten, auf andere einzugehen und sich in andere hineinzuversetzen, wird durch das Philosophieren mit Kindern systematisch entwickelt und gefördert. Diesem Umstand trägt das „Kompetenzraster" der Hamburger Kooperative Sachunterricht (Michalik/Schreier 2003) Rechnung, das als Leitlinie für die Gestaltung der Lehrer/innenausbildung an Universität und Studienseminar zu den zentralen Kompetenzen von Sachunterrichtslehrer/innen im Bereich des sozialen und kulturbezogenen Lernens neben der Fähigkeit, Kindern Gesprächskultur zu vermitteln, die Fähigkeit, Gelegenheiten zur Förderung von Nachdenklichkeit wahrnehmen zu können, zählt:

> **Kompetenzen zum sozial- und kulturbezogenen Lernen**
> (Hamburger Kooperative Sachunterricht 2002)
> – Mitgestaltungsmöglichkeiten für die Kinder an Schulleben und Unterricht einrichten
> – Einrichtungen und Verfahren zur Partizipation am gesellschaftlichen Leben außerhalb der Schule einbeziehen
> – Die Vielfalt der Gesellschaft im Spiegel der Schulklasse konstruktiv aufzeigen
> – Techniken zur Beschaffung, Auswertung und Beurteilung von Informationen vermitteln
> – Unterschiedliche Ansätze der Gesprächsführung anwenden
> – Die Kunst des Zuhörens beherrschen und vermitteln
> – Gelegenheiten zur Förderung der Nachdenklichkeit wahrnehmen können.

Nachdenken über Kultur und Gesellschaft

Im Folgenden werden anhand von zwei Beispielen aus dem Hamburger Rahmenplanentwurf die besonderen Potenziale des Philosophierens mit Kindern für das Lernen über Kultur und Gesellschaft konkretisiert. Es gilt insbesondere zu zeigen, was das ‚Philosophische' an den formulierten Fragen ist, und wie sich diese Fragen an die Inhalte des Sachunterrichts anbinden lassen. In diesem Rahmen soll auch noch einmal deutlich gemacht werden, was „Nachdenk-Gespräche" als eine besondere Form der Auseinandersetzung mit den Gegenständen des Sachunterrichts vom herkömmlichen Unterricht unterscheidet. Ausgewählt wurden die beiden Lernfelder ‚Miteinander Leben' und ‚Leben in Europa und in der Welt', die neben dem raumbezogenen und historischen Lernen ihren besonderen Schwerpunkt im Bereich des sozialen und kulturbezogenen Lernens haben.

Lernfeld ‚Miteinander leben'
Ein grundsätzliches Anliegen des Lernfeldes ist die Entwicklung sozialen Verhaltens und demokratischer Umgangsformen, die Förderung der Bereitschaft und Fähigkeit, Verantwortung zu übernehmen und die Beziehungen zu anderen Menschen respektvoll und tolerant zu gestalten. In den ersten beiden Klassen steht auf der inhaltlichen Ebene z. B. der Umgang mit Regeln und Ordnungen, deren gemeinsame Entwicklung und Festlegung im Vordergrund sowie die gemeinsame Organisation des schulischen Zusammenlebens, die Gestaltung von Räumen, Ritualen und Feiern. In den Klassen 3 und 4 liegt der Fokus auf dem demokratischen Lernen im weiteren Sinne, indem es hier vor allem um Kenntnisse und Fähigkeiten geht, die für die Mitwirkung an der Gestaltung einer demokratischen Gesellschaft, für einen konstruktiven Umgang mit Konflikten und für ein friedliches Zusammenleben aller Menschen relevant sind. Im Rahmen der Nachdenk-Fragen werden u. a. folgende Bereiche aufgegriffen: Glück als individuelles Lebensziel (Wovon hängt es ab, ob man glücklich ist?), Kriterien für gerechtes Handeln und Gerechtigkeit, Sinn und Nutzen von Regeln und deren Reichweite (Wozu brauchen Menschen Regeln? Ginge es auch ohne Regeln?), Feigheit und Mut (Bin ich ein Feigling, wenn ich nicht zurückschlage?), Mitspracherechte, Konflikte (Müssen Konflikte immer gelöst werden ...?).
Diese Nachdenk-Fragen regen die Reflexion über die genannten Inhalte des Lernfeldes in besonderer Weise an, weil sie – dies ist ein Merkmal philosophischer Fragen – offen sind für vielfältige Standpunkte und Begründungen. Ein Gespräch über Merkmale oder Kriterien gerechten Handelns ist prinzipiell ergebnisoffen, es geht nicht darum, zu einem bestimmten oder gar konsensfähigen Ergebnis oder zu einer klaren und eindeutigen Antwort im Sinne abfragbaren Wissens zu gelangen, sondern das Gespräch läuft darauf hinaus, die Vielschichtigkeit des Problems auszuloten, dessen Komplexität zu erkennen, verschiedene Sichtweisen und Deutungsmöglichkeiten, Argumente und Begründungen wahr- und aufzunehmen. In diesem Sinne wird soziales und demokratisches Lernen nicht auf die Kenntnis von Regeln, deren Gestaltung und Einhaltung beschränkt. Den Kindern werden Einblicke in das Wesen, die Reichweite und damit auch die prinzipielle Veränderlichkeit der Modalitäten menschlichen Zusammenlebens geboten, was für die Entwicklung eines zukunftsoffenen, gestaltungsfähigen Verhältnisses zur Welt besonders wichtig ist

Lernfeld ‚Leben in Europa und in der Welt'
In diesem Lernfeld steht das interkulturelle Lernen im Mittelpunkt. Die Kinder sollen sich mit Menschen in anderen Ländern beschäftigen, verschiedene Lebensformen

und Sichtweisen von Wirklichkeit kennen lernen, Differenz und Anderssein nicht nur kennen-, sondern auch verstehen lernen als Basis für die Entwicklung einer Haltung des Respekts und der Toleranz gegenüber allem, was fremd erscheint. Auf der inhaltlichen Ebene geht es daher um die Erkundung kultureller Vielfalt im eigenen Lebensumfeld und auf der gesamten Welt, um die Beschäftigung mit den Chancen aber auch Problemen, Herausforderungen und Konflikten, die das Zusammenleben von Menschen verschiedener Kulturkreise im lokalen und globalen Maßstab bietet. Die Nachdenk-Fragen für dieses Lernfeld zielen ab auf die Reflexion von Unterschieden und Gemeinsamkeiten zwischen den Menschen, sie regen mit Gedankenexperimenten zum Perspektivenwechsel an (Wie wäre es, wenn du in einem anderen Land aufgewachsen wärest ...?), sie machen die Standortbezogenheit von Wirklichkeitsdeutungen und Urteilen zum Gegenstand (Wo ist die Mitte der Welt?) und stellen die Frage nach der Entscheidbarkeit der ‚Wahrheit' kulturell unterschiedlicher Welt- und Wirklichkeitsdeutungen zur Diskussion.

Mit diesen Angeboten für Nachdenklichkeit über kulturelle Differenz werden Fallstricke interkulturellen Lernens im Sinne eines bunten, unverbindlichen und folgenlosen Folklorismus vermieden und Chancen für eine vertiefte Auseinandersetzung geboten, die auch das eigene Denken und Fühlen in den Blick nimmt, dieses relativiert und als Teil des eigenen kulturellen Rahmens sowie als ein Element kultureller Vielfalt neben anderen sichtbar und begreifbar macht.

Die Chancen, die das Philosophieren mit Kindern im Sachunterricht im Sinne einer Bereicherung, Vertiefung oder auch Vernetzung von Inhalten bietet, sind vielfältig und zur Zeit weder erschöpfend darstellbar noch in ihrer möglichen Tragweite abzusehen. Das Projekt, Nachdenklichkeit in den Unterricht zu integrieren und nicht nur als Übung am Rande, sondern als verbindlichen Inhalt und als Unterrichtsprinzip auf der Ebene von Rahmenplänen und Richtlinien zu institutionalisieren, ist noch jung. Mit dem Hamburger Rahmenplan ist ein Anfang gemacht.

Literatur

Behörde für Bildung und Sport der Freien und Hansestadt Hamburg: Rahmenplan Sachunterricht. Bildungsplan Grundschule. Entwurf: Dezember 2002, aktualisiert August 2003 (www.hamburger-bildungsserver.de)

Gesellschaft für Didaktik des Sachunterrichts (GDSU): Perspektivrahmen Sachunterricht. Bad Heilbrunn 2002

Michalik, K.: Nachdenklichkeit im Sachunterricht. Die philosophische Dimensionierung der Begegnung von Kind und Welt. In: Grundschule 2 (2002)a. www.die-grundschule.de. Specials

Michalik, K.: Worauf zielt das Nachdenken ab? In: Grundschule 10 (2002)b. Themenheft Philosophieren mit Kindern, S. 29–30

Michalik, K./ Schreier, H.: Das Hamburger Kompetenzraster zum Sachunterricht. In: www.die-grundschule.de (Juni 2003), S. 1–4

Rang, A.: Pädagogik und Pluralismus. In: Heyting, F./Tenorth H.-E. (Hrsg.): Pluralismus und Pädagogik. Weinheim 1994, S. 23–50

Schreier, H.: Das Nachdenk-Gespräch als zentrales Forum im Sachunterricht. In: Fölling-Albers, M. u. a. (Hrsg.): Kindheitsforschung – Forschung zum Sachunterricht (Jahrbuch Grundschule III). Seelze 2001, S. 94–99

Schreier, H.: Ein Nachdenk-Gespräch führen. In: „Grundschule" 10 (2002). Themenheft Philosophieren mit Kindern, S. 16–18

Schreier, H.: Kinder philosophieren in der Grundschule. In: Derselbe (Hrsg.): Mit Kindern über Natur philosophieren. Heinsberg 1997, S. 8–71

Schreier, H.: Vielperspektivität, Pluralismus und Philosophieren mit Kindern. In: Köhnlein, W. u. a. (Hrsg.): Vielperspektivisches Denken im Sachunterricht. Bad Heilbrunn 1999, S. 24–59

Liste der ‚Fragen zum Nachdenken' aus dem Hamburger Rahmenplan Sachunterricht (Entwurfsfassung vom Dezember 2002, aktualisiert August 2003)

1. Miteinander leben

Klasse 1 und 2
– Wovon hängt es ab, ob man glücklich ist? Womit kann man einen Menschen glücklich machen?
– Welche Beispiele gibt es für „gerechtes Handeln"?
– Wozu brauchen Menschen Regeln? Ginge es auch ohne Regeln? Wer soll über Regeln bestimmen dürfen? Wird es in hundert Jahren die gleichen Regeln in den Schulklassen geben wie heute?
– Muss man, um sich gut zu verstehen, einer Meinung sein?
– Muss ich zurückschlagen, wenn mich einer schlägt?

Klasse 3 und 4
– Sollten Kinder mehr Mitspracherechte in der Schule haben?
– Kann man wissen, was ein anderer Mensch fühlt?
– Muss man an Regeln glauben, oder ist es genug, sie einzuhalten?
– Müssen Konflikte immer gelöst werden, oder ist es genug, nebeneinander zu leben?
– Welche Beispiele gibt es für „gerechtes Handeln"?
– Ist es „gerecht", wenn immer gemacht wird, was die Mehrheit möchte?

2. Ich und mein Körper

Klasse 1 und 2
- Was verändert sich im Lauf der Zeit an mir? Was bleibt gleich?
- Was habe ich mit anderen Menschen gemeinsam? Was ist einzigartig an mir?
- Ist es immer gerecht, was von einem Jungen erwartet wird, was von einem Mädchen erwartet wird?
- Wie können Mädchen und Jungen besser zusammen lernen, spielen und arbeiten?

Klasse 3 und 4
- Was sind Gefühle und wozu haben wir welche?
- Wie wäre es, wenn wir immer nur glücklich wären?
- Wäre es gut, wenn wir niemals Angst hätten?
- Wie stellst du dir dein Leben vor, wenn du einmal groß bist? (Beruf, Partnerschaft, Elternschaft, Freizeit)

3. Unsere nähere Umgebung

Klasse 1 und 2
- Hast du heute etwas Schönes auf deinem Schulweg entdecken können?
- An welchen Plätzen bist du am liebsten und was ist das Besondere an diesen Plätzen?
- Würdest du gern immer Freizeit haben? Was wäre, wenn alle Menschen immer nur Freizeit hätten?

Klasse 3 und 4
- Wo möchtest du am liebsten wohnen? Weshalb?
- Wovon hängt es ab, ob sich Menschen im Stadtteil/in Hamburg wohl fühlen? Ist es möglich, das Leben im Stadtteil so zu gestalten, dass sich alle wohl fühlen können?
- Was ist eine gute Nachbarschaft? Um wen können wir uns kümmern?

4. Leben in Europa und in der Welt

Klasse 1 und 2
- Worin unterscheiden sich Menschen verschiedener Herkunft, worin sind sich alle Menschen gleich?
- Ist es gut oder nicht gut, dass Menschen auf unterschiedliche Art und Weise leben?
- Würdest du gern eine Zeit lang deinen Platz mit einem Kind aus einem anderen Land tauschen/in einem anderen Land leben?

Klasse 3 und 4
- Wie wäre es, wenn du in einem anderen Land aufgewachsen wärest, wärest du dann die Person, die du jetzt bist, oder jemand anderes? Würdest du so denken und fühlen wie du?
- Wo liegt die Mitte der Welt?

5. Umgang mit Zeit, Veränderung und Geschichte

Klasse 1 und 2
- „Jedes Ding ist eine Uhr" – stimmt das?
- Ist Zeit immer gleich lang?
- Was werden die Zukunftsmenschen wohl von uns denken?
- Was wird sich in Zukunft in deinem Leben/in der Welt verändern?

Klasse 3 und 4
- Kann es eine Zeitmaschine geben, mit der jemand in die Vergangenheit und in die Zukunft reisen kann?
- Können Menschen in die Vergangenheit zurückkehren?
- Was können wir über die Menschen vergangener Zeiten erfahren, was nicht?
- Was verändert sich im Lauf der Zeit und wie kommen die Veränderungen zustande?
- Wozu ist es nützlich, dass wir uns mit dem Leben der Menschen in vergangenen Zeiten befassen?

6. Natur

Klasse 1 und 2
- Feuer: Was ist das?
- Was unterscheidet Pflanzen und Tiere und Menschen?
- Was können Tiere/Pflanzen/Menschen, was Menschen/Tiere/Pflanzen nicht können?

Klasse 3 und 4
- Was ist „Natur"? Gehört der Mensch zur Natur?
- Ist die Natur zu den Menschen eher freundlich oder eher feindlich? Kann der Mensch die Natur zerstören? Kann die Natur sich wehren? Wer ist stärker?
- Kann die Natur uns sagen, was gut und richtig ist oder wie wir leben sollen?
- Wie mag die Welt für eine Fledermaus aussehen?
- Können Pflanzen fühlen?

7. Die technisch gestaltete Welt

Klasse 1 und 2
- Worin unterscheidet sich ein Spielzeugtier von einem echten Tier? Wo gibt es Gemeinsamkeiten?
- Was sind Merkmale des Lebendigen?
- Das erste Werkzeug der Urmenschen: Was mag das gewesen sein?
- Was ist die wichtigste Erfindung gewesen?

Klasse 3 und 4
- Kann das Leben der Menschen mit technischen Geräten besser gemacht werden? Wie wäre ein Leben ohne Technik?
- Kann eine Maschine denken?
- Wäre es denkbar, einen Menschen technisch herzustellen? Würdest du ihn von einem echten Menschen unterscheiden können?
- Gibt es Dinge in der Welt, die völlig unberührt von menschlichen Einflüssen sind?
- Ist es möglich, dass alles, was wir im Fernsehen sehen oder in der Zeitung lesen, nur erfunden ist?

8. Arbeitswelten, Wirtschaft und Konsum

Klasse 1 und 2
- Was braucht ein neugeborenes Kind/ein Baby/ein Schulkind zum Leben?
- Was ist das wichtigste von dem, was ein Kind braucht, das zweitwichtigste, das drittwichtigste?
- Worauf könntest du verzichten?

Klasse 3 und 4
- Was ist der Unterschied zwischen „Arbeit" und „Spaß haben"?
- Passt beides zusammen, und wie kann das gehen?
- Immer nur Spaß haben: Ist das die beste Art zu leben?
- Kann man Armut abschaffen, und wie soll das gehen?

5| Hanna Kiper
Lehren und Lernen mit kulturell heterogenen Gruppen

Die Ausgangssituation

Im Jahre 2000 lebten in Deutschland laut Statistischem Bundesamt (2000) ca. 82 Millionen Einwohner, davon waren etwa 7,3 Millionen bzw. 9% Ausländer. Die ausländische Wohnbevölkerung lässt sich folgendermaßen nach Nationalitäten differenzieren: Die größte ethnische Gruppe stellen die Türken mit fast 2,1 Millionen, gefolgt von 737.000 Jugoslawen (Serbien/Montenegro), 616.000 Italienern, 364.000 Griechen, 292.000 Polen, 214.000 Kroaten und 186.000 Österreichern. Über 70% der Ausländer leben in Baden Württemberg, Bayern, Hessen und Nordrhein-Westfalen. Großstädte haben den höchsten Ausländeranteil an der Wohnbevölkerung. Bezogen auf die 15-Jährigen haben 20,1% der Jugendlichen in Niedersachsen einen Migrationshintergrund. Dieser liegt in Bremen bei 40,7%, in Hamburg bei 38,5%, in Hessen bei 32,7%, in Baden-Württemberg bei 28,8% und in Berlin bei 25,2%. Sehr gering ist der Anteil in den neuen Bundesländern (2%). Die Hälfte der Ausländer lebt schon seit über 10 Jahren in der Bundesrepublik; 30% sind schon länger als 20 Jahre hier. Es fand eine Veränderung in der Altersstruktur der ausländischen Wohnbevölkerung statt: der Anteil jüngerer Menschen nimmt stetig zu. Von den bundesweit jährlich Neugeborenen sind ca. 13% ausländische Kinder. Seit Januar 2000 haben sie einen Rechtsanspruch auf die deutsche Staatsbürgerschaft.

Zur schulischen Situation – Ergebnisse empirischer Bildungsforschung

Fragt man nach der schulischen Förderung und ihren Ergebnissen, dann bietet die Studie PISA 2000 und die Ergänzungsstudie (PISA-E) hinreichend Material. Von den getesteten 15-Jährigen resp. Schülerinnen und Schülern der neunten Klassen hat rund ein Viertel einen Migrationshintergrund. Dieser wird daran festgemacht, ob

beide Eltern oder ein Elternteil im Ausland geboren wurden. Ob in der Familie die Sprache der Herkunftsländer oder die deutsche Sprache als Familiensprache gesprochen wird, bewirkt einen wichtigen Unterschied bezogen auf die Entwicklung von Kompetenzen.
- Formen der Rückstellung vom Schulbesuch, des Wiederholens von Klassen und der Abstiegsmobilität innerhalb der Schule betreffen in höherem Maße Kinder und Jugendliche mit Migrationshintergrund.
- Bezogen auf die Leistungswerte können wir feststellen, dass Schülerinnen und Schüler mit Migrationshintergrund weniger gute Leistungen erzielen als solche ohne Migrationshintergrund. Sie finden sich ebenfalls in besonders hohem Maße – bezogen auf Lesekompetenz, mathematische und naturwissenschaftliche Kompetenz – in der Gruppe der Risikoschüler/innen.
- In der Spitzengruppe finden sich zumeist Schülerinnen und Schüler deutscher Herkunft. „Jugendliche, deren Eltern beide in Deutschland geboren sind, haben erwartungsgemäß günstigere Chancen, einen mittleren oder höheren Bildungsgang zu besuchen, als Gleichaltrige aus reinen Zuwanderungsfamilien" (PISA-E 2002, 199).

Soziologische Erklärung von Eingliederungsprozessen

Die Ergebnisse zeigen, dass sich die Hoffnung auf die Beförderung des Integrationsprozesses der dritten Generation durch die Schule nicht quasi automatisch erfüllt. Der Soziologe Hoffmann-Nowotny (1973, 171) unterschied zwischen Kultur als Symbolstruktur und Gesellschaft als Positionsstruktur der sozialen Realität. Er begriff Assimilation als Partizipation an der Kultur und Integration als Partizipation an der Gesellschaft. Für ihn bedeutet Integration die Öffnung der zentralen Statuslinien der Gesellschaft für die Einwanderer. Sie sei die wesentliche Voraussetzung für die Übernahme tragender Symbole und Werte der aufnehmenden Gesellschaft durch die Migranten. Nach Hoffmann-Nowotny reproduziert sich die internationale Schichtung der verschiedenen Staaten und Gesellschaften im Aufnahmeland insofern, als sich ein entsprechendes Verhältnis der Einheimischen zu den Einwanderern wie auch Rangunterschiede der verschiedenen Nationalitätengruppen einstellen. Unterschichtung wird als Prozess verstanden, durch den unter die bestehende Struktur eine ethnisch fremde und politisch weitgehend rechtlose Sozialschicht mit solchen Merkmalen geschoben wird, die nicht mehr dem allgemeinen Entwicklungsstand der aufnehmenden Länder entsprechen (vgl. 1976, 46 f.). Die Einheimischen haben aufgrund dieser Unterschichtung der Sozialstruktur die Chancen für und den Zwang zur beruflichen(n), soziale(n) und regionale(n) Mobilität. Diejenigen Einheimischen, die nicht mobil sind, erfahren sich plötzlich als den Einwanderern sozial gleichgestellt und begreifen das als relativen Statusverlust bzw. sozialen Abstieg. Manche der aufgestiegenen Einheimischen erleben sich als latent überfordert (vgl. Hoffmann-Nowotny 1976, 48). Reaktionen der Einheimischen zur Bewältigung der anomischen Situation können u. a. sein:

– die „Substitution von Statuslinien", d. h. Statuslinien erwerbbaren Charakters (nach Leistung oder Qualifikation) werden durch Merkmale der Zuschreibung (Ethnie) ersetzt;
– die „Sperrung von Statuslinien", d. h. ein Zugang wird Einwanderern erschwert oder verwehrt;
– Prozesse der neofeudalen Absetzung nach ‚oben'; darunter wird die Tolerierung von Einwanderern im Land bei gleichzeitiger Verweigerung von Integration verstanden (vgl. 1973, 96 ff.).

Hoffmann-Nowotny geht davon aus, dass die Einwanderer in den ersten Jahren nach der Migration eine Verbesserung des Lebensstandards aufgrund der Entwicklungsdistanz zwischen dem Aus- und Einwanderungsland wahrnehmen. Erst mit zunehmender Aufenthaltsdauer beginnen sie, ihre Situation mit der homologer ethnischer Gruppen zu vergleichen und die faktische Diskriminierung wahrzunehmen. Diese Diskriminierung wird von der zweiten und dritten Generation noch deutlicher gesehen. Mögliche Reaktionen darauf können u. a. sein:
– eine schrittweise Reduktion der Ansprüche auf Integration und soziale Mobilität (1976, 56),
– die kompensatorische Betonung von Konsumzielen (1973, 235),
– die Betonung der nationalen Eigenart (1973, 242),
– die „neofeudale Absetzung nach ‚unten' als Versuch, die Überlegenheit der Einheimischen und den eigenen tieferen sozialen Rang als Entsprechung des niedrigeren Status zu akzeptieren" (1973, 240 ff.) und
– die Rückwanderung (1973, 267).

Für die „zweite Generation" analysiert Hoffmann-Nowotny, dass aufgrund der mangelnden schulischen Bildung eine Generation des Subproletariats entstünde, die anomische Spannungen durch erhöhte Kriminalität und Bandenkriminalität löse.
Auch der Soziologe Heckmann hat vor mehr als zwanzig Jahren eine soziologische Analyse der Gastarbeiterbevölkerung als Einwandererminorität vorgelegt. Er konstatiert die räumliche Segregation ausländischer Familien in Ausländervierteln (Ghettos). Als *Einwanderungskolonie* bezeichnet er nicht nur eine Agglomeration von Menschen. Ihre Entstehung und Entwicklung sei Prozess und Leistung und meine die sozial verbundene Einwanderungsgruppe in einer bestimmten ökologischen Einheit und ihre sozial-kulturelle und ökonomische Organisation (1980, 109). Als Indizien für das Entstehen solcher Einwandererkolonien wertet er die Existenz eigener religiöser Gemeinschaften oder Kirchengemeinden, eigener schulischer Einrichtungen, von Vereinen, Geschäften, Restaurants und Lokalen sowie die Niederlassung ausländischer Ärzte (1980, 107). Einwanderungskolonien leisteten u. a. eine ökonomische und soziale Sicherung der Minorität, Assoziation und sozialen Verkehr innerhalb der Einwanderergruppe zur Stabilisierung der Persönlichkeit und zur Bewältigung auch ehelicher oder familiärer Probleme, die durch den Migrationsprozess mitverursacht sind, Institutionalisierung von Aktivitäten und Riten, Hilfe bei der kulturspezifischen Sozialisation der nachfolgenden Einwanderergeneration und die Erleichterung der Neuanpassung für nachkommende Einwanderer (1980, 109 f.).

Kinder und Jugendliche sind in besonderer Weise den kulturellen Mustern der Einwanderungsgesellschaft ausgesetzt:
- Die Kinder der Einwanderer kommen mit einheimischen Kindern in „peer groups" zusammen.
- Die Schule hat eine assimilierende Funktion.
- Trotzdem sind die Prägungen des ethnisch bestimmten Elternhauses (Sprache, Weltbild, Normvorstellungen, Verhaltensregeln, Gefühle, Ausdrucksformen), aber auch Gewohnheiten in Bezug auf Ernährung, Gesundheit, Kleidung nicht vollständig abzulegen.

„Der Konflikt dieser doppelten Prägungen, oft als Loyalitätskonflikt zwischen der Bindung an die Herkunftsfamilie und Bindungen zur Einwanderungsgesellschaft ausgetragen, produziert Referenzgruppenorientierung, (...) Identitätsunsicherheit, Selbstabwertungstendenzen und andere Marginalitätssymptome" (1981, 139). Dagegen stifte das Sozialsystem der Minderheit Identität und Zugehörigkeitsgefühl, ermögliche Sozialisation wie kulturelle Reproduktion. Heckmann spricht sich für eine plurale, „kulturautonome Integration" aus, die die Institutionen der Einwandererkolonie bewusst anerkenne und materiell und ideell fördere und die Einwanderer in die Lage versetze, selbstbewusst Interessen und Bedürfnisse zu vertreten.

Norbert Elias und John L. Scotson beschreiben die Beziehung zwischen Mehrheits- und Minderheitenangehörigen als Etablierten-Außenseiter-Konfiguration. Die Etablierten schließen sich gegen bestimmte Menschen zusammen, behandeln sie als Außenseiter und als Menschen mit geringerem Wert. Ausschluss und Stigmatisierung der Außenseiter sind ein wichtiges Mittel, wie die Etablierten ihren Vorrang sichern, andere auf eine bestimmte Position festlegen und ihre eigene Identität befestigen (1990, 12). Als Kern der Etablierten-Außenseiter-Figuration beschreiben Elias/Scotson die ungleiche Machtbalance mit den daraus resultierenden Spannungen. Die Macht der Etabliertengruppe beruht auf dem sozialen Zusammenhalt, der durch die Verteilung von sozialen Positionen mit hohem Machtgewicht an die eigenen Leute gefestigt wird. Diese spezifische Verteilung der Positionen wird durch die ungleiche Verteilung von (eigenem) Gruppencharisma und (fremder) Gruppenschande ideologisch abgesichert (1990, 16). Teilhabe an der Überlegenheit der Etabliertengruppe wird mit Formen der Affektkontrolle und der Befolgung gruppenspezifischer Normen bezahlt. Dies wird zur Grundlage eines projizierten Bildes von den „Außenseitern", die kollektiv und individuell als anomisch empfunden werden. Die Etablierten vermuten von den Außenseitern, dass sie die Normen und Werte missachteten. Stigmatisierung von Menschen zu Außenseitern hänge eng mit kollektiven Phantasien und Bildern zusammen, die sich ein Mensch von der Rangstellung seiner eigenen Gruppe gegenüber anderen und damit von seiner eigenen Rangstellung als Mitglied dieser Gruppe mache (1990, 32). Die Wissenschaftler begreifen „Rassenbeziehungen" als „Etablierte-Außenseiter-Beziehungen eines bestimmten Typs". Merkmale wie körperliches Aussehen, Sprache etc. werden zu Möglichkeiten, die Angehörigen der Außenseitergruppe leichter als solche kenntlich zu machen (1990, 26).

Basierend auf René Girard gehe ich davon aus, dass auch unserer Gesellschaft noch Strukturen eingeschrieben sind, die wir in ‚Opfergesellschaften' finden. Als solche begreift er Gesellschaften, deren großen Mythen und religiösen Erzählungen auf einen Lynchmord am Anfang ihrer Entstehung verweisen. In Krisen, in denen die gesellschaftliche Ordnung labil und die Gemeinschaft durch Streitigkeiten gefährdet ist, greifen normale Mechanismen der Eindämmung von Gewalt und der Herstellung von Einmütigkeit nicht mehr (Girard (1982) 1992 b, 23). In solchen Situationen kann die „Etablierten-Außenseiter-Konfiguration" sich in eine >Täter-Opfer-Konfiguration< wandeln. Der Außenseiter wird durch Schuldzuweisungen zum Sündenbock gemacht, gegen den mit Gewalt vorgegangen wird. Diese Schuldzuweisungen geschehen in Form der Anklage und tragen stereotype Züge. Das Bild vom Fremden als Außenseiter, die Beunruhigung, die vom Fremden für ein Individuum oder eine Gemeinschaft ausgeht, verweist auf einen nicht zu vernachlässigenden individuellen und kollektiven „Eigenanteil" (Bielefeld 1991, 98): „an dem, was fremd ist und zum Fremden gemacht wird, lassen sich Strukturen des gesellschaftlichen Unbewussten untersuchen" (Bielefeld 1991, 99).

Opferauswahl, Schuldzuweisungen und die Zuweisung einer Sündenbockrolle enden oft in Formen der Verfolgung, der Angriffe, Verletzungen und Tötungen durch den Mob (Girard 1992 b, 28). In diesen wird die lange gebundene und verdeckte strukturelle Gewalt einer Gesellschaft sichtbar. Die Gegner der Gewalt müssen große Anstrengungen unternehmen, um den Bann der Gewalt zu brechen. Sie hört nicht von allein auf, sondern setzt sich in der Gesellschaft fest, weil sie auf eingeschliffenen Schemata und bekannten Gewaltmodellen beruht (vgl. Girard 1992a, 223 ff.). Vorurteile gegenüber Minderheiten sind daher nicht nur Ausdruck „falschen" Denkens und damit durch kognitive Aufklärung überwindbar. Sie verweisen vielmehr auf das der Gesellschaft eingeschriebene Potential an Gewalt.

Entwicklungspsychologische Erklärung von Eingliederungsprozessen

Michele Damanakis spricht von einer bikulturellen, bilingualen Lebenssituation der Kinder der Einwanderer. Um im Verlauf ihres Sozialisationsprozesses die Gelegenheit zu erhalten, eine ihren Sozialisationsbedingungen angemessene Identität zu gewinnen, sei eine kontrastierende Auseinandersetzung mit dem mächtigsten Ideal und dem stärksten negativen Leitbild notwendig; nur so gelinge eine „Ich-Synthese". Er unterscheidet vier verschiedene Identifizierungsmöglichkeiten:
1. Identifizierung mit der Herkunftskultur als ‚mächtigem Ideal' bei gleichzeitiger Ablehnung der Aufnahmekultur als ‚negativem Leitbild'.
2. Identifizierung mit der Aufnahmekultur bei gleichzeitiger Ablehnung der Herkunftskultur.
3. Mangelnde bzw. fehlende Identifizierung mit beiden Kulturen.
4. Gleichzeitige Identifizierung mit beiden Kulturen (vgl. Damanakis 1983, 29).

Je nach Identifizierung bzw. soziokultureller Orientierung konstruiert Damanakis vier Sozialisationstypen (vgl. 1983, 30 ff.):

MINORITÄTSORIENTIERUNG	MAJORITÄTSORIENTIERUNG
Rückzug in die eigene Familie oder Ethnie; evtl. Anschluss an Idealistenvereine; hauptsächliche Interaktion mit Landsleuten.	Ablehnung, Verdrängung, Verleugnung der ethnisch-kulturellen Herkunft u. Sprache; Entfremdung von der Familie; Überanpassung/Identifikation mit der Aufnahmekultur.
AMBIVALENTER TYP	BIKULTURELLER TYP
beide Sprachen und Kulturen sind wenig entwickelt; Orientierungslosigkeit, Fehlen von Ehrgeiz; Apathie, Passivität.	Kultursynthese; bikulturelle Identität; Flexibilität; Erweiterung des geistigen Horizonts.

Aufgaben von Schule und (Sach-)Unterricht

Es stellt sich die Frage, ob die Schule ihrer Aufgabe nachkommt, benachteiligte Kinder und Jugendliche hinreichend zu fördern. Lehren wir das Richtige in der Schule und lehren wir es auf die richtige Weise? Sind die richtigen Konzepte entwickelt und in die Schulen implementiert worden? Über die Aufgaben der Lehrerinnen und Lehrer in einer Schule der Einwanderungsgesellschaft ist neu nachzudenken.

– Es ist notwendig, die Bildungschancen der Kinder und Jugendlichen mit Migrationshintergrund zu fördern, um Prozessen der Segregation und Segmentierung in der Gesellschaft entgegenzuwirken. Voraussetzung dafür ist der Erwerb der deutschen Sprache in Wort und Schrift. Darüber hinaus sind Möglichkeiten der Berücksichtigung von Mehrsprachigkeit in Gesellschaft und Schule zu erschließen.
– Unter der Perspektive der Gestaltung des Zusammenlebens in einer Gesellschaft, die kulturell, wirtschaftlich und sozial heterogener geworden und in der der soziale Zusammenhalt gefährdet ist, wird nach einem Konsens über Fairness im Umgang miteinander als Grundlage der Zivilgesellschaft gesucht. Dabei wird dem Bildungssystem die Aufgabe zugeschrieben, Menschen so zu bilden, dass sie Verantwortung für sich und andere und für die Gestaltung der gesellschaftlichen Verhältnisse übernehmen. Wenn wir Fremdenfeindlichkeit als Bedrohung der modernen Gesellschaft verstehen, gilt es in der Schule darauf hinzuwirken, dass Schüler/innen sich für andere Kulturen öffnen, jedoch zugleich die Grundwerte achten und darum wissen, was eine Gesellschaft an Gemeinsamkeiten braucht. Dazu müssen Bildungseinrichtungen „eine ‚Kultur' des wechselseitigen Respekts der Individuen und Kulturen, eine pädagogische Praxis der Verschiedenheit entwickeln" (Sachverständigenrat Bildung 1999, 19).
– Unter der Perspektive der Auseinandersetzung mit Prozessen in Europa und über Europa hinaus, die unter dem Stichwort „Globalisierung" geführt werden, geht es darum, sich über die Konturierung „globalen Lernens" zu verständigen. Wichtig dabei wird eine Auseinandersetzung mit Fragen der Menschenrechte, gemeinsamer Normen und Werte, von Partikularismus und Universalismus. Daher gilt es,

kulturelle Selbstinterpretationen aufzudecken und sich mit anderen Denkerfahrungen auseinander zu setzen.

Meines Erachtens müssen Lehrerinnen und Lehrer (nicht nur des Sachunterrichts) ihre professionellen Kompetenzen ausbauen. Das bedeutet, ausgehend von der Tatsache, dass ein Viertel der Schülerschaft aus einer Familie mit Migrationshintergrund kommt, Lernprozesse in heterogenen Gruppen in sinnvoller Weise zu gestalten, individualisiert zu unterrichten und in diagnostischen Prozessen im Rahmen des Unterrichts einen Blick zu entwickeln, der hilft, Fehler der Schüler/innen , die durch eine andere Muttersprache und den Migrationshintergrund verursacht sein könnten, aufzudecken, zu deuten und im Prozess der Instruktion zu korrigieren.

Verändertes Lehrerhandeln – die kulturelle Dimension

Umgang mit kultureller Heterogenität muss an Kompetenzen im Lehrerberuf anknüpfen. Ich möchte an einigen Dimensionen des Lehrerhandelns stichwortartig und in Form einer Tabelle aufführen, wie die kulturelle Dimension berücksichtigt werden kann.

Tätigkeiten im Lehrer/ innen/beruf	Aspekte des Handelns	Aspekte des Handelns in kulturell heterogenen Lerngruppen in Unterricht und Schule
Erziehen	Gestaltung der Beziehung zwischen Erwachsenen und Kind mit dem Ziel der Beförderung von Selbsttätigkeit, Mündigkeit, Selbstregulierung, aber auch Verhaltensänderung. Die Lehrkraft kann sich unterschiedlich verstehen, nämlich als Anwalt oder Partnerin des Kindes oder als Gestalterin der Beziehungen in der Gleichaltrigengruppe als Erziehungsgemeinschaft. Eine Verständigung über Erziehungsvorstellungen muss im Kollegium geschehen; anschließend sind Erziehungsmaximen gegenüber den Eltern darzulegen und zu begründen.	Erziehungsvorstellungen von Menschen mit Migrationshintergrund können sich – auch auf dem Hintergrund anderer Konzepte von Kindheit und Jugend – unterscheiden. Dabei können unterschiedliche Konzeptionen über die Erwachsenen-Kind-Beziehung, über elterliche und positionale Autorität oder andere Zielvorstellungen vorhanden sein, mit denen eine Auseinandersetzung zu führen ist.
Unterrichten	Geplantes, systematisches, zielgerichtetes und methodisch reflektiertes Vermitteln von Wissen, Kenntnissen, Fähigkeiten und Fertigkeiten durch Unterricht in dafür eingerichteten Institutionen (Schulen).	Schaffung von Voraussetzungen für die Teilhabe am Unterricht; Reflexion über die Veränderung von Unterricht, wenn dieser nicht in der Muttersprache, sondern in einer Zweitsprache erfolgt; Reflexion der Unterrichtsformen unter der Perspektive, ob sie den Lernge

			wohnheiten und Lernmöglichkeiten von Einwandererkindern gerecht werden; Berücksichtigung der Gestaltung von Classroom-Management und Unterrichtsprozessen in kulturell gemischten Gruppen; Differenzierung der Zielsetzungen und Lernarrangements mit dem Ziel, den Lernenden gerecht zu werden; Einfädelung von „didaktischen Schleifen" und deren Verbindung mit dem Lehrgangsunterricht, um alle Schülerinnen und Schüler auf hohem Niveau zu fördern.
Entwickeln und Erneuern von Curricula	Beteiligung an der Diskussion über Kerncurricula und deren Implementation in die Schule; Weiterentwicklung der Curricula; Entwickeln schuleigener Curricula angeschmiegt an die Lernvoraussetzungen der Schülerschaft; Absprechen über und Angleichung von Standards auf der Ebene der Einzelschule und zwischen den Schulen.		Überprüfung von Kerncurricula unter gesellschaftspolitischer, ethnozentristischer und kulturkritischer Perspektive; Berücksichtigung der Perspektiven der Minderheiten; Weiterentwicklung der Richtlinien unter interkulturellem Fokus.
Pädagogisches Diagnostizieren	Entwicklung und Verbesserung von Methoden für Testverfahren für die Bewertung von Lernvoraussetzungen und Lernprozessen und ihren Ergebnissen; Aufschlüsselung von Lernvoraussetzungen zur Planung adaptiver Unterrichtsmaßnahmen z. B. durch Lernziel- und Lernwegdifferenzierung; Erheben von Lernständen einzelner Kinder mit dem Ziel der Konzeption von Fördermaßnahmen; Rekonstruktion von Denk- und Handlungsplänen von Kindern mit dem Ziel der Verbesserung didaktischer Konzeptionen.		Berücksichtigung der besonderen sprachlichen Voraussetzungen der Kinder; Rückbezug von Lernproblemen auf die Lebensprobleme von Kindern unter Bedingungen der Migration (Kind-Umfeld-Diagnose); Ausdifferenzieren von Lernzielen, Lerninhalten und Lernwegen unter Berücksichtigung unterschiedlicher kultureller Bezugssysteme; Gewichtung der Lebens- und Lernprobleme der Schülerinnen und Schüler.
Leistung messen und beurteilen	Überprüfung und Beurteilung von Lernleistungen unter Rückgriff auf die kriteriale Norm, Sozialnorm und Individualnorm; Überprüfung der Effektivität des eigenen Unterrichts durch Formen von Feedback.		Verdeutlichung der besonderen Lernanstrengungen und Leistungen für solche Kinder, die dem Unterricht in Deutsch folgen müssen, ohne Deutsch als Muttersprache zu sprechen; Vermittlung der Sachnorm als gemeinsamen Standard; Konkretion von Individualnorm und Sozialnorm unter Berücksichtigung der

		besonderen Voraussetzungen (unter Unterscheidung der Leistungen von Kindern mit und ohne Migrationshintergrund).
Eine Lerngruppe leiten	Die Lehrkraft muss eine Schulklasse als Gruppe zusammenschließen und sie beim Formulieren angemessener Regeln für das Zusammenleben und -arbeiten in der Gruppe unterstützen; Effektive Organisation des Lehr-Lern-Prozesses.	Hilfen beim Formulieren universalistischer Normen, die verschiedene, evtl. ethnisch homogene peer-groups übergreifend sinnvoll sind; Angebote für das Traininung interkultureller Kommunikation, Mediation und Streitschlichtung.
Schulleben gestalten	Schulleben wird erweitert durch Einbeziehung der natürlichen und sozialen Umwelt durch Erkundungen, Praktika, Ausflüge, Fahrten; Eröffnung von Selbstgestaltungsmöglichkeiten und besonderen Angeboten (Spiel, Sport, Bibliothek, Disco); Gestaltung von Freizeitangeboten in der Schule; Gestaltung der Schule und ihrer Räume im Sinne der Bereitstellung vielfältiger Lernangebote.	Gestaltung des Schullebens unter interkultureller Perspektive durch Einbeziehen der Einrichtungen der Migranten (Läden, Moscheen); Berücksichtigung ihrer Interessen bei der Freizeitgestaltung und bei der Bereitstellung von Lehr- und Arbeitsmaterialien; Gestaltung interkultureller Feste und Feiern; Berücksichtigung von Migrantenliteratur und Ethnokultur bei Lesungen, Theateraufführungen und Filmvorführungen.
Partizipation der Schülerinnen und Schüler fördern	Beteiligung der Schülerinnen und Schüler an der Gestaltung von Schulleben und Unterricht durch Formen der Selbstorganisation, Mitbestimmung (Klassensprecher, Schülervertreter), Klassenrat, Schülerversammlungen; Beteiligung der Schülerinnen und Schüler an Vorbereitung und Durchführung von Klassen-, Schul- und Sportfesten; Informations-, Anhörung-, Vorschlags- Vermittlungs- und Beschwerderechte; Beteiligung an allen Prozessen in der Institution Schulklasse und Schule mit dem Ziel ihrer Entwicklung und Erneuerung.	Ermöglichung des Einbringens der besonderen Perspektive von verschiedenen Minderheitenkindern; Ermöglichung einer Berücksichtigung ihrer besonderen Sichtweisen.

Ansatzpunkte für die Arbeit im Sachunterricht der Grundschule

Der Sachunterricht muss Hilfen für das Leben in der Bundesrepublik Deutschland bereit stellen. Dafür ist Kindern mit Migrationshintergrund eine Hilfestellung zu geben, Integrationsprozesse zu bewältigen.

Sachunterricht als Sprachunterricht

E. D. Hirsch stellt heraus, dass die meisten Leistungsunterschiede zwischen Kindern unterschiedlicher Herkunft in den ersten Schuljahren Unterschiede im Wortschatz seien. „Kinder, die nicht über einen ausreichenden Wortschatz verfügen, lernen im gemeinsamen Unterricht erheblich weniger als diejenigen Kinder, deren Vokabular sich bereits zu Schulbeginn auf einem hohen Niveau befindet. Neben notwendigen Anstrengungen im Elternhaus und im Elementarbereich sollte der Sachunterricht einen umfassenden Wortschatz- und Wissensaufbau leisten. Dazu ist im ersten Schuljahr ein breites Themenspektrum abzudecken, wobei die Kinder ermutigt werden sollten, sich mit interessanten Fragestellungen genauer auseinander zu setzen. Dabei sind Unterrichtsmaterialien einzusetzen, die jeweils nur einen kleinen Anteil an relativ neuen Inhalten darbieten" (vgl. Hirsch 2002). Da der Unterricht in deutscher Sprache stattfindet (Unterrichtssprache: Deutsch), ist dafür Sorge zu tragen, dass die Schülerinnen und Schüler diese Unterrichtssprache verstehen und sie von der Fachsprache im Sachunterricht unterscheiden können. Das bedeutet, dass der Sachunterricht zugleich als Sprachunterricht angelegt sein muss. Dazu sollte sich die Sachunterrichtslehrkraft darum bemühen, wichtiges Vokabular und sprachliche Strukturen der Unterrichtssprache Deutsch einzuführen und zu festigen. Sie sollte zu wichtigen gesellschafts- und kulturwissenschaftlichen Themen „Schlüsselwörter" der Kinder entgegennehmen, festigen und durch eine angemessene Fachsprache ergänzen.

Eine weltoffene Konzeption von Sachunterricht wählen

Meines Erachtens muss – will man die Heterogenität der Kinder berücksichtigen – mit einer weltoffenen Konzeption von Sachunterricht gearbeitet werden, die auf gesellschaftspolitischen Überlegungen über die Beziehungen zwischen den Staaten in der Welt basiert. Nur auf dem Hintergrund eines Theorierahmens, der diese Beziehungen angemessen fasst, können Sachunterrichtslehrkräfte die Vorstellungen der Kinder klären. Die Verflochtenheit der Staaten, ihre gegenseitigen Beziehungen der Abhängigkeit und Formen der Durchdringung sind ja schon Kindern erfahrbar, wenn sie Nachrichten und Informationen aus Funk, Fernsehen und Internet, eigene Reiseerfahrungen und Erfahrungen mit Migration auswerten. Für eine gezielte Thematisierung eignen sich Unterrichtseinheiten über das Leben der Kinder in der Einen Welt, über Kinderrechte, über Extremerfahrungen von Kindern (mit Hunger, Gewalt, Missbrauch, Einsatz als Soldaten etc.). Ein eng angelegtes Sachunterrichtscurriculum einzig unter Berücksichtigung der Bundesrepublik Deutschland muss unter verschiedenen Perspektiven erweitert werden, z. B. durch Themen wie Migration – Leben im Einwanderungsland – Leben in ethnischen Gemeinschaften und ihre Lebenschancen – Migration und Aufstiegsorientierungen – Leben zwischen Tradition und Moderne – weltweit und im eigenen Land.

Sachunterricht unter Berücksichtigung unterschiedlicher Erfahrungen

Im Sachunterricht muss die Lehrkraft ein Bewusstsein von der Tatsache entwickeln, dass sich die Erfahrungen, die Kinder mitbringen, ihre subjektiven Vorstellungen und Begriffe, ihre Kenntnisse von Ausschnitten der Lebenswirklichkeit stark unterscheiden. Das bedeutet, dass sie ihr eigenes Spektrum von Erfahrungen, ihr konzeptionelles Wissen über das Leben in der Einwanderungsgesellschaft erweitern und ergänzen muss. Beispiele zur Erläuterung von Fragestellungen, Problemen oder Sachverhalten müssen aus verschiedenen Lebensbereichen unterschiedlicher Kinder gewählt werden. Eine wichtige Rolle kann dabei spielen, ob ein Kind der Majorität oder der Minorität angehört. Unterschiedliche Wahrnehmungen, Erlebnisse und kindliche Theorien über die Gesellschaft können die Konsequenz sein.

Neue Erfahrungen ermöglichen und Hilfen nutzen lernen

Wenn wir davon ausgehen, dass Einwanderung mit der Erfahrung von Unterschichtung der Gesellschaft und Marginalität verknüpft sein kann, muss der Sachunterricht darauf zielen, eingeschränkte Erfahrungen von Kindern zu ergänzen und zu korrigieren. Schritte für die Ermöglichung neuer Erfahrungen können darin bestehen, Kindern und oftmals auch ihren Eltern vorhandene Ressourcen zugänglich zu machen, z. B. durch Informationen über und Besuche von Spielplätzen, Bibliotheken, Schwimmbädern, Museen, Theatern, Konzerten.

Identitätsarbeit

Unabhängig von dieser pädagogischen und didaktischen Aufgabe von Lehrerinnen und Lehrern an Grundschulen wird es notwendig sein, vor dem Hintergrund einer genauen Auseinandersetzung mit den besonderen Schülervoraussetzungen Hilfen bei der Bewältigung von „Lebensproblemen" bzw. individuellen Problembelastungen (z. B. Migrations- und Einwanderungserlebnisse resp. Erfahrungen mit dem Pendeln zwischen zwei Ländern, Entfremdungsprozesse zwischen Kindern und Eltern, Erfahrungen mit innerfamiliärer Gewalt, mit illusionären Lebensentwürfen, mit Prozessen der Abwertung, Ausgrenzung und des Rassismus durch Gleichaltrige) zu geben. Das kann als eine Form der Hilfe beim „Aufbau situationsadäquater Wirklichkeitsstrukturen" und als „Identitätsarbeit" (Ucar) verstanden werden. Die Grundschule legt dabei die Grundlage dafür, sich mit Formen der „Selbstethnisierung" durch eine „Konservierung der Migrantenkultur" (auch durch Verzicht auf die deutsche Sprache) versus individuellen Selbst- und Lebensentwürfen gezielt auseinander zu setzen (vgl. Kiper 1987, 1992, 1994; Ucar).

Vorschläge für die Arbeit im Klassenzimmer

Unterricht unter interkultureller Perspektive sollte – bei der Planung und Durchführung und bei der Auswahl von Materialien – einige kritische Fragen berücksichtigen. Diese Fragen sind u. a.:
- Wird die multiethnische Realität angemessen abgebildet?
- Werden Minderheitenangehörige als weniger wertvolle Menschen, als Menschen mit Problemen, als Menschen mit besonderen »Eigenschaften«, als potentielle Opfer dargestellt?
- Werden ideale (positive) resp. weniger ideale (negative) Selbst- und Fremddefinitionen von Mehrheitsangehörigen und ethnischen Minderheiten vorgenommen?
- Werden Menschen in heimliche Hierarchien von »besser/schlechter«, »höherwertig/minderwertig« und »überlegen/unterlegen« eingeteilt?
- Wird eine Unterscheidung, Einteilung und Bewertung in »wir« und »die anderen«, in »überlegen« und »unterlegen«, in »gut« und »böse« vorgenommen?
- Werden die Perspektiven der Minderheiten auf sich selbst und ihre Situation und auf die Mehrheitsangehörigen zur Darstellung gebracht?

Ich plädiere dafür, ausgehend von der Idee der Menschenrechte, möglichst gemeinsame Problemlagen von Mehrheiten- und Minderheitenangehörige in den Mittelpunkt zu stellen, viele Perspektiven zuzulassen und Mechanismen der Abwertung, Ausgrenzung und Verfolgung als Probleme der Mehrheit zum Thema zu machen. Es folgen einige Bausteine für den Unterricht.

Menschenrechte – Kinderrechte

Erste Ansätze zur Vorbereitung des interkulturellen Lernens liegen darin, mit Kindern über die Menschenrechte zu sprechen. Dazu kann der *Artikel 3 des Grundgesetzes* erörtert werden. Er lautet: *„Niemand darf wegen seines Geschlechtes, seiner Abstammung, seiner Rasse, seiner Sprache, seiner Heimat oder Herkunft, seines Glaubens, seiner religiösen oder politischen Anschauung benachteiligt oder bevorzugt werden."*

Diese Rechte können durch eine Auseinandersetzung mit der „Konvention über die Rechte des Kindes" konkretisiert werden. Dort werden neben den Freiheitsrechten und dem Schutz vor Folter, unmenschlicher Behandlung, willkürlicher Inhaftierung und vor Todesstrafe Kindern das Recht auf eigene Kultur, Religion und Sprache zugestanden. Zusätzlich gibt es Schutzgarantien für Flüchtlingskinder und weitreichende Rechte in Strafangelegenheiten (vgl. Materialien von Amnesty International 1989, 18).

Kinder haben Rechte!

1. Das Recht auf Gleichheit, unabhängig von Rasse, Religion, Herkommen, Geschlecht.
2. Das Recht auf eine gesunde geistige und körperliche Entwicklung.
3. Das Recht auf einen Namen und eine Staatszugehörigkeit.
4. Das Recht auf genügende Ernährung, Wohnung und ärztliche Betreuung.
5. Das Recht auf besondere Betreuung, wenn es behindert ist.
6. Das Recht auf Liebe, Verständnis und Fürsorge.
7. Das Recht auf unentgeltlichen Unterricht, auf Spiel und Erholung.
8. Das Recht auf sofortige Hilfe bei Katastrophen und Notlagen.
9. Das Recht auf Schutz vor Grausamkeit, Vernachlässigung und Ausnutzung.
10. Das Recht auf Schutz vor Verfolgung und auf eine Erziehung im Geiste weltumspannender Brüderlichkeit und des Friedens. (Aus: Amnesty International 1989, 18)

In einem *Unterrichtsgespräch* kann zusammengetragen werden, was sich Kinder wünschen, was sie wirklich brauchen und was als wichtige Grundlage ihres Aufwachsens angesehen wird. Die Ergebnisse können schriftlich festgehalten werden. In *arbeitsteiliger Gruppenarbeit* und unter Rückgriff auf verschiedene Illustrierte/Prospekte werden *Collagen angefertigt*. Die eine kann Problembelastungen von Kindern in aller Welt (Kriegskinder, Straßenkinder, hungernde Kinder, süchtige Kinder, Waisenkinder) und die andere kann Kinder in ihrem (relativen) Wohlstand in den Industrieländern (evtl. mit Belastungen durch Straßenverkehr, Umweltbelastungen) darstellen. Die Gruppenergebnisse werden zum Ausgang für die Verdeutlichung der Notwendigkeit von Kinderrechten. Anschließend können Kinder noch mit der Konvention der UNO über die Rechte von Kindern bekannt gemacht werden. Abschließend kann zusammengetragen werden, inwiefern sowohl in Deutschland als auch in der Welt diese Rechte der Kinder nicht eingelöst werden. Dabei können auch Gründe für die Flucht von (Erwachsenen und) Kindern in die Bundesrepublik benannt werden.

Kinder in anderen Ländern

Es liegen zahlreiche Materialien vor, die über das Leben von Kindern in anderen Ländern berichten. Die Schüler/innen sollten überlegen, für welche Kinder sie sich besonders interessieren und Materialien über das Leben von Kindern aus anderen Ländern (z. B. Vietnam, Indien, Südafrika, Kolumbien, Brasilien oder USA) zusammentragen. Dabei sollten nicht nur Probleme von Hunger und Armut zur Sprache kommen, sondern es sollten Kinder in ihrem Land vorgestellt werden. Es kann z. B. so vorgegangen werden: Am Anfang kann eine Plakat- oder Bildbetrachtung stehen, bei der ein Kind aus einem Land vorgestellt wird. Das Kind erhält einen „Namen", und es wird darüber informiert, aus welchem Land das Kind kommt. Das Land wird auf dem Globus oder der Weltkarte aufgesucht; dabei werden Deutschland und das gesuchte Land (z. B. mit einem Klebepunkt) markiert. Produkte aus dem Land (wie

Lebensmittel, Gewürze, Stoffe, Blumen, Masken) werden in den Unterricht mitgebracht, gezeigt und auf einem Ausstellungstisch präsentiert. Das Plakatkind wird nun über eine Geschichte und/oder Dias vorgestellt. Dabei können seine Familie, sein Haus und sein Dorf gezeigt werden. Das Kind muss durch die Präsentation seines Tagesablaufs und durch Informationen über Ernährung, Schulbesuch, Spiele, Kinderarbeit, Feste und Feiern vorstellbar werden. Damit sich die Schülerinnen einen besseren Eindruck verschaffen können, ist das Kochen entsprechender Gerichte, das Anfertigen von Kleidung oder Spielzeug (z. B. durch „Kartoffeldruck" auf Baumwollstoffen, durch Anfertigen von „Faltarbeiten" oder Papierblumen, durch Weben oder Basteln von Spielzeug) oder das Singen von Liedern denkbar (vgl. Schmitt 1989).

Europäisches Lernen in der Schule

Es liegen inzwischen beispielhafte Unterrichtsversuche zum Europäischen Lernen in der Grundschule vor. Hier werden zunächst Länder, die zu Europa gehören, vorgestellt (Aufsuchen auf Globus oder Weltkarte, Zusammenstellten der Länder und ihrer Hauptstädte, Herstellen von Europakarten und Europa-Puzzeln in verschiedenen Größen) und Länderinformationen von Schüler/innen zusammengetragen, die sich zu „Länderexpertinnen" ausbilden. Auf „Ländertischen" können Flaggen, Briefmarken, ausgewählte Sehenswürdigkeiten, Autokennzeichen, Postkarten, Prospekte, Mitbringsel, Produkte, zweisprachige Wörterlisten und Texte, Spiele, Bücher, Märchen präsentiert werden. Eine Beschäftigung mit den Ergebnissen der Länderexperten durch die übrigen Kinder der Klasse kann in Gruppenarbeit geschehen und in Form von Quizfragen inspiriert werden. In der Klasse können „Ländercollagen", Wandzeitungen, Karteikarten, Quartette oder Bücher über ausgewählte europäische Länder hergestellt werden (vgl. Schmitt u. a. 1992, 156 ff.).

Fremde in Deutschland – Spurensuche

Mit einer historischen Perspektive können Spuren der Anwesenheit von „Fremden" in Deutschland recherchiert werden. Gerade in *Berlin und Brandenburg* sind die Spuren der *französischen Protestanten* (Hugenotten), die der Große Kurfürst Friedrich Wilhelm von Brandenburg vor 300 Jahren ins Land holte, auffindbar. Redewendungen, Straßennamen, Gebäude (wie der französische Dom), das Hugenottenmuseum in Berlin, Zeitungen (wie die „Hugenottenkirche") oder bekannte historische Persönlichkeiten als Nachfahren der Hugenotten (wie *Theodor Fontane* oder *Philip Reclam*) machen es möglich, Aspekte ihrer Geschichte in Berlin und Brandenburg schon Kindern nahe zu bringen (vgl. Spaich 1981, 93 ff.). Die Ergebnisse von Erkundungen in Museen oder Gesprächen mit Experten können in der Ausarbeitung einer „Stadtteilrallye" für Kinder einer anderen Klasse oder im Verfassen eines Kapitels für einen Stadtführer zusammengetragen werden. In Berlin ermöglichen auch Bücher und Schriften der *jüdischen Gemeinde*, auf eine Spurensuche der Juden zu gehen und Scheunenviertel, Friedhöfe, Synagoge, Altersheim und koschere Metzgerei zu besichtigen. Unter sozialwissenschaftlicher Perspektive können unterschiedliche Ursachen für das Leben von Fremden in der Bundesrepublik (Aussiedlung, Flucht in der Folge eines Bürgerkrieges, politische Verfolgung, Wanderung in Folge von Notlagen) rekonstruiert werden. Dafür wäre es sinnvoll, die Wanderungsgründe einer Familie durch Gespräche und Interviews zu recherchieren.

Die multikulturelle Gesellschaft

Zunächst können eigene Erfahrungen mit kultureller Hegemonie und anderen Formen der Vorherrschaft (wie Vorrang der russischen Sprache als Fremdsprache in Schule und Hochschule, Formen kultureller Hegemonie durch Durchsetzen eines bestimmten Geschichtsbildes) reflektiert werden. Dazu können Eltern oder Großeltern in den Unterricht eingeladen werden, um davon zu berichten. Dann werden Spuren der *„multikulturellen" Gesellschaft* recherchiert. Dazu werden Musik(gruppen), Sportler, Getränke und Speisen, Kleidungsstücke, Fernsehsendungen, Comics, Redewendungen, Reklamebilder und Urlaubsländer zusammengestellt und auf ihre Ursprünge befragt. In einem abschließenden Unterrichtsgespräch können die Vor- und Nachteile einer multikulturellen Gesellschaft erörtert werden.

Unterrichtsvorschläge – konkret

Wenn wir davon ausgehen, dass die Einfädelung von Unterrichtsthemen über Migration, Einwanderung und Leben und Lernen von Minderheiten und Mehrheiten im Aufnahmeland resp. unter Bedingungen von Globalisierung notwendig ist, aber – bei unzureichendem Wissen der Lehrkräfte, beim Ausdrücken von Vorurteilen oder beim Festschreiben von kulturellen oder religiösen Differenzen – in der Gefahr steht, zur Stigmatisierung von Kindern mit Migrationshintergrund beizutragen, dann ist es schwer, beispielhafte Unterrichtseinheiten zu entwickeln, die von Lehrkräften – unverändert – übernommen werden können. Edith Glumpler betonte die Notwendigkeit, dass Lehrerinnen und Lehrer nicht auf vorgefertigte Unterrichtskonzepte zurückgreifen, sondern eigenständig fragen und forschen. „Lehrkräfte, die zusammen mit Kindern deren Alltags- und Lebenswelten erschließen wollen, müssen fraglos selbst in der Lage sein, natur- und sozialwissenschaftliche Verfahren der Erkenntnisgewinnung einzusetzten. Sie müssen darüber hinaus (…) in der Lage sein, Fragestellungen auf kindliches Erkenntnisinteresse und kindliche Problemsichten abzustimmen" (Glumpler 1996, 75f). Edith Glumpler schlug interkulturelle Werkstattarbeit in vier Stufen (Lehrplananalyse – Materialsammlung – Materialanalyse – Materialproduktion) vor (1996, 83).
Wenn wir davon ausgehen, dass Lehrkräfte – angeschmiegt an die besonderen Voraussetzungen ihrer Schülerinnen und Schüler und an die Gruppendynamik in der Schulklasse – Ziele, Inhalte, Verfahren und Medien eigenständig bestimmen müssen, dann können nur Beispiele für Unterrichtseinheiten gegeben werden, die auf dem Hintergrund eigener Positionsbestimmungen, Analyse von Ausgangsbedingungen und

Konkretion eigener Vorgehensweisen weiterzuentwickeln sind. Sehr viele Hinweise und Anregungen finden sich über das Portal http://www.bonn.iz-soz.de/themen/migration/systemInhalt.htm und über den Hessischen Bildungsserver (http://lernen.bildung.hessen.de/bilingual/interkulturell/ik/verweise).
Die Tabelle nennt nur beispielhaft Unterrichtseinheiten und Materialien, ordnet sie einem bestimmten Ansatz zu und beschreibt das Vorgehen, das adaptiert und von Lehrkräften weiterzuentwickeln ist.

Literatur

Amnesty International (Hrsg.): Kinder sind k(l)eine Menschen?! Kinder haben Rechte. Mühlheim/Ruhr 1989

Bielefeld, U.: Das Konzept des Fremden und die Wirklichkeit des Imaginären. In: ders. (Hrsg.): Das Eigene und das Fremde. Neuer Rassismus in der Alten Welt? Hamburg 1991, S. 97–128

Birtsch, V./Bange, D. Unbeachtet: Kinder und Jugendliche aus Migrantenfamilien. Unter: http://www.liga-kind.de/pages/birt100.htm

Damanakis, M.: Muttersprachlicher Unterricht für ausländische Kinder. In: Deutsch lernen, 8 (4), (1983), S. 15–47

Deutsches PISA-Konsortium (Hrsg.): PISA 2000. Basiskompetenzen von Schülerinnen und Schülern im internationalen Vergleich. Opladen 2001

Deutsches PISA-Konsortium (Hrsg.): PISA 2000 - die Länder der Bundesrepublik Deutschland im Vergleich. Opladen 2002

Diehm I./ Radtke, F.-O.: Erziehung und Migration. Eine Einführung. Stuttgart u. a. 1999

Elias, N./ Scotson, J. L.: Etablierte und Außenseiter. Frankfurt a. M. 1990

Erikson, E.: Identität und Lebenszyklus. Frankfurt a. M. 1981

Girard, R.: Das Heilige und die Gewalt (1972). Frankfurt a. M. 1992 (a)

Girard, R.: Ausstoßung und Verfolgung. Eine historische Theorie des Sündenbocks. Frankfurt a. M. 1992 (b)

Glumpler, E.: Interkulturelles Lernen im Sachunterricht. Bad Heilbrunn 1996

Heckmann, F.: Einwanderung als Prozess. In: Blaschke, J./ Greussing, K. (Hrsg.): „Dritte Welt" in Europa. Probleme der Arbeitsimmigration. Frankfurt a. M. 1980, S. 95–125

Heckmann, F.: Die Bundesrepublik: Ein Einwanderungsland? Zur Soziologie der Gastarbeiterbevölkerung als Einwanderungsminorität. Stuttgart 1981

Hirsch, E. D.: >Man kann das doch einfach nachschlagen< - Oder etwa nicht? In: Böttcher, W./ Kalb, P. E. (Hrsg.): Kerncurriculum. Weinheim 2002, S. 48–63

Hoffmann-Nowotny, H.-J.: Soziologie des Fremdarbeiterproblems. Eine theoretische und empirische Analyse am Beispiel der Schweiz. Stuttgart 1973

Hoffmann-Nowotny, H.-J.: Gastarbeiterwanderungen und soziale Spannungen. In: Reimann, H./ Reimann, H. (Hrsg.): Gastarbeiter. München 1976, S. 43–62

Hoffmann-Nowotny, H.-J.: Migration, soziale Ungleichheit und ethnische Konflikte. In: Gogolin, I./ Nauck, B. (Hrsg.): Migration, gesellschaftliche Differenzierung und Bildung. Opladen 2000, S. 157–178

Kiper, H.: „... und sie waren glücklich". Alltagstheorien und Deutungsmuster türkischer Kinder als Grundlage einer Analyse didaktischer Materialien und Konzeptionen am Beispiel des Faches Sachunterricht. Hamburg 1987

Kiper, H.: Interkulturelles Lernen im Sachunterricht der Grundschule. In: Duncker, L./ Popp, W. (Hrsg.): Kind und Sache. Zur pädagogischen Grundlegung des Sachunterrichts. Weinheim und München 1994, S. 131–143

Kiper, H.: Einführung in die Schulpädagogik. Weinheim und Basel 2001

Kiper, H.: Interkulturelles Lernen als Prinzip in Schule und Unterricht. In: Kiper, H.. (Hrsg.): Sekundarbereich I – jugendorientiert. Baltmannsweiler 2001, S. 131–145

Sachverständigenrat Bildung bei der Hans-Böckler-Stiftung: Diskussionspapiere Nr. 3. Jugend, Bildung und Zivilgesellschaft. Anregungen zur Bildungsdiskussion. Düsseldorf 1999

Schmitt, R. (Hrsg.): Dritte Welt in der Grundschule. Unterrichtsbeispiele. Lehrplanübersicht. Material. Frankfurt a. M. 1989

Schmitt, R. u. a. (Hrsg.): Grundschule in Europa – Europa in der Grundschule. Frankfurt a. M. 1992

Spaich, H.: Fremde in Deutschland. Unbequeme Kapitel unserer Geschichte. Weinheim und Basel 1981

Ucar, A: Identität- und Orientierungsschwierigkeiten nichtdeutscher Kinder und Jugendlicher. In: Berliner Forum Gewaltprävention. Unter: http://www.sensjs.berlin.de/jugend/landeskommission_berlin_gegen_gewalt/veroeffentlichungen/bfg_S1/aliucar.pdf

Name des Ansatzes (von mir vergeben, H.K.)	Beschreibung des Vorgehens	Name der Unterrichtseinheit
Alphabetisierung und *Schreiben* nach Paulo Freire.	Ausgehend von „Schlüsselwörtern" wird zweisprachig alphabetisiert; es wird ein Grundwortschatz relevanter Wörter und später auch Texte in zwei Sprachen bzw. in der Sprache des Aufnahmelandes erarbeitet.	Nehr, M. u. a.: In zwei Sprachen lesen lernen – geht denn das? Weinheim/ Basel 1988 Kiper, H.: „Goldmarie und Aschenputtel". Wie ich mit meinen türkischen Kindern arbeite. In: päd.extra (11) 1985, S. 21-25
Biographischer Ansatz: Kinder verarbeiten eigene Migrationserfahrungen und Erfahrungen mit Integration resp. Minderheiten- und Mehrheitenbeziehungen.	Ausgehend von Texten, die deutsche und ausländische Kinder zu frei gewählten oder vorgegebenen Texten verfassen, wird über gesellschaftliche Schlüsselprobleme diskutiert.	Kiper, H.: „... und sie waren glücklich". Alltagstheorien und Deutungsmuster türkischer Kinder. Hamburg 1987
Narrativer Ansatz: Geschichten von Kindern der Minderheiten mit Berichten über eigene Erfahrungen.	Ausgehend von einem Lesebuch mit Geschichten und einem Handbuch über Interkulturelle Unterrichtsideen wird Lernen über das Leben von Minderheiten initiiert.	Anne Frank Haus (Hrsg.): Das sind wir. Ein Lesebuch mit Geschichten von Oliva, Irfan, Gülican, Stephan, Sadber, Filipp. Amsterdam 1995. Anne Frank Haus (Hrsg.): Handbuch das sind wir. Interkulturelle Unterrichtsideen für die Klassen 4-6 aller Schularten: Anregungen für den Unterricht. Amsterdam 1995 (Vertrieb: Beltz Verlag)
Ansatz zur Erkundung des Einwanderungslandes: Bei eingeschränkten Erfahrungen wird gezielt darauf gesetzt, Institutionen und Einrichtungen in der Bundesrepublik Deutschland vorzustellen und erkunden zu lassen.	Verschiedene Einrichtungen (Kindergarten, Schule, Bibliotheken, Museen, Verkehrssysteme) werden vorgestellt und erklärt.	Kiper, H.: Sachkundeunterricht mit türkischen Kindern: Unterrichtseinheit „Buch/Bücherei". In: Deutsch lernen, 9 (2), (1984), S. 89-93
Ansatz einer Spurensuche: Es wird über frühere und gegenwärtige Einwanderung im Aufnahmeland und in der Welt nachgedacht und deren Spuren rekonstruiert.	Das eigene Wohngebiet wird (sofern geeignet) unter dem Aspekt untersucht, welche Spuren des Zusammenlebens (oder der Vernichtung und Verfolgung) von Minderheiten und Mehrheiten zu finden sind.	Berger, H./ Zimmermann, U.: Babylon in Berlin. Unterrichtseinheiten zur interkulturellen Stadtkunde. Weinheim/ Basel 1989 Glumpler, E.: Interkulturelles Lernen im Sachunterricht. Bad Heilbrunn 1996, S. 92-127

Name des Ansatzes (von mir vergeben. H.K.)	Beschreibung des Vorgehens	Name der Unterrichtseinheit
Landeskundlicher Ansatz und *Eine Welt-Ansatz*	Aspekte des Lebens von Kindern, Familien, Gruppen in anderen Ländern werden vorgestellt; es kommen auch neue und andere gesellschaftliche Lösungen für Problemstellungen und Gegenüberstellungen von Tradition und Moderne in den Mittelpunkt.	Kiper, H.: „Wie Kinder leben" als Sachunterrichtsthema. In: Sachunterricht und Mathematik in der Primarstufe, 14. (1), (1986), S. 31–35 Kiper, H.: Kindheit in einem Herkunftsland: Das Beispiel Türkei. In: Sachunterricht und Mathematik in der Primarstufe, 14 (2), (1986), S. 73–80 Kiper, H.: Sachunterricht – kindorientiert. Baltmannsweiler 2000, S. 81–103
Politischer Ansatz: Ausgewählte Probleme (Benachteiligung von Minderheiten, Ausländerfeindlichkeit, Rassismus, Gewalt) werden aufgegriffen und zum Thema des Unterrichts.	Hierbei werden gesellschaftliche Probleme, die das Zusammenleben von Minderheiten und Mehrheiten betreffen, zum Thema des Unterrichts.	Heigl, W.: Arbeitsbuch gegen Ausländerfeindlichkeit. Weinheim/ Basel 1996
Kultureller Ansatz: Hier werden Aspekte des Lebens in unterschiedlichen Kulturen aufgegriffen.	Feste, Feiern, Gebräuche, religiöse Riten, Umgang mit Zeit (Kalender), Tänze, bekannte Figuren werden zum Thema gemacht.	Franger, G./Kneipp, H. (Hrsg.): Miteinander leben und feiern. Ausländische und deutsche Kinder feiern Feste. Frankfurt 1987 Berger, H./Großhennig, R./Schirmer, D.: Von Ramadan bis Aschermittwoch. Weinheim/Basel 1989 Glumpler, E.: Interkulturelles Lernen im Sachunterricht. Bad Heilbrunn 1996, S. 128–144
Integrierter Ansatz: Hier werden – ausgehend von menschlichen Grunddaseinsbedingungen oder Situationen – Themen bearbeitet, die die Sicht der Minderheitenkinder ebenso zulässt wie die Sicht der Mehrheitenkinder.		LIFE. Ideen und Materialien zum Interkulturellen Lernen. München 1997 (BMW AG in Kooperation mit dem AOL-Verlag)

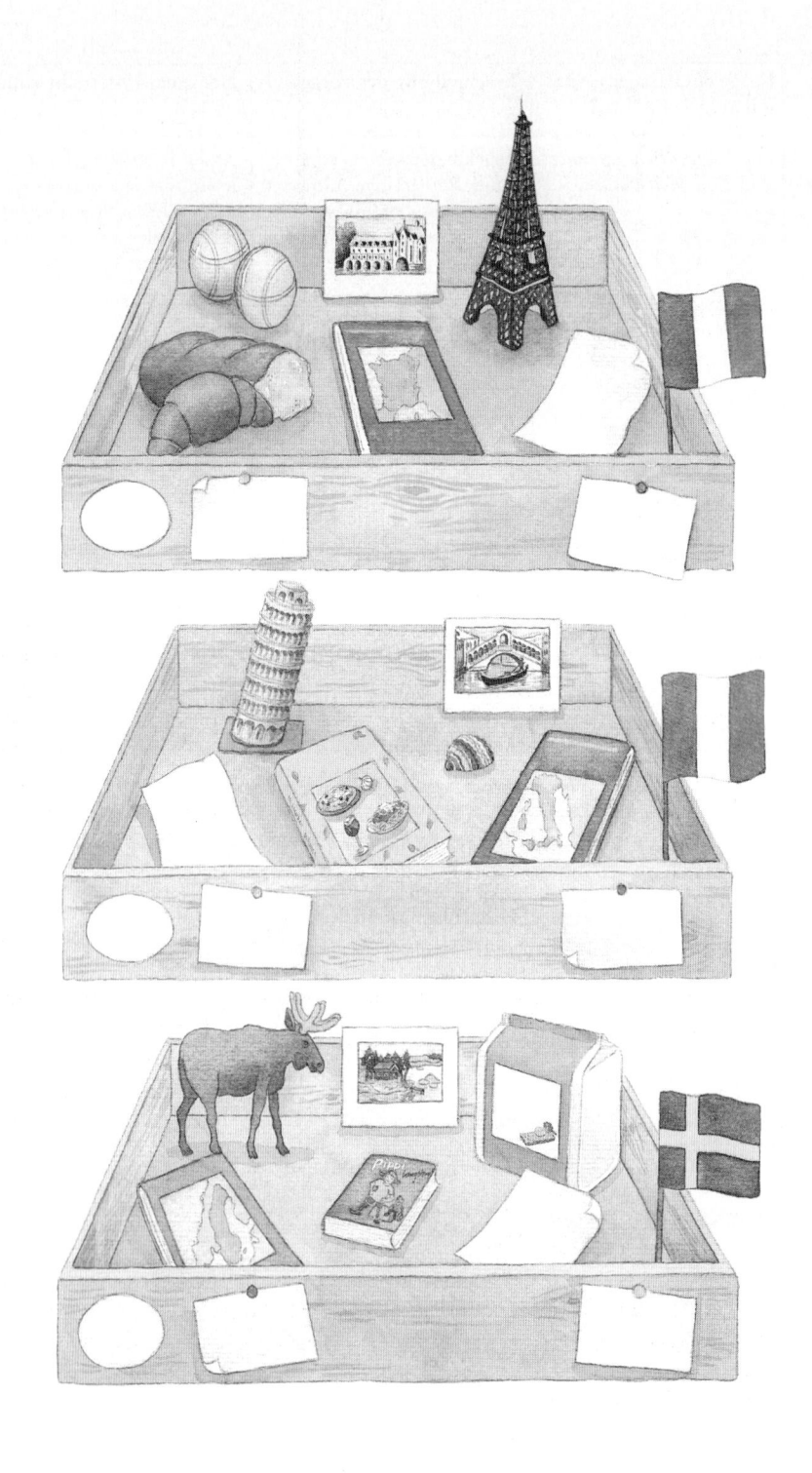
Pippi

6| Sigrid Luchtenberg
Die europäische Dimension im Sachunterricht

Europa ist in den letzten Jahrzehnten zu einem fast selbstverständlichen Teil des alltäglichen Sprachgebrauchs auch junger Kinder im Grundschulalter geworden. Trotz dieser Selbstverständlichkeit entwickelt sich ihre Vorstellung von Europa in geographischer, historischer und gesellschaftspolitischer Hinsicht jedoch erst im Laufe der Grundschulzeit und ist an deren Ende im Allgemeinen noch nicht abgeschlossen. Ausgehend von der politischen, wirtschaftlichen und gesellschaftlichen Bedeutung von Europa für die Zukunft der Grundschulkinder kommt der Schule mit einer Europa-Erziehung eine große und wichtige Aufgabe zu, die bildungspolitisch in der Europäischen Dimension verankert ist (vgl. Büker 1998, 2001; Gogolin 1994; Luchtenberg 1996b; Schmitt 1991; Vorsmann/Wittenbruch 1997).
Die Grundschule stand – und steht – zwar nicht im Mittelpunkt der Entwicklung und Umsetzung der Europa-Erziehung, wird allerdings auch nicht hiervon ausgeschlossen. Im Gegenteil kann man feststellen, dass europaweit ein großes Interesse gerade an den Möglichkeiten der Grundschule besteht, die Beschäftigung mit Europa anzuregen. Dies wird dadurch verständlich, dass gerade im Grundschulalter wesentliche Impulse gesetzt werden können. Europa in der Grundschule ist grundsätzlich nicht an ein Fach gebunden, sondern kann in vielen Fächern eine Rolle spielen – dementsprechend natürlich vor allem in einem fächerübergreifenden Unterricht. Da die meisten Grundschulen in Deutschland mehrsprachig und mehrkulturell zusammengesetzt sind, kann gleichzeitig bereits eine Beschäftigung mit – nicht nur, aber auch – europäischer Vielfalt erfolgen.
Für Lehrkräfte ergibt sich eine weitere Sichtweise auf das Thema Europa, die hier nur am Rande behandelt werden kann: Die Beschäftigung mit Grundschulen in europäischen Ländern kann bildungspolitisch relevant sein, wie auch die Diskussion um die Ergebnisse der PISA–Studie wieder gezeigt hat. Außerdem ergeben sich bereits in der Grundschule viele Kontaktmöglichkeiten mit Grundschulen im Ausland, die durch

Kenntnisse über das Schulsystem sicher erleichtert werden. Darüber hinaus ist eine Beschäftigung an einer Grundschule im Ausland – zumindest für eine gewisse Zeit – längst keine Utopie mehr.

Aufsätze zu Europa beginnen oft mit einer Festlegung – oder Infragestellung – dessen, was unter Europa zu verstehen ist. Dies erweist sich tatsächlich als notwendig, da sich schnell heraus stellt, wie wenig Europa klar umrissen ist in geographischer, aber auch politischer oder historischer Weise (vgl. Shennan 1991, 22 ff.). Es ist nun gerade für die Unterrichtenden des Sachunterrichts eine wichtige Voraussetzung, sich einerseits über diese Vielfalt des Europabildes klar zu werden und andererseits festzulegen, von welchem Europabegriff der Unterricht ausgehen soll, damit den Kindern zunächst eine Vorstellung dessen vermittelt wird, was Europa ist, die dann im Laufe der Zeit in ihrer Vielfalt und Verschwommenheit deutlich werden kann. Politisch steht im Allgemeinen die Europäische Union im Mittelpunkt, aber auch der Europarat, der ein wesentlich größeres Europa repräsentiert, spielt eine Rolle. Das geographische Europa lässt sich aus einschlägigen Karten und Atlanten ermitteln, auch wenn die gezogenen Grenzen nicht notwendig einsichtig sind. Für die Entwicklung eines geographischen Europabildes brauchen Grundschulkinder jedoch zunächst klare Vorgaben, die später durchaus in Frage gestellt werden können. Als besonders schwierig erweist sich die historisch-kulturelle Grenzziehung Europas, da insbesondere der Mittelmeerraum für die europäische Entwicklung relevant war, aber traditionellerweise nicht als ganzer zu Europa zählt.

Im Folgenden soll zunächst kurz auf Gründe und Ziele zur Beschäftigung mit Europa im Sachunterricht eingegangen und die europäische Dimension vorgestellt werden. Dabei soll auch die Verortung der europäischen Dimension im Kontext interkultureller Erziehung und Didaktik angesprochen werden. Im Mittelpunkt stehen Vorschläge zur Umsetzung im Sachunterricht, die zwar nicht an ein Curriculum anknüpfen, aber mit den Vorgaben der Bundesländer weitgehend kompatibel sind.

Gründe und Ziele zur Beschäftigung mit Europa

Zu den wesentlichen Gründen für die intensive Auseinandersetzung mit einer möglichen Beschäftigung mit Europa in Schule und Unterricht zählen die Erfahrungen des Zweiten Weltkriegs und Überlegungen, dass ein besseres Verständnis der jeweils anderen Länder zu einem friedvolleren Europa führen sollte. Seit 1954 werden diese Bestrebungen unter dem Begriff einer Europäischen Dimension im Europarat wie – zunächst – in der EG, dann EU diskutiert und in unterschiedlichen Gremien mit durchaus unterschiedlichen Schwerpunkten den Mitgliedsländern nahegelegt. Friedenserziehung ist demnach sowohl Grund als auch Ziel einer Beschäftigung mit Europa im Unterricht.

Inzwischen ist die Entwicklung in Europa deutlich vorangeschritten, so dass die Beschäftigung mit Europa durchaus auch politisch begründet werden kann im Sinne einer möglichen Europäischen Union mit politischem Charakter. Die bisher erreichte Europäische Union ist in einem weitaus höheren Ausmaße bereits eine politische Einheit als dies vielen EU-Bürgern und Bürgerinnen klar ist. Diese politisch motivierte

Beschäftigung mit Europa in Schule und Unterricht ist allerdings – zumindest zunächst – auf die Europäische Union beschränkt. Ihre Auswirkungen sind schon für Grundschulkinder nachvollziehbar durch die Währungsunion und die zunehmend wegfallenden Grenzkontrollen. Politische Erziehung in und zu Europa ist demnach ebenfalls Grund und Ziel einer Beschäftigung mit Europa im Unterricht. Dies geht in sehr hohem Maße auch aus den Dokumenten zur Europäischen Dimension hervor.

In einer sehr jungen und in Deutschland noch wenig reflektierten Variante politischer Erziehung betrifft die europäische Erziehung als politische Erziehung auch ‚Staatsbürgerkunde', wobei im Begriff der 'Citizenship Education' die Möglichkeit einer europäischen Zugehörigkeit mitgedacht wird (vgl. Bell 1995; Friebel 1996; Osler/ Rathenow/ Starkey 1995). Hier geht es darum, sich mit der Entwicklung einer europäischen Identität auseinander zu setzen und Vorstellungen über die Entwicklung eines 'European Citizen' aufzubauen. Im Grundschulalter wird vor allem die Frage der Zugehörigkeit im Mittelpunkt stehen. Dies führt zu einem weiteren Grund für eine Beschäftigung mit Europa in Schule und Unterricht, der zugleich auch Ziel ist. Es sind internationale Aspekte der Erziehung. Auch wenn Bildung noch im Wesentlichen auf einer nationalen Ebene – und teilweise wie in Deutschland auf einer föderalen Ebene – entschieden wird, hat Bildung doch zunehmend internationale Aspekte zu berücksichtigen, so dass Kinder später befähigt sind, sich mit der internationalen Verflechtung und Globalisierung ihrer Lebenswelt auseinander setzen zu können. Internationale Erziehung weist allerdings über Europa hinaus, denn sie bedeutet vielmehr eine Öffnung für die Probleme und Fragen weltweit. Hiermit verbinden sich oft Fragen einer Menschenrechtserziehung (vgl. Luchtenberg 1994, 2000). Die Betonung internationaler Aspekte ist mit allen Fragestellungen des Sachunterrichts kompatibel und zielt in besonderem Maße auf die spätere Lebenswelt der Kinder. Die meisten dieser Ziele finden sich auch in der europäischen Dimension.

Die Europäische Dimension im Unterricht

Die damalige EG hat 1988 eine Entschließung zur europäischen Dimension verabschiedet, die in den Mitgliedsländern in nationale Beschlüsse umgesetzt wurde, so 1990 in der Bundesrepublik Deutschland mit einem KMK-Beschluss, der beispielsweise in NRW 1991 durch einen Runderlass mit geringfügigen Änderungen in Kraft gesetzt wurde. Der KMK-Beschluss zu Europa im Unterricht von 1990 ist zugleich die Fortschreibung und Aktualisierung eines KMK-Beschlusses zu Europa im Unterricht von 1978. Die europäische Dimension ist auch in den Maastrichter Vertrag (Paragraph 126) aufgenommen worden, ohne dass die nationale Verantwortung für Bildung und Erziehung in Frage gestellt wird (vgl. Kommission der EG 1992). Weder die EG-Entschließung noch die KMK-Beschlüsse geben eine Definition der europäischen Dimension, die unmittelbar in pädagogisches Handeln umgesetzt werden könnte. Aus den in der EG-Entschließung genannten Zielsetzungen lassen sich vorwiegend politische Grundlagen ablesen, indem es vor allem darum geht, Schülern und Schülerinnen die Bedeutung der europäischen Integration für ihr Leben zu verdeutlichen und sie zugleich zu befähigen, hieran aktiv teilzunehmen.

Dies entspricht in etwa der in der KMK-Umsetzung (1990) formulierten „Aufgabe, die Annäherung der europäischen Völker und Staaten und die Neuordnung ihrer Beziehungen bewusst zu machen. Sie [d. i. die Schule] soll dazu beitragen, dass in der heranwachsenden Generation ein Bewusstsein europäischer Zusammengehörigkeit entsteht und Verständnis dafür geweckt wird, dass in vielen Bereichen unseres Lebens europäische Bezüge wirksam sind und europäische Entscheidungen verlangt werden". Dies wird operationalisiert als Vermittlung von Kenntnissen und Einsichten, die sich stark an Fächern der Sekundarstufe orientieren wie Geographie oder Geschichte. Ergänzt wird es durch die Entwicklung einer „europäischen Bewusstheit", zu der Lernziele wie (internationale) Verständigungsbereitschaft, Kulturaufgeschlossenheit, Achtung der Menschenrechte und nicht zuletzt die Entwicklung einer europäischen Identität gehören. Also Bereiche, die auch die Grundschule ansprechen.

Die europäische Dimension in der Grundschule

In der EG-Entschließung (1988) werden nur Fächer (der Sekundarstufen), aber keine Schulstufen erwähnt. Dagegen wird die Grundschule im KMK-Beschluss (1990) implizit angesprochen, wenn es heißt, dass die Thematik Europa überall dort in den Mittelpunkt gerückt werden soll, „wo der Erlebnis- und Erfahrungshorizont der Schüler dies erlaubt oder neue Erfahrungsfelder im Rahmen besonderer Maßnahmen eröffnet werden" (S. 6). Ansonsten sind die fächergebundenen Erläuterungen auch im KMK-Beschluss eher den Sekundarstufen zuzuordnen. Um so mehr darf die Einführung der europäischen Dimension in die europäischen Grundschulen als eine innovative Errungenschaft gelten, durch die den Grundschulen neue und wichtige Aufgaben erwachsen sind. Es waren einige europäische Projekte, die seit den achtziger Jahren grundlegende Vorgaben gemacht haben. Hierzu gehört vor allem der europäische Modellversuch „Lernen über Europa in der Primarstufe" (Kasper/Kullen 1992), in dem in mehreren europäischen Ländern in Zusammenarbeit von Lehrerausbildungsinstitutionen und Grundschulen erprobt wurde, wie in der Grundschule europäische Inhalte vermittelt werden könnten.

Die Entwicklung in Europa hat zu einer Neubesinnung des Fremdsprachenunterrichts geführt, so dass im 21. Jahrhundert der Beginn des Erlernens einer fremden Sprache weitgehend in die Grundschule vorverlagert worden ist. In Deutschland wird überwiegend Englisch gelehrt, teilweise auch die Grenzsprachen Französisch, Polnisch oder Tschechisch (Doyé 1999, Hermann-Brennecke 1999, Raasch 1999, Reichel/Sandfuchs 1997, Zydatiß 1999). Es gibt zweifellos viele Argumente gegen den Frühbeginn ausgerechnet der englischen Sprache, da diese ohnehin erlernt werden wird im Laufe des Schullebens. Gerade in der Grundschule erweist sich die Beschäftigung mit Englisch jedoch als eine Unterstützung der europäischen Dimension, da der Erwerb dieser europäischen Verkehrssprache es bereits im Grundschulalter ermöglicht, Kontakte mit europäischen Schulen zu knüpfen, ohne auf deren Deutschkenntnisse angewiesen zu sein. Es sind hier zusätzlich die neuen Medien, die erheblich zur Europäisierung und Internationalisierung der Grundschulen beigetragen haben, da nun eMail-Kontakte möglich sind wie auch Informationsbeschaffung über das Internet.

Dies hat in den letzten Jahren dazu beigetragen, die europäische Dimension als Teil des Grundschulunterrichts anzuerkennen.
Zwar enthält die europäische Dimension viele komplexe Fragestellungen auch politischer Art, aber sie lässt sich dennoch mit kindgemäßer und handlungsorientierter Grundschulpädagogik verbinden (vgl. Luchtenberg 1993/4). Dies gilt sowohl für Anknüpfungspunkte in der Lebenswelt der Kinder als auch für eine zukunftsorientierte Erziehung. Schon Mitte der achtziger Jahre nennt Heilig (1986) eine Fülle von Bezügen zu Europa im Leben von Grundschulkindern wie beispielsweise
- Nachbarn aus anderen Ländern
- Mitschüler und -schülerinnen aus verschiedenen Ländern
- Reisen ins Ausland in den Ferien
- Restaurantbesuche in ausländischen Lokalen
- Bezüge zum Ausland durch Hobbies wie Briefmarkensammeln
- Sportereignisse wie Fussball-Europameisterschaften oder Tour de France.

Die Beispiele zeigen allerdings zugleich bereits die Schwierigkeit der Begrenzung auf Europa, die im folgenden Abschnitt noch vertieft betrachtet wird.

Die Europäische Dimension und Interkulturelle Erziehung

Die europäische Dimension ist Teil internationaler Erziehung, da sie die Themen des Unterrichts – hier des Sachunterrichts – erweitert und teilweise auch ergänzt um Aspekte von Erfahrungen im europäischen Ausland bzw. auch danach fragt, wo Europa im Leben der Grundschulkinder eine Rolle spielt. Damit steht die europäische Dimension nahe bei interkultureller Erziehung und Bildung, was sich in etlichen Projekten zeigt, in denen beide Fragestellungen verknüpft werden wie beispielsweise in einem Projekt des Landesinstituts für Schule und Weiterbildung in NRW „Lernen für Europa" (vgl. Landesinstitut 1991 f.).
Interkulturelle Erziehung versteht sich allerdings in erster Linie als pädagogische Reaktion auf die migrationsbedingte kulturelle Pluralität der Gesellschaft (Hohmann 1989), also auf die Situation vor Ort, während die europäische Dimension über die Wahrnehmung Europas in der eigenen Umgebung hinaus Teil einer Öffnung nach außen ist. Interkulturelle Erziehung sieht dann wesentliche Aufgaben in der Stärkung der Chancengleichheit von Migrantenkindern und der Vorbereitung aller auf ein Leben in einer mehrsprachigen und mehrkulturellen Gesellschaft (vgl. Luchtenberg 1999). Die letztgenannte Aufgabenstellung stellt eine Verbindung mit der europäischen Dimension her, denn die bundesrepublikanische mehrkulturelle und mehrsprachige Gesellschaft ist zu einem beträchtlichen Teil geprägt von Einwanderung aus europäischen Ländern und der zunehmend enger werdenden Verflechtung im wirtschaftlichen und gesellschaftlichen Leben in Europa, wozu beispielsweise auch die Medien gehören wie etwa Kinderfernsehen. Über die Erfahrung des Internationalen ‚vor Ort' hinaus zeigt die europäische Dimension jedoch, dass interkulturelle Erziehung zwei Stränge aufweist: Die Auseinandersetzung mit der pluralen Situation im eigenen Land

und den damit verbundenen schulischen Aufgaben sowie die Auseinandersetzung mit internationalen Aufgaben und Fragen. Auch wenn sich beide nicht zuletzt durch die Mobilität in Europa zunehmend mischen, macht es dennoch Sinn, sie als eine Binnen- und Außenperspektive voneinander zu unterscheiden (vgl. Luchtenberg 1998). Der KMK-Beschluss zur europäischen Dimension geht explizit auf Kinder aus migrierten Familien ein, deren Anwesenheit „die Gemeinsamkeiten, Vielfalt, Nähe und Unmittelbarkeit Europas in besonderer Weise erfahrbar" mache und Anlass zur Verdeutlichung des Reichtums der Kultur Europas im Unterricht gebe (KMK 1990, 9). Damit wird zwar zunächst eine Verbindung zwischen europäischer und interkultureller Erziehung hergestellt, aber es bleibt unklar, wie die Kinder aus migrierten Familien außerhalb Europas hier herein passen. Die zunächst erfahrene Verbindung zwischen interkultureller und europäischer Erziehung könnte sich als Graben zwischen beiden erweisen, wenn Erziehung zu Europa sich auf die europäischen Kulturen beschränkt, während interkulturelle Erziehung auch andere Menschen und Kulturen einbezieht. Hier wird die Gefahr eines Eurozentrismus deutlich, so dass Gebauer (1992) zugespitzt fragt, ob ‚Lernen für Europa' zugleich auch ‚Lernen gegen die Welt' bedeute? Eine so verstandene Europa-Erziehung wäre allerdings nicht kompatibel mit interkultureller Erziehung als gemeinsames Lernen von Kindern unterschiedlicher Herkunft und Vorbereitung auf ein Leben in einer mehrsprachigen und mehrkulturellen Gesellschaft in einer eng verflochtenen Welt. In Luchtenberg (1990, 1993/4, 1996) werden politische Aspekte zur Lösung dieses Dilemmas vorgeschlagen, indem außereuropäische Minderheiten als Teil der kulturellen Vielfalt Europas verstanden werden und außereuropäische Einflüsse in europäischer Kultur auch des Alltags berücksichtigt werden. Auch historische, wirtschaftliche und ökologische Zusammenhänge können zu einem besseren Verständnis global und mehrperspektivisch betrachtet werden.

Einen wesentlichen Lösungsansatz findet man in der EG-Entschließung von 1988 selbst, denn im dort formulierten Verständnis der europäischen Dimension im Unterricht dominieren eindeutig politische und weniger kulturelle Aspekte. Die Zurückführung der europäischen Dimension auf eine politische Ebene mit der gemeinsamen Basis in Demokratie und Menschenrechten ist durchaus verträglich mit einer interkulturellen Erziehung, die außereuropäische Aspekte mit einbezieht. Eine solche Anbindung an politische Aufgaben ist zukunftsbezogen und entspricht damit den Anforderungen moderner Grundschulpädagogik (vgl. Schneider 2002). Dies ist keine Absage an die Beschäftigung mit kulturellen Fragestellungen im Einzelnen, sondern stellt die europäische Dimension als ganze in einen politischen Kontext.

Aus dem politischen Zusammenwachsen Europas ergibt sich die Notwendigkeit einer Beschäftigung mit Europa in räumlicher, kultureller, geschichtlicher Hinsicht ebenso wie in Bezug auf zukünftige Lebensgestaltung aufgrund wirtschaftlicher und ökologischer Entwicklungen. Dies gilt auch für die Grundschule, zu deren grundlegenden Bildungszielen die Fähigkeit mündiger und verantwortlicher Teilhabe am gesellschaftlichen und politischen Leben zählt, wie es in den Bildungsplänen der Länder so oder ähnlich formuliert ist (vgl. auch Heilig/Nehring 1985; Hendricks 1984; Mickel 1991, 164 ff.) Und diese Teilhabe umfasst das Leben in einem über die nationalstaatliche

Begrenzung hinaus weisenden Europa, so dass die Umsetzung der europäischen Dimension in diesem Sinn unter Berücksichtigung der interkulturellen und globalen Aspekte auch für die Grundschule als Teil des Bildungsauftrags verstanden werden kann. In diesem Sinne sind interkulturelle und europäische Erziehung keine Gegensätze, sondern zwei eigenständige pädagogische Ziele mit großen Überschneidungen.

Europa im Sachunterricht

Dem Sachunterricht kam bereits in den achtziger Jahren eine große Bedeutung bei der Umsetzung der europäischen Dimension in der Grundschule zu (vgl. Hahn 1992; Heilig/ Nehring 1985; Schmitt 1992). Gesellschaftliche, geographisch-historische und kulturwissenschaftliche Bereiche des Sachunterrichts sind im Vergleich zu den technisch-naturwissenschaftlichen Bereichen deutlich häufiger vertreten. In den letzten zwanzig Jahren wurden Unterrichtsmaterialien zu Europa für den Grundschulunterricht entwickelt, so dass Lehrkräfte auch für den Sachunterricht Vorlagen finden, die allerdings nicht von der Aufgabe der Entwicklung eigener Materialien für die spezifische Klasse entbinden (vgl. beispielsweise Adelmund/Glöde/Peiser 1999; Endrigkeit 2000; Hurrelmann 1991; Shennan 1991).

Die Bedeutung von Heimat im Sachunterricht

Dass gerade der Sachunterricht die Umsetzung der europäischen Dimension in der Grundschule fördert, ist nicht selbstverständlich, wenn man seine Entwicklung aus dem Heimatkundeunterricht berücksichtigt (vgl. Glumpler 1996). Auch der heutige Sachunterricht ist noch eng mit dem Heimatbegriff verknüpft, was sowohl aus europäischer wie interkultureller Sicht aufgearbeitet werden muss, wobei sich nicht notwendig Widersprüche ergeben, denn Europa ist in der engeren Umgebung der Kinder Teil ihrer Lebenswelt, gehört also zu ihrer Heimat ebenso wie der Ort oder die Region Heimat auch für die Kinder aus migrierten Familien ist. Ist es in der europäischen Erziehung wichtig, den Blick über den engen Bereich hinaus gleiten zu lassen und so auch Europa zur ‚Heimat' zu machen, ist es für den interkulturellen Unterricht relevant, die Vielfalt als Teil der ‚Heimat' anzuerkennen. Für beide Bereiche ist es wesentlich, dass Menschen oft Wurzeln in sehr verschiedenen Gegenden haben, die nicht zur jetzigen ‚Heimat' gehören, was für einen Teil der Kinder aus migrierten Familien noch Teil ihrer Lebenswelt sein kann. Glumpler (1996, 92 ff.) hat Unterrichtsvorschläge und -materialien für einen interkulturellen Sachunterricht zum Thema Heimat zusammengestellt, die es allen Kindern erlauben, sich mit ihrer Heimat oder ihren ‚Heimaten' auseinander zu setzen. Im Mittelpunkt steht die Bewusstmachung des Heimatbegriffs, die Auseinandersetzung mit Herkunftsort, Heimat, Lebensumwelt und die Frage, worauf Zugehörigkeit beruht. Hier spielen Freunde, vertrauter Alltag und Akzeptanz eine große Rolle.
Wie könnte das Thema Heimat in einem europa-orientierten Unterricht behandelt werden? Auch wenn sich in einer Klasse Kinder aus europäischen Ländern befinden,

wäre es keine Empfehlung, den interkulturellen Zugang nun auf die Kinder aus Europa zu übertragen, denn für diese Kinder handelt es sich um eine interkulturelle Fragestellung ihrer Zugehörigkeit zu verschiedenen ‚Heimaten' und ihrer Migration. Außerdem wäre es fatal, hierdurch einen Unterschied zwischen den europäischen und den ‚anderen' Kindern herzustellen. Es entspricht eher den Vorgaben der europäischen Dimension, sich mit Themen zu befassen, was für Kinder in anderen Ländern wichtig ist in ihrer Heimat, lernen, dass es in vielen Ländern Kinder gibt, deren Familien aus anderen Ländern stammen oder sich mit Kindern zu beschäftigen, deren Familien nun gerade schon besonders lange in einer Region leben wie etwa die Sorben in Deutschland oder die Samen in Skandinavien. Eine interessante Frage ist es auch heraus zu finden, wie groß Heimat von den Kindern definiert wird und wie ihre Grenzen bestimmt werden. Dies hat für eine europaorientierte Erziehung die Implikation, ob eine Grenze grundsätzlich als solche empfunden wird oder ob es auch grenzüberschreitende Heimatbezüge gibt, was in bestimmten europäischen Grenzregionen vorstellbar ist. Eine weitere Frage, die für Grundschulkinder eine große Rolle spielt, ist die nach den Merkmalen der Heimat: Sprache, Vertrautheit mit Menschen, Alltagsbewältigung, Freunde, etc.

Der geographische Lernbereich

Die Entwicklung eines geographischen Verständnisses von Europa ist ein zentrales Anliegen der Verankerung der europäischen Dimension in den Sachunterricht. Hierzu dienen beispielsweise Puzzles von Europa, Kartenspiele mit geographischen Informationen wie Hauptstädte, Flüsse etc. oder die Auswertung von Informationen aus Reisebüros. Natürlich lassen sich die persönlichen Erfahrungen der Kinder einbeziehen, die sie auf Reisen, aus den Medien oder durch ihre Familien gewonnen haben. Das Thema lässt sich erweitern oder variieren, indem man beispielsweise auf Unterschiede zwischen Stadt- und Landleben in verschiedenen Ländern eingeht oder einen Fluss durch mehrere Länder verfolgt wie etwa die Donau oder den Rhein. Dies bietet sich vor allem dann an, wenn der Schulort an einem solchen Fluss liegt. Dann kann von den Erfahrungen der Kinder ausgegangen werden und daran anknüpfend der Flussverlauf erarbeitet werden. Ein weiterer Aspekt, der sich gut mit den Reiseerfahrungen der Kinder verbindet, betrifft Verkehrsnetze, Entfernungen und Verkehrsmittel.

Der historische Lernbereich

Das Flussbeispiel zeigt, dass sich im Sachunterricht Lernbereiche gut verbinden lassen, denn neben den geographischen Sachverhalten bietet es sich geradezu an, das Leben der Menschen am Fluss zu erforschen, das sehr unterschiedlich je nach Region sein wird, wie auch nach der historischen Entwicklung zu fragen: Wie sah das Leben am Fluss früher aus? Dadurch können innereuropäische Handelsbeziehungen deutlich werden, grenzüberschreitend erfahrene Katastrophen wie Überschwemmungen oder Pest, aber auch Migrationen, Eroberungen und Kriege. Die historische Dimension kann durch einen Museumsbesuch vertieft werden. Dies ist ein Beispiel dafür, wie ein Anknüpfungspunkt in der Erfahrungswelt der Kinder gefunden werden kann. Hierzu gibt es viele Beispiele: So findet sich beispielsweise in einigen Orten ein Hinweis auf den Jakobsweg oder auf große Handelsstraßen, die durch den Wohnort führten. Hieran anknüpfend können Kinder ein Stück europäischer Geschichte erforschen und zugleich eine Reihe kulturgeschichtlicher Erfahrungen machen wie beispielsweise die Badekultur seit der Römerzeit. Ein anderer Weg, um zu geschichtlichen Themen zu gelangen, die in der unmittelbaren Nachbarschaft der Kinder einen Ausgangspunkt haben, sind Namen. Ortsnamen, Straßennamen, die Namen von Ortsteilen oder Weilern geben oft geschichtliche Hinweise, aus denen sich dann Stadtgeschichte in europäischen Bezügen erarbeiten lässt (vgl. Presch 2002). Migrationen lassen sich teilweise über Namen erforschen, indem beispielsweise im Telefon Namen gesucht werden, die auf eine Herkunft in einem anderen Land – oder auch einer anderen Region Deutschlands – schließen lassen. Hier sollte allerdings zumindest eine Spracherkundung vorausgegangen sein, denn sonst können Grundschulkinder nicht erkennen, dass Saniewski polnischen oder Lafontaine französischen Ursprungs ist. Migrationen können in den Familiengeschichten einer Klasse erfahren werden, indem die Kinder beispielsweise ein Familienbuch (Stammbaum) anlegen und dokumentieren, wann welches Familienmitglied in den jetzigen Wohnort kam und woher. Unterrichtsvorschläge hierzu von Röber-Siekmeyer (1989) zeigen, wie viele Lernziele historischen Verständnisses, aber auch ästhetischer Art sich hiermit verbinden lassen. Historischer und geographischer Lernbereich werden verbunden, wenn den Kindern nicht nur die Lage der Staaten und Regionen Europas nahegebracht werden, sondern auch die damit verbundene Vorstellung von Grenzen. Da die meisten Kinder Reiseerfahrungen haben, kann konkret an ihren Grenzerlebnissen angeknüpft werden. Grenzen und ihre Gründe, Wege ihrer Überwindung, die Bedeutung von Pass und Visum in Europa erweitern diese Fragestellung. Mit dem Lernbereich Wirtschaft verknüpft sind Themen, die innereuropäischen Beziehungen aufzuzeigen wie etwa das beliebte Beispiel des Wochenmarkts (vgl. Kiper 1994). Es lässt sich erkunden, aus welchen Ländern Obst und Gemüse kommt, wie es transportiert wird und heraus finden, was die Käufer und Käuferinnen darüber wissen. Europäische Warenkunde lässt sich auch im Supermarkt betreiben. Hier ergibt sich eine Verbindung zum Sprachunterricht oder zur Sprachreflexion, denn auf vielen Produkten findet sich Text in mehreren Sprachen, was zum Vergleich anregen kann. Dies wird unterstützt, wenn eine oder mehrere dieser Sprachen in der Klasse gesprochen werden. Solche Erkundungen können abgerundet durch die Zubereitung eines ‚europäischen' Obstsalats oder aber weitergeführt werden zu Rezeptsammlungen, dem Erstellen eines Klassenkochbuchs und schließlich im Ausprobieren von Rezepten. Eine solche Unterrichtseinheit wird sich stärker an den Erfahrungen der Kinder denn an Europa orientieren, so dass sich in einem solchen Klassenkochbuch vermutlich neben italienischen, spanischen und österreichischen Rezepten auch solche aus Sri Lanka oder Marokko finden werden. Eine Verbindung zum Deutschunterricht ergibt sich nicht nur durch das Schreiben eines Kochbuchs und die Auseinandersetzung mit der Textsorte ‚Rezept', sondern auch durch die Möglichkeit, Werbung einzubeziehen. So können die Kinder

Werbung für europäische Produkte entwickeln oder beispielsweise die Pizzawerbung untersuchen: Was erfahren wir – nicht – über Italien?

Der kulturkundlich-gesellschaftliche Lernbereich

Die meisten der Themen aus dem historischen und wirtschaftlichen Lernbereich beinhalten kulturkundliche Aspekte wie etwa die Badekultur, Essgewohnheiten oder Handelsbeziehungen. Dies gilt auch für Währungen, denn die Abbildungen auf Münzen und Scheinen geben immer auch Auskunft über ein Land. Der Euro ist hier ein besonders interessantes Beispiel, da er Gemeinsamkeit und Unterschiede gleichermaßen zum Ausdruck bringt. Ähnliches gilt für Briefmarken wie die verschiedenen Europamarken.
Vom Thema ‚Essen und Trinken' ergeben sich gut Bezüge zu Pflanzen, ihrem Anbau und ihrer Herkunft. Zugleich erfahren die Kinder etwas über die geographisch-klimatischen Bedingungen in verschiedenen Ländern und die Auswirkungen auf die Landwirtschaft und damit indirekt auf die Essgewohnheiten. Kartoffel, Tomate, aber auch die Tulpe und andere Blumen zeigen wieder sehr deutlich, dass Europa geprägt ist durch Beziehungen zu anderen Kontinenten. Hierzu wurden etwa im Kolumbusjahr in vielen Grundschulen Projekte durchgeführt, die die Beziehungen Europas zur Welt dokumentierten.
Der Sachunterricht ist stark geprägt durch die jahreszeitlichen Ereignisse, wozu vor allem die Jahreszeiten selbst und ihre Feste gehören. Feste erlauben einerseits die Beschäftigung mit der Ausgestaltung von in Deutschland gefeierten Festen in anderen Ländern und andererseits das Kennenlernen von Festen, die bislang in Deutschland nicht oder nur in kleinen Gruppen gefeiert wurden. So findet sich beispielsweise die Figur der Befana, die in Italien am 6. Januar Funktionen übernimmt, die den deutschen Kindern vom Nikolaus bekannt sind, in einem Kinderbuch, das in einer multikulturellen Kindergruppe in der Schweiz spielt (Hüsler 1996). Auch der Bereich der Feste führt zu einer Vermischung des interkulturellen und europaorientierten Lernens. Zu den gesellschaftswissenschaftlichen Themen des Sachunterrichts, die sich besonders gut zur Berücksichtigung der europäischen Dimension eignen, zählen die Beziehungen der eigenen Gemeinde. Städtepartnerschaften zum europäischen Ausland gehören mittlerweile zum Alltag in den deutschen Städten und Gemeinden und spiegeln sich oft im Vereinsleben des Ortes wider, so dass sie den meisten Grundschulkindern vertraut sein dürften. Durch Kontakte mit einer Grundschule der Partnergemeinde können sie Einblick in den Alltag in anderen Ländern gewinnen und dabei Gemeinsamkeiten wie Unterschiede feststellen. Es ist eine wesentliche Aufgabe des interkulturellen wie des europa–orientierten Unterrichts zu verdeutlichen, dass das ‚Fremde' immer nur teilweise fremd ist, so dass sich fast immer Anknüpfungspunkte ergeben. So kann sich zwar eine Gemeinsamkeit beispielsweise dadurch ergeben, dass Neunjährige in Schweden, Griechenland und Deutschland die Grundschule besuchen. Innerhalb der Schule erkennt man dann jedoch neben vielen weiteren Gemeinsamkeiten wie Schulfächer oder Klassengrößen auch Unterschiede in der Dauer des Schultages, in den Ritualen, der Unterrichtssprache etc. In der Beschäftigung mit dem

Leben in einem anderen Land werden Unterschiede oft schärfer aufgenommen, die im Grunde auch im eigenen Land und seiner Pluralität zu finden sind. So unterscheiden sich die Lebensgewohnheiten innerhalb Deutschlands durchaus nicht unbeträchtlich in Bezug auf Essen, Freizeit, Wohnen etc. Es könnte sich daher als ein wichtiges Lernziel ergeben zu vermitteln, dass lebensweltliche Vielfalt ein Phänomen moderner Gesellschaften in Europa ist.

Schließen gesellschaftsbezogene Themen im Sachunterricht auch den Umweltbereich ein, so ergibt sich, dass umweltbezogene Fragestellungen grenzüberschreitende Themen sind wie die Beispiele Müll, Wasserverschmutzung oder Energieerzeugung zeigen (vgl. Mitzlaff 1997).

Der gesellschaftlich-mediale Lernbereich

Europa ist für Grundschulkinder Teil ihrer Lebenswelt, wobei neben den persönlichen direkten wie indirekten Erfahrungen vor allem die Medien dazu beitragen, dass Kinder von anderen Ländern und Kulturen hören und sehen:
– Durch Nachrichtensendungen werden politische und gesellschaftliche Ereignisse, aber auch Katastrophen aus anderen Ländern vermittelt
– Sportsendungen befassen sich oft mit internationalen Sportereignissen
– (Kinder)Filme spielen oft in anderen Ländern
– In Dokumentationen lernen Kinder über andere Kulturen (z. B. auch Kindheit)
– Musiksendungen präsentieren Künstler/innen aus anderen Ländern.

Allerdings: Es gibt kein Monopol auf Europa. Nahezu alle diese Sparten beinhalten Bezüge zu Europa, aber auch solche zu anderen Ländern. Es wird dadurch immerhin deutlich, dass Deutschland mit Europa und der Welt, ebenso wie Europa mit der Welt eng verbunden sind.

Der gesellschaftlich-politische Lernbereich

Fast alle Beispiele belegen, dass die Themen ebenso interkulturell oder global behandelt werden könnten, indem auf außereuropäische Beispiele und auf die Erfahrungen der Kinder nichtdeutscher Herkunft in den Klassen eingegangen wird. Damit rückt die politische Dimension der Erziehung zu Europa wieder stärker in den Mittelpunkt. Die politische Integration Europas verändert die Lebenswelt der Grundschulkinder und kann dadurch im Sinne von Lichtenstein-Rother (1991) als Impuls für Veränderungen auch des Sachunterrichts im Sinne der europäischen Dimension gelten. Was sind die europabezogenen politischen Themen, die unmittelbar bereits im Sachunterricht der Grundschule angesprochen werden können? Hierzu zählen:
– Deutschland als Teil von Europa
– Frieden in Europa
– Staatsbürgerschaft
– Menschenrechte/Kinderrechte
– Medien

Es sind Lernbereiche und Themen, die der Umsetzung in grundschulbezogenes Lernen bedürfen, ohne dass ihre kognitiven Ansprüche aufgegeben werden. Grundschulkinder können sich durchaus auf die Fragestellung des Kriegs in Europa einlassen, wozu die Einbeziehung ihrer Großeltern, von anderen Zeitzeugen, von Kinderbüchern und Filmen zum Thema eine wichtige Rolle spielt. Am Beispiel Jugoslawiens zeigt sich zudem die weiterhin bestehende Möglichkeit von Krieg in Europa. Krieg bedeutet für Grundschulkinder Bedrohung und eine angstvolle Erfahrung. Es lässt sich jedoch grundschulgerecht auch erarbeiten, dass gegenseitiges Verstehen und enge Beziehungen beispielsweise durch Austausch Kriegen entgegenwirken können, was ein integraler Bestandteil der Entwicklung in Europa ist. Die Wunden des Jugoslawienkrieges sind – zumindest bei den Eltern betroffener Kinder – noch sehr frisch, so dass hierauf nur sehr behutsam eingegangen werden kann.

Am Beispiel Jugoslawiens kann mit Grundschulkindern auch untersucht werden, was eigentlich Staatsbürgerschaft meint. In vielen Grundschulklassen sind inzwischen Kinder aus eingewanderten Familien, die nach dem neuen Staatsbürgerschaftsrecht eine doppelte Staatsbürgerschaft haben. Das könnte ein Anlass sein, sich in der Klasse mit Begriffen wie Deutscher, Türke, Deutschtürke zu beschäftigen. Dies lässt sich erweitern zu Fragen, was Staatsbürgerschaft bedeutet (Pass, Wahlbeteiligung etc.) und verbinden mit der Frage nach der Zugehörigkeit und Heimat. Lernziel ist es zu vermitteln, dass mehrfache Zugehörigkeiten (Stadtteil, Region, Staat, Europa etc.) miteinander verträglich sind und Vielfalt in der eigenen Umgebung Normalität ist.

Das Thema Migration passt hier ebenfalls sehr gut herein, aber auch die Beschäftigung mit den Kinderrechten, denn in der Kinderrechtskonvention wird auch auf die demokratische Partizipation eingegangen, die wiederum in der Schule beginnt (Unicef o.J.). Auch Grundschulkinder können schon an Kinderparlamenten teilnehmen, wenn es diese in der Stadt gibt. Die Kinderrechtskonvention bietet eine Grundlage, den politischen Begriff ‚Recht' bzw. ‚Menschenrecht' zu erarbeiten, wenn beispielsweise von ‚Lernen, Schule, Unterricht' ausgegangen wird, und Schüler und Schülerinnen sich im Vergleich mit anderen Ländern mit Schulpflicht und dem Recht auf Bildung befassen. Menschenrechte sind eine Grundlage der europäischen Einigung und ein wichtiges Thema in der europäischen Dimension. Die Kinderrechtskonvention ist ein Weg, sich ihnen grundschulgemäß zu nähern.

Die politische Notwendigkeit einer europäischen Dimension bleibt bestehen. Pädagogisch ist sie allerdings nur zu rechtfertigen, wenn sie eine interkulturelle und eine globale Komponente enthält. Beschäftigung mit Europa und Austausch mit europäischen Schulen können zudem als exemplarisches Lernen gelten.

Literatur

Adelmund, D./ Glöde, F./ Peiser, J.: Europa. Lernspiele ohne Grenzen. Mülheim 1999
Bell, G. H. (Hrsg.): Educating European Citizens. Citizenship Values and the European Dimension. London 1995
Büker, P.: Erziehung zur europäischen Verständigung in der Grundschule. Bedingungen – didaktische Konkretisierung – Realisationsmöglichkeiten. Frankfurt a. M. 1998

Büker, P.: Europa – (k)ein Thema für die Grundschule? In: Grundschule, 33 (4), (2001), S. 34–40

Doyé, P.: The Intercultural Dimension. Foreign Language Education in the Primary School. Berlin 1999

Endrigkeit, A. M./ Endrigkeit, R.: Die Europa-Werkstatt. Mülheim 2000

Entschließung des Rates und der im Rat vereinigten Minister für das Bildungswesen zur europäischen Dimension im Bildungswesen vom 24. Mai 1988. In: Amtsblatt der Europäischen Gemeinschaften (6.7.88: Nr. C 177) S. 5–7

Friebel, W. (Hrsg.): Education for European Citizenship. Freiburg 1996

Gebauer, K.: Lernen für Europa, lernen gegen …? Editorial zu einer Zieldiskussion interkulturellen Lernens. In: Lernen für Europa. Informationen zu Projekten des sprachlichen und interkulturellen Lernens 3 (Hrsg.: Landesinstitut für Schule und Weiterbildung), S. 49–50

Glumpler, E.: Interkulturelles Lernen im Sachunterricht. Bad Heilbrunn 1996

Gogolin, I.: „Europäische Kultur und Bildung". Die „europäische Integration" als Herausforderung an die Pädagogik. Beobachtungen und Thesen. In: Luchtenberg, S./ Nieke W. (Hrsg.): Interkulturelle Pädagogik und Europäische Dimension – Herausforderungen für Bildungssystem und Erziehungswissenschaft. Münster 1994, S. 99–119

Hahn, M.: Europa in Unterricht und Erziehung der Grundschule. München 1992

Heilig, B.: Europa für Grundschüler. Bericht über ein Projekt. In: Sachunterricht und Mathematik in der Primarstufe, 14 (4), (1986), S. 128–130

Heilig, B./ Nehring, B.: Europa im Sachunterricht der Grundschule. Abschlußbericht Juli '85. Schw. Gmünd 1985

Hendricks, J.: III. Baustein: Grundlegende Bildung. In: Wittenbruch, W. (Hrsg.): Das pädagogische Profil der Grundschule. Heinsberg 1984, S. 84–100

Hermann-Brennecke, G. (Hrsg.): Frühes schulisches Fremdsprachenlernen zwischen Empirie und Theorie. Münster 1999

Hohmann, M.: Interkulturelle Erziehung – eine Chance für Europa? In: Hohmann, M./ Reich, H. H. (Hrsg.): Ein Europa für Mehrheiten und Minderheiten. Diskussionen um interkulturelle Erziehung. Münster und New York 1989, S. 1–32

Hurrelmann, K. u. a. (Hrsg.): Wege nach Europa. Spuren und Pläne. Friedrich Jahresheft IX. Seelze 1991

Hüsler, S.: Weihnachtszeit oder Heiße Schokolade bei Signora Rosa. Zürich 1996

Kasper, H./ Kullen, S.: Europäisches Lernen in der Grundschule. In: Schmitt, R. u. a.: Grundschule in Europa – Europa in der Grundschule. Frankfurt a. M. 1992, S. 158–163

Kiper, H.: Wirtschaftliches Lernen im Sachunterricht – Überlegungen, Beispiele, Anregungen. In: Lauterbach, R. u. a. (Hrsg.): Curriculum Sachunterricht. Kiel 1994, S. 116–126

KMK 1990: Europa im Unterricht. Beschluss der Kultusministerkonferenz vom 08.06.1978 i.d.F. vom 07.12.1990. Sekretariat der Ständigen Konferenz der Kultusminister der Länder in der Bundesrepublik Deutschland. Bonn 1990

Kommission der EG 1992: Der Vertrag über die Europäische Union. Drei Artikel zur Bildungspolitik im Wortlaut. In: EG Informationen für die Schule 1, (1992), S. 3

Kullen, S.: Wie stellen sich Kinder Europa vor? Untersuchung kindlicher Europakarten. In: Sachunterricht und Mathematik in der Primarstufe, 14 (4), (1986), S. 131–140

Landesinstitut für Schule und Weiterbildung (Hrsg.): Lernen für Europa. Informationen zu Projekten des sprachlichen und interkulturellen Lernen. Soest 1991f. (Infos werden im folgenden Jahr ergänzt)

Lichtenstein-Rother, I.: Veränderte Lebenswelt als Impuls für Innovationen in der Grundschule. In: Hameyer, U./ Lauterbach, R./ Wiechmann, J. (Hrsg.): Innovationsprozesse in der Grundschule. Fallstudien, Analysen und Vorschläge zum Sachunterricht. Bad Heilbrunn 1991, S. 55–69

Luchtenberg, S.: Erziehung zu Europa und interkulturelle Erziehung in der Grundschule am Beispiel des Faches Sachkunde. In: Sachunterricht und Mathematik in der Primarstufe, 18 (7), (1990), S. 321–326

Luchtenberg, S.: Grundschuldidaktische Überlegungen zur Europäischen Dimension im Unterricht. In: Sachunterricht und Mathematik in der Primarstufe, 21(12), (1993), S. 558–661 und 22 (1), (1994), S. 40–43

Luchtenberg, S.: Menschenrechtserziehung im interkulturellen Sachunterricht. In: Sachunterricht und Mathematik in der Primarstufe, 22 (12), (1994), S. 559–566

Luchtenberg, S.: „The European dimension and multicultural education: compatible or contradictory concepts". In: Winter-Jensen, T. (Hrsg.): Challenges to European Education: Cultural Values, National Identities, and Global Responsibilities. Frankfurt u. a. 1996a, S. 281–293

Luchtenberg, S.: Erziehung zu Europa: ein neues Bildungsziel? In: Unsere Jugend 48 (1), (1996b), S. 21–39

Luchtenberg, S.: Binnen- und Außenperspektiven im Konzept Interkulturellen Lernens am Beispiel von DaF und DaZ. In: Deutsch lernen, 23 (2), (1998), S. 113–134

Luchtenberg, S.: Interkulturelle Kommunikative Kompetenz. Kommunikationsfelder in Schule und Gesellschaft. Wiesbaden 1999

Luchtenberg, S.: Menschenrechte und Erziehung(swissenschaft). In: Unsere Jugend 52 (10), (2000), S. 434–440; 52 (11), (2000), S. 460–466; 52 (12), (2000), S. 521–525

Mickel, W.: Lernfeld Europa. Didaktische Grundlagen einer europäischen Erziehung. Opladen 1991

Mitzlaff, H.: Zur Situation der Umweltbildung in der Grundschule. In: Meier, R./ Unglaube, H./ Faust-Stiehl, G. (Hrsg.): Sachunterricht in der Grundschule. Frankfurt a. M. 1997, S. 171–193

Osler, A./ Rathenow, H.-F./ Starkey, H. (Hrsg.): Teaching for Citizenship in Europe. London 1995

Presch, G.: Namen in Konfliktfeldern. Wie Widersprüche in Eigennamen einwandern. Tübingen 2002

Raasch, A. (Hrsg.): Frühbeginn Französisch. Beispiel: Saarland. Erfahrungen, Reflexionen, Vorschläge, Forderungen. Saarbrücken 1999

Reichel, K./ Sandfuchs, U. (Hrsg.): Fremde Sprachen in der Grundschule. Bad Heilbrunn 1997

Röber-Siekmeyer, C.: Das Stammbäume-Buch der Klasse 3a. Ein Sachunterrichtsprojekt in einer Klasse mit Kindern deutscher und ausländischer Eltern. In: Sachunterricht und Mathematik in der Primarstufe, 17 (11), (1989), S. 506–511

Schmitt, R.: Von klein auf. Europa als Thema für die Grundschule. In: Hurrelmann, K. u. a. (Hrsg.): Wege nach Europa. Spuren und Pläne. Seelze 1991, S. 78–83

Schmitt, R.: Grundschule in Europa – Europa in der Grundschule. Frankfurt a. M. 1992

Schneider, I.: Grundlagen der politischen Bildung. In: Grundschule, 34 (7-8), (2002), S. 52–54

Shennan, M.: Teaching about Europe. London 1991

UNICEF: UNICEF-Dokumentation Nr. 6: Konvention über die Rechte des Kindes. Ein weltweiter Maßstab. Köln o. J.

Vorsmann, N./ Wittenbruch, W.: Schulen auf EUROPA–Kurs. Bad Heilbrunn 1997

Zydatiß, W.: Fremdsprachenlernen in der Primarstufe: Warum und mit welchem Sprachenangebot? In: fsu 43 (52), 3, (1999), S. 196–201

7| Astrid Kaiser
Interkulturelle Dimensionen des Lernens mit neuen Medien

Zum Diskurs von Bildung, Sachunterricht und Interkulturellem

Die Bezeichnungen für Sachunterricht sind vielfältig. Sie ranken nicht nur um den Heimatbegriff wie etwa die Fachbezeichnung „Heimat- und Sachunterricht" in Baden-Württemberg. Schon bei Ilse Lichtenstein-Rother tauchte als Fachbezeichnung „Elementare Weltkunde" auf (Lichtenstein-Rother 1977, 64). Neuerdings wird der Begriff „Welterkundung" (Faust-Siehl u. a. 1996) in die Debatte eingebracht, „soziale Weltorientierung" ist schon fast 20 Jahre lang in den Niederlanden die offizielle Fachbezeichnung. Das heißt, die gegenständliche Öffnung auf die Welt hin hat schon eine längere Tradition innerhalb der Diskurse zum Sachunterricht. In den letzen Jahren ist gleichzeitig die Debatte um Globalisierung – nicht nur im Kontext ökonomischer Krisenerfahrungen – stärker ins öffentliche Bewusstsein gedrungen. Dies führte etwa dazu, dass die interkulturelle Bildung sich von der auf das Inland bezogenen Ausländerpädagogik (vgl. zur Kritik Schmidtke 1983) zu einer allgemeinen Öffnung für die Weltprobleme in ihrer Vielfalt und ihrem Zusammenspiel unter dem Etikett „Eine Welt" als Antwort auf Globalisierung und Ungleichheit in der Entwicklung besonders zwischen Nord und Süd entwickelte. Allerdings gibt es bislang nur wenige Ansätze zur Integration dieser ökonomisch-gesellschaftlichen Dimension in pädagogisches Denken wie etwa in der umfassenden Studie Carles (Carle 2000), die aus einer systematischen Analyse der Arbeitsperspektive unter Rekurs auf die Globalisierungsdebatte Konsequenzen für eine Theorie der Schulentwicklung gezogen hat.

Hier soll in der weiteren Argumentation von einem Begriff interkultureller Bildung in weltweiter Perspektive ausgegangen werden, bei dem allerdings das Ziel der Enthierarchisierung zwischen den Kulturen im Vordergrund steht und nicht eine sich wohltätig gebende Sichtweise, bei der andere Kulturen zum Objekt werden und in eurozentristischer Perspektive gedacht wird. Vielmehr sollen alle Kulturen in ihrer jeweiligen Verschiedenheit und Spezifität gleichrangig betrachtet werden. Insofern knüpft hier der Begriff der interkulturellen Bildung an die Theorien der inklusiven Bildung an (Stengel-Rutkowski 2002), deren beider Ursprungsdiskurse Prengel (1993) bereits in ihren systemischen Verbindungen skizziert hat. Es wird bewusst der Bildungsbegriff gewählt, um damit den allgemein Charakter (Klafki 1985) der Beziehung von den lernenden Subjekten zu ihrer sich verändernden Welt zu betonen. Im Verständnis von Welt werden dabei ausgehend von der eigenen Lebenswelt (zum Begriff der Lebenswelt vgl. Richter 2002, 76 ff.) gezielt auch die Weltzusammenhänge in didaktische Überlegungen integriert.

In der neueren Sachunterrichtsdidaktik wird der interkulturellen Dimension in einzelnen Schriften ein zentraler Stellenwert beigemessen (Glumpler 1996), etwa als – neben Frieden – ein zentrales Schlüsselproblem von sechs fundamentalen (Kaiser 2002, 153) betont oder im Rahmen „Politisches und Demokratie-Lernen" (Richter 2002, 166) unter der Perspektive „Umgang mit dem Fremden" (Richter 2002, 171) oder unter der Bezeichnung Friedenserziehung als grundlegendes Beispiel fächerübergreifenden Lernens (Kiper 1997, 112). Allerdings wurde dieser Inhaltsbereich etwa aus den Sachunterrichtsrichtlinien von Nordrhein-Westfalen 1985 herausgenommen und hat dementsprechend in den praxisanleitenden Schulbüchern für den Sachunterricht nur einen marginalen Stellenwert. Lediglich das aus Bundesmitteln geförderte Bremer Institut „Dritte Welt in der Grundschule" bzw. in den letzten Jahren umbenannt als „Eine Welt in der Schule" bemüht sich flächendeckend, praxisnahe Materialien durch Zeitschriftenbeilagen beizusteuern.

Eine bloß auf regionale Inhalte ausgerichtete Didaktik entfernt sich allerdings von in sozialwissenschaftlichen Diskursen betonten Entwicklungen wie der Ausbildung einer „Weltgesellschaft" (Stichweh 2000). Unter der didaktischen Maßgabe, dass Sachunterricht Orientierungshilfe zum Verstehen der Wirklichkeit sein soll, ist auch die Frage der interkulturellen Weltorientierung eine Frage des Grundschulunterrichts.

Ein weiterer Strang der Argumentation in der Sachunterrichtsdidaktik bezieht sich auf eine Argumentation von der Lebenswelt der Kinder (Schwier/Jablonski 2002) und lehnt von da aus eine enge räumliche Begrenzung des Inhaltsspektrums von Sachunterricht ab. Wenn wir uns einem auf eine räumlich umfassende Perspektive ausgerichteten Verständnis von Sachunterricht annähern, werden wir dies nicht ohne den Blick auf die gesellschaftlichen Globalisierungstendenzen leisten können. Zwar waren weltweite ökonomische Verflechtungen bereits im 19. Jahrhundert deutlich zu erkennen, ökonomisch-politisch haben sich diese in den letzten Jahren allerdings ausgebreitet und müssen folglich als Merkmal von Realität auch Gegenstand sachunterrichtsdidaktischer Reflexionen werden. Die wechselseitige Verschränkung und Dependenz verschiedener Länder in allen Lebensbereichen nimmt deutlich zu und die verschiedenen Lebenswelten werden im Sinne einer Transnationalisierung geprägt. Weder Alltagskultur noch -produkte, weder Habitus noch Geschmack, weder Bildwahrnehmung noch Erinnerung können im Unterricht in einer regionalen Nische verbleiben, denn sowohl durch neue Medien als auch durch Warentransfer wird Kultur transportiert und werden Kulturen miteinander verschränkt. Sachunterricht kann, wenn er an der Wirklichkeit der Kinder orientiert sein will, nicht mehr ohne die Weltperspektive gedacht werden. Allerdings kann dies in didaktischer Verantwortung nicht ohne Reflexion möglicher Folgen geschehen. Von daher gilt es, didaktische Konzepte in Hinblick auf die globale Perspektive zu entwickeln. Diese ist allerdings selbst keineswegs ein widerspruchslos erfolgender Prozess.

Verschiedene Perspektiven des Globalisierungsdiskurses

Im Rahmen politisch-soziologischer Theorien erfährt der Globalisierungsdiskurs sehr unterschiedliche Wertungen, lediglich die Einschätzung, dies sei ein unumkehrbarer Prozess, findet durchgängig Akzeptanz. Dieser Prozess wird allerdings als sehr vielschichtig aufgefasst und als von Widerstand und verschiedenen Machtinteressen getragen verstanden. Dabei sind verschiedene Argumente zu unterscheiden:
– Argumente kulturpessimistisch-kritischer Art, die eine weltweite Homogenisierung der menschlichen Lebensbedingungen sehen. Begriffe wie „McDonaldisierung", „Verwestlichung" (Hannerz 1997) oder McWorld (Barber 1997) und Egalisierung im Massenkonsum stehen in diesen Konzepten im Zentrum.
– Argumente, die eine Heterogenisierung von Lebenswelten betonen und auf zunehmende Betonung der regionalen oder ethnischen Besonderheit rekurrieren, wie sie etwa in Begriffen wie „Glokalisierung" (Robertson 1992) deutlich werden. Hier werden die verschiedenen Kombinationen, Agglomerationen und Vermischungen globaler Einflüsse fokussiert und die Diversität konkreter Lebensmuster vor Ort betont.
– Argumente, die vor allem die den wirtschaftlichen Interessen entgegentretenden oppositionellen Bewegungen Gestaltungskraft zubilligen und gleichzeitig eine Ausweitung hegemonialer Ansprüche durch ökonomische Macht beklagen.
– Argumente, die sich – auch empirisch – auf Marginalisierung vieler Menschen (Bourdieu 1997) besonders in den sog. Entwicklungsländern beziehen (Chomsky 2002) bzw. die düstere Weltuntergangsvisionen vorhersehen oder gar ein Auseinanderbrechen der Weltsegmente zwischen arm und reich prognostizieren (Baumann 1997).
– Argumente, die produktive Vereinbarungen und Demokratisierungschancen weltweit im Sinne eines „Dritten Weges" (Giddens 1999) oder in Form transnationaler Zusammenschlüsse (Beck 1998) sehen.

Interessant ist, dass sowohl Homogenisierung wie auch Heterogenisierung in diesen Visionen zu finden sind. Abgesehen von den in Perspektivlosigkeit und Resignation mündenden Ansätzen ist in allen gesellschaftstheoretischen Globalisierungskonzepten ein Rahmen für pädagogisches Handeln gesetzt, der nicht einfache monolineare Deduktion verlangt, sondern komplexe interaktive Entwicklungsdynamik. Für *didakti-*

sche Konsequenzen bedeutet dieser noch offene Dialog, dass wir der Tatsache der Globalisierung nur in einem *offenen Konzept* gerecht werden können, das einerseits *sich der Welt öffnet,* andererseits *keine wertende Sicht vorschreibt,* sondern eher *fragend und vergleichend die Entwicklungen in der Welt zur Kenntnis nimmt und in eigene Urteilsbildungsprozesse integriert.*

Spätestens im Zeitalter der Globalisierung ist es also überfällig, den Lernenden didaktisch eine räumliche Öffnung fort vom Denken in Heimatkategorien (Albrow 1998) und als didaktischem Pendant von tradierter Heimatkunde zu ermöglichen. Andererseits ist es dringend geboten, den Lernenden eine eigene Beurteilungsfähigkeit zu eröffnen, ihnen die *Rolle der aktiven Beobachtenden und Untersuchenden* zu ermöglichen und sie nicht passiv dem Weltgeschehen unterzuordnen. Ein so verstandenes ergebnisoffenes Konzept nimmt Lernende als Subjekte in diesem Prozess ernst, ohne sie mit fertigen Konzepten zu konfrontieren.

Dazu gibt es in der interkulturellen Pädagogik (Heim 1998) verschiedene Ansätze. Hier werden allerdings nur diejenigen näher betrachtet, die sich implizit oder explizit mit der Perspektive der Globalisierung auseinander setzen. Darunter finden wir einige allgemeine Ansätze, die sowohl auf der personalen Seite die Vielfalt betonen (Prengel 1993) wie auch vorhandene Dominanz- und Machtstrukturen nicht ausklammern (Nieke 2000, Johann/Michely/Springer 1998, Auernheimer 1995). Noch deutlicher auf die Fragen der Dominanz und Kolonisierung bezogen ist die Eine-Welt-Pädagogik, die besonders auf die Differenz zwischen Ländern des Nordens und Ländern des Südens abhebt (Jouhy 1985, Treml 1992, Fountain 1996) und dabei vor allem das Problem der Interaktion mit dem „Anderen" in der interkulturellen Pädagogik hervorhebt. Demgegenüber haben Ansätze, die sich als antirassistische Pädagogik bezeichnen oder verstehen, mehr die Frage der Vorurteile und der internalisierten Haltungen der Ab- und Entwertung gegenüber rassistischen Konstrukten hervorgehoben und fokussieren pädagogisch vor allem die Frage der Fremdenfeindlichkeit (Kalpaka/Rähtzel 1986, Dittrich/Radtke 1990, Balibar/Wallerstein 1990). Auch im Kontext der Friedenspädagogik sind wichtige Ansätze einer allgemeinen interkulturellen Bildung entwickelt worden, hier geht es vor allem um pädagogische Ansätze einer konstruktiven Konfliktbearbeitung (Kern/Wittig 1982, Heitmeyer 1994) in interkultureller Perspektive.

Diese verschiedenen pädagogischen Ansätze haben sich im Laufe der Geschichte der interkulturellen Bildung von der mehr gönnerhaft strukturierten Ausländerpädagogik (Schmidtke 1983) der 70er Jahre schrittweise herausgebildet. Trotz dieser recht aspektreichen Vielfalt an allgemeinen pädagogischen Konzepten zur Lösung des Spannungsfeldes von Globalisierung und letztlich auf einzelne Individuen gerichteter Bildungsbemühungen ist die Umsetzung noch ein komplexes Problem. Es ist leicht, didaktische Normen aufzustellen, aber ungleich schwerer, diese in praktikable Handlungsstrategien für den Unterricht zu transferieren. Die Leitfrage dieses Artikels lautet demzufolge „Wie können wir das interkulturelle Lernen mit neuen Medien im Unterricht umsetzen?" und wirft damit mehrere Fragen auf:

1) Welche Lernmöglichkeiten bieten die neuen Medien prinzipiell?
2) Welche Momente interkultureller Bildung lassen sich mit neuen Medien verwirklichen?

3) Welche praktischen Umsetzungsmöglichkeiten gibt es dabei?

Im folgenden Abschnitt soll zunächst auf die erste Frage eingegangen werden, um daraus Möglichkeiten interkultureller Bildung herauszuarbeiten. Danach sollen anhand eines Projektbeispiels praktische Umsetzungsmöglichkeiten aufgezeigt werden.

Pädagogische Möglichkeiten des Lernens mit neuen Medien

Lernformen sind abhängig vom historischen Stand der Technologie und der damit verbundenen Entwicklung pädagogischer Vermittlungsformen. In der Schule des Mittelalters wurde ein vorgegebener textlicher Wissensstand weitgehend durch mündliche Überlieferung möglichst wortgenau rezipiert. Das Auswendiglernen wichtiger Schriften der Kirchenväter war notgedrungen die entscheidende Methode, da das vorhandene Wissen damals vor allem in den Klosterschulen von Person zu Person weiter gegeben wurde. Später kamen durch Buchdruck breitere textliche Präsentationen von Lerninhalten hinzu. Das Lesen wurde als Kulturtechnik wichtiger als das Auswendiglernen. So haben in den nach der Reformation gegründeten Dorfschulen viele Kinder einfache Lesetechniken gelernt. Lesestoff waren Kirchenlieder und Bibeltexte, an denen es nicht viel zu ändern galt, aber die mehr Verbreitung im Volk finden sollten. Mit der Renaissance beginnend wurde bis ins 19. Jahrhundert hinein Veranschaulichung – vor allem durch Bilder – als wichtige Anforderung an Bildung deklariert. Comenius hat dieses sehr eindrucksvoll in seinem *orbis sensualium pictus* dokumentiert. Damit wurde das Erklären und Verstehen ansatzweise zu einer wichtigen Bildungsaufgabe. Anschauung galt mehrere Jahrhunderte als das Zauberwort, auch wenn in der schulischen Praxis damit höchstens bildliche Veranschaulichung durch Bildtafeln oder Veranschaulichung durch Stäbchen in Konzepten der Herbartianer gemeint waren. Gleichwohl dominierte in der Praxis jahrhundertelang die „Buch- und Paukschule" (Otto 1912). Erst im 20. Jahrhundert revolutionierten sich die Medien und Lernformen allmählich. Filme, Diapositive oder Tonträgeraufzeichnungen als Veranschaulichungsmittel fanden in der ersten Hälfte des 20. Jahrhunderts Eingang, praktisches Handeln als Mittel des Lernens wurde mit der Arbeitspädagogik der 20er Jahre zu einem anerkannten Bildungskonzept. Konkretes Handeln der Lernenden, Optimierung der Veranschaulichung durch die Lernenden wurde als Aufgabe für Bildung als wichtig erkannt, auch wenn die Praxis sich weitgehend auf die Arbeit an vorgegebenem textlichen Material reduzierte, das Arbeitsblatt aus Text, auszufüllenden Lücken und marginalen Visualisierungen wurde das zentrale Lehr- und Lernmedium im ausgehenden 20. Jahrhundert.

Die neuen informationstechnischen und audiovisuellen Medien haben sich unabhängig vom Entwicklungsrückstand der Medienpädagogik im Bildungswesen in einem rasanten Tempo weiter entwickelt. Seit der Erfindung der Zeitung im Jahre 1609 sind die meisten technischen Medien in diesem Jahrhundert entstanden, nämlich das Radio 1918, das Fernsehen 1931, das Tonbandgerät 1951, das Farbfernsehen 1962, das Satellitenfernsehen 1971, das Kabelfernsehen 1978. Im letzten Jahrzehnt war wiederum eine immense Entwicklung hin zu PCs, dem Internet und komplexen Multimediasystemen zu verzeichnen. Konkret geht es zur „Jahrtausendwende" um digitalisierte Medien verschiedener Art zum Transport und zur Präsentation von Bildern, Texten, Audioelementen und Filmen, deren konkrete technische Gestalt ständigen Veränderungen unterworfen ist. Von Multimedia sprechen wir dabei, wenn zu Bild und Text jeweils noch ein dynamisches Informationsmedium (Film, Ton, bewegte Grafik) hinzu kommt. Datenpräsentation und -entwicklung mit multimediafähigen Computern, die Kommunikation und Recherche im Internet sowie die qualitative Verfeinerung von Bild- und Tonmedien, aber auch quantitative Expansion von textlichen Datensätzen durch bislang exponential verlaufende Expansion von Speicherkapazitäten sind die zentralen Bereiche, in denen neue Medien den Alltag von Menschen weltweit zu durchdringen beginnen. Bildungstheoretisch betrachtet ist es aber nicht allein Aufgabe, die Menschen im Umgang mit diesen sich ständig entwickelnden Medien zu orientieren und zu qualifizieren, sondern auch Kompetenzen aufzubauen, um diese Medien aktiv und produktiv zu nutzen. Denn die Menschheit hat erstmals technologisch den Stand von Lernmedien zur Informations- und Wissenspräsentation hin zu vielen möglichen interaktiven Formen überwunden. In der Wissensgesellschaft des 21. Jahrhunderts gilt es, das immens anwachsende Wissen zu sammeln, zu bewerten und zu bündeln. Dies bedarf der *aktiven Teilnahme an Wissensproduktion und Wissensselektion durch die Mehrheit der Menschen*. Die jahrhundertelange Trennung von Lehren und Lernen, das hierarchische Modell der Informationsvermittlung ist durch diese neuen Medien prinzipiell historisch überwunden. Dies heißt nicht, dass dies nun nahtlos in die Schule eingeht; auch die Erfindung des Buchdrucks hat die mittelalterliche Auswendiglernschule nicht quasi im Selbstlauf abgeschafft.

Praktisch ließe sich ein *kooperativer Umgang mit Wissen* in globaler Perspektive etwa in länderübergreifenden Schulpartnerschaften überführen:
– Bezogen auf ein Thema wie Waldzerstörung oder Wasserqualität könnten *arbeitsteilig* zwischen Schulen bestimmte *Wissensbereiche recherchiert*,
– kritisch *aus zwei Perspektiven reflektiert* werden und
– *auf die regionalen Differenzen hin überprüft* sowie
– etwa in Form von spezifischen lokalen Plakaten zum Handeln *praktisch umgesetzt* werden.

Das Internet in Verbindung mit digitalen präsentativen Medien bietet bislang noch nicht – oder nur ansatzweise – absehbare Möglichkeiten der Information, aber auch der Präsentation und Kommunikation. Insofern ist neben der eigenaktiven Seite des Lernens auch ein breites *Spektrum für Partizipation* gegeben: So gibt es vielfältige Möglichkeiten der Meinungskundgabe durch Klicken von Abstimmungsbuttons. Elektronische Unterschriftenlisten verbreiten sich im Netz. Kinder können durch Meldung des Vorkommens bestimmter Arten Einfluss auf Maßnahmen des Pflanzenschutzes nehmen. In der ‚virtual reality' der Welt von Multimedia treten bereits heute entscheidende Entwicklungs- und Qualifizierungsprozesse zutage. Dort werden Webdesign, Kommunikation sowie ästhetische und soziale Visionen entwickelt. Die Eigeninitiative und Kreativität der Menschen kann durch neue Medien außerordentlich beflügelt werden. Diese gilt es nicht nur wenigen Technik-Eliten, sondern der breiten Bevölkerung im allgemein bildenden Schulwesen beginnend mit der Grundschule zu eröffnen. Die Grundschule ist für die allgemeine breite Computerbildung ein zentraler Ort, da in dieser Altersstufe nicht nur hohe Bildsamkeit vorliegt, sondern auch ein integriertes gemeinsames Lernen aller Kinder eines Wohnbezirks stattfindet. Alle haben das Recht, auf die gesellschaftlichen Herausforderungen durch neue Medien hin in der Schule vorbereitet zu werden.

Für diese Herausforderungen und Ziele sind *neue Lernformen* unerlässlich. Für den Sachunterricht heißt dies etwa:
– gemeinsame Wissenskarteien anzulegen,
– neue Recherchewege per eMail auszutauschen,
– Informationskarten zu schreiben und zu zeichnen.

Die Vielfalt der dabei zu entwickelnden *Qualifikationen* ist groß:
– Die Fähigkeit zur eigenständigen Recherche verlangt autonom handelnde Lernende, die klare Fragen und Ziele verfolgen, aber auch angesichts der enormen Datenfülle Kooperation und Kommunikation.
– Durch die große Bedeutung von Mediensystemen für den privaten und beruflichen Alltag verlieren die alten Grenzen zwischen den Generationen an Bedeutung. Die Grenzen bisheriger Lernstrukturen werden überschritten. Kinder lernen von Kindern, aber auch Erwachsene lernen von Kindern. Das Lernen durch Lehren bekommt angesichts der Schnelligkeit des Wandels ein neues Gewicht.
– Die Neuen Medien sind Kommunikationsmedien und verlangen kommunikative Prozesse der Aneignung. Lernen durch kooperatives Arbeiten an der Sache, kommunikativer Austausch über Erfahrungen und Bedingungen beim Lernen wird angesichts der Gefahren des Missbrauchs dieser Medien und auch der Notwendigkeit zu politisch bewussten Entscheidungen unerlässlich. Gerade der offene Dialog zwischen Entscheidungsträgern und jungen Menschen kann durch interaktive netzförmige Medien real erfahr- und erlebbar werden und somit neue Motivation zur gesellschaftlich-politischen Partizipation eröffnen.
– Die neuen Kommunikationsmedien sind grenzenlos und können den Dialog zwischen verschiedenen gesellschaftlichen Institutionen, Gruppen und Einzelpersonen eröffnen, wenn für diesen Dialog gezielt Foren und Zentren geschaffen werden. Diese weitreichenden Aufgaben gilt es schon für junge Menschen anzubahnen, damit die Möglichkeiten kompetent genutzt werden können.
– Um die Menschen angesichts der medialen Wirkung audiovisueller Medien nicht der eigenen Selbständigkeit zu berauben, ist es sinnvoll, in kreativen Workshops audiovisuelle Medien selbst zu produzieren und damit die Kompetenz zur kritischen Bewertung wie zur eigenen Kreativität aufzubauen.
– Der Gefahr der Derealisierung und Dematerialisierung von Bildung, die auch mit möglichen Sinnverlusten von Bildung einhergehen könnte, kann entgangen werden, wenn gleichzeitig auch Lebensnähe hergestellt wird, konkrete Produktion von Multimedia-Werken, konkreter Umgang mit Sachen gegenständlich-anschaulich, mit Personen emotional erfahrbar und sozial handelnd immer im Zentrum medialer Lernprozesse steht. Die Vernetzung kann erst die Widersprüche

zwischen regionaler Erfahrung und Offenheit hin zu Europa und der Welt aufheben. Mehr Lebensnähe und mehr Weltoffenheit sind zwei gleichzeitig zu entfaltende Seiten der Medienkompetenz.

So ist es nicht verwunderlich, dass angesichts der zugeschriebenen pädagogischen Möglichkeiten und der ökonomischen Interessen, die mit dem Verkauf neuer technischer Geräte verbunden sind, technische Medien starke Verbreitung erfahren haben. Internet und Schule ist in aller Munde. Viele Lehrkräfte bemühen sich darum, ihre Schulen auf den neueren Stand zu bringen und mit Computern auszustatten. Danach fängt allerdings oft die Frage an, wie die Schulen nun dieses neue Gerät auch sinnvoll in die pädagogische Arbeit einbeziehen können. Wenn wir allerdings im Internet recherchieren und Angebote für qualitativ entwickelten Grundschulunterricht suchen, werden wir viele Enttäuschungen erleben:
– Viele Materialien sind eigentlich nur ins Netz gestellte Schulbuchseiten, an die wir billiger über eine Bibliothek oder durch Buchbestellung herankommen.
– Andere Materialien sind viel zu kompliziert und faktenreich präsentiert, um in der Grundschule unmittelbar eingesetzt zu werden.
– Das Internet erscheint auf den ersten Blick als ein Medium, das zwar viele Informationen zu vermitteln mag, aber wenig sinnliche Anschauung bietet. Brauchbare Materialien wie Pflanzenlexika sprechen nur kognitives Lernen an.
– Materialien von Verlagen verlangen vielfach Registrierung. Überhaupt sind viele Materialien, die wie Lernangebote aussehen, nur Werbungsseiten.

Der bloße Umgang mit dem neuen Medium ist noch kein Erfolg an sich. Gerade am Internet können die in ihm liegenden konträren Möglichkeiten aufgezeigt werden. So kann einerseits pessimistisch eingeschätzt werden: „Weder lassen sich bessere Lernergebnisse durch das Lernen mit hypermedialen Internet-Ressourcen verzeichnen, noch bestätigt sich die Hoffnung, SchülerInnen könnten problemlos mit Materialien aus dem Internet umgehen" (Reinmann-Rothmeier/Mandl 1999, 210). Andererseits können in der Nutzung des Internets neue Lernformen und Kompetenzen entwickelt werden. Denn „das Internet erhöht zum einen die Zugänglichkeit von Lernangeboten und bietet aufgrund seiner Eigenschaften ein Höchstmaß an Flexibilität, die das Lernen von seiner Abhängigkeit von Raum und Zeit befreit und darüber hinaus immense (inhaltliche) Ressourcen bereitstellt. Das Internet verbessert zum anderen Prozesse und Ergebnisse des Lernens dadurch, dass es eine hohe Lernmotivation bewirkt und die Entwicklung von Fähigkeiten höherer Ordnung (z. B. Kritikfähigkeit) fördert; letzteres basiert darauf, dass das Lernen mit dem Internet mulitmediale, selbstgesteuerte Lernprozesse und/oder kooperative Lernformen impliziert, die zu qualitativen Verbesserungen führen" (Reinmann-Rothmeier/Mandl 1999, 210).
Für Bildung haben die neuen Medien nur dann einen Sinn, wenn die möglichen eigenaktiven und interaktiven Prozesse, die im Zusammenhang mit den neuen Medien prinzipiell möglich sind, auch genutzt werden, wenn die Vielfalt der Informationsangebote im Sinne einer kritischen Analyse genutzt wird, wenn also die kommunikativen und kritisch-analytischen Kompetenzen gefördert werden und diese Geräte nicht in stupider Nutzung von Computerspielen oder dem Abhaken von spielartiger

Software anstelle auf dem Arbeitsblatt nun auf dem Bildschirm praktiziert wird. Gleichzeitig entstehen durch die neuen Medien auch *Impulse für veränderte Schulentwicklung*. Im Schulversuch mit dem Ziel des sozialen Lernens (Kaiser u. a. 2003) stellt die Einführung von neuen Informations- und Kommunikationsmedien eine Herausforderung dafür dar, nach den eigentlichen innovativen Chancen des Mediums (Lindau-Bank 1998, 18) zu suchen, also zunächst kommunikationsfördernde Kleingruppenarbeit zu verstärken, gemeinsame kritische Analyse des angebotenen Text-, Bild- und Audio-Angebotes im Netz oder eigenaktive Textproduktion im Netz zu betreiben. Hier wurde bereits in der Planungsphase der Computerausstattung die Einrichtung eines netztauglichen Computeranschlusses in jeder Klasse vorgesehen, damit prinzipiell differenziertem Unterricht und damit der Chance des Erfahrungsaustauschs Raum gegeben wird.

Erst die große Informationsfülle macht es sinnvoll und produktiv, das eigenaktive Recherchieren und Bewerten in Projekten zu entwickeln. Die vielen Möglichkeiten der kommunikativen Partizipation in Foren, Chats, in Form von Kommentaren oder Abstimmungsboxen eröffnen neue Formen von Aktivität der Lernenden und mehr Möglichkeiten der Kommunikation auch mit bislang unbekannten Personen. Der enge heimatliche Raum ist spätestens mit dem Internet durchbrochen, weil auch die Botschaften aus räumlich fernen Regionen in die Klassenstuben eindringen. Als Gegenstand ist das Fremde, außerhalb der eigenen Kultur liegende, potenziell mit jedem Internetanschluss in die Kinderzimmer gelangt. Diese *gegenständliche Erweiterung in Prozesse interkultureller Bildung zu transformieren* gelingt nur, wenn die pädagogischen Gestaltungsmöglichkeiten, die Multimedia bieten, auch ausgeschöpft werden. Hierzu zählt vor allem, ein über kognitive Zugangsweisen hinaus weisendes Lernen, also nicht nur appellative Aufklärung, sondern auch ästhetisch vermittelte Wertschätzung, ethische Bewertungs- und Diskussionsnotwendigkeit durch die *Konfrontation mit anderen Sichtweisen in einer persönlich bedeutsamen Beziehung von Internetkommunikation*.

Eine bloße Übertragung von gängigen Schulbuchseiten und Arbeitsblättern auf Software für den Computer bringt keine qualitativen Veränderungen für interkulturelles Lernen. Aber um diese Möglichkeiten zu erreichen, bedarf es vorerst vieler wichtiger pädagogischer Einzelschritte. Hier sollen einige für interkulturelle Bildung relevante Praxisansätze für die Arbeit mit neuen Medien in der Grundschule vorgestellt werden.

Praktische Realisierungsmöglichkeiten interkultureller Bildung mit neuen Medien im Unterricht

Wenn wir neue Medien mit den Zielen interkultureller Bildung verknüpfen wollen, ist es über den Erwerb von Medienkompetenz hinaus wichtig, auch die *Entwicklung interaktiver kommunikativer Konzepte* systematisch anzusteuern. Hinzu kommt für ein nicht-hierarchisches, an Inklusion angelehntes Verständnis von Interkulturalität, dass der Verschiedenheit Raum zur Präsentation und zur Akzeptanz eingeräumt werden muss.

Hier soll ein Projekt für Grundschulen vorgestellt werden, in dem es darum geht, Kindern die *Kommunikation im Netz* nahe zu bringen. Das Projekt startet unter der web-page www.lesa21.de, was soviel wie Lernwerkstatt Sachunterricht für das 21. Jahrhundert heißt. Eine zentrale Funktion dieses Projektes ist es, den kommunikativ-handlungsorientierten Sachunterricht auf der Ebene der neuen Medien weiter zu entwickeln. Dazu wird als sinnvoller Kontext der interkulturelle Austausch zwischen Schulen verschiedener Länder, zwischen Süd und Nord in das Projekt eingebunden. Das Konzept von Lesa21 stellt zunächst eine Fortentwicklung der Oldenburger Lernwerkstatt RÖSA (www.roesa.de) dar.

Die konkreten *Lernmaterialien* der Lernwerkstatt RÖSA werden hier in der ersten Projektphase bildlich und textlich online gestellt. Sie sollen dazu anregen, am jeweiligen Ort kommunikativ-handlungsorientierten Sachunterricht mit den eigenen Mitteln und Möglichkeiten zu gestalten. Bereits hier setzt die Grundlegung interkulturellen Lernens an, denn diese Versuche sind nicht auf ein festgelegtes klares Ergebnis hin angelegt, sondern *ergebnisoffen und kommunikationsanregend*. Sie können auch durch die Verwendung von Alltagsmaterialien nicht zu vorher berechenbaren eindeutigen Lösungen führen, sondern sind im Verfahren offen und ermöglichen durch verschiedene Ergebnisse in den Arbeitsgruppen oder Stationsarbeitsschritten Vergleichen und Diskussion, ja fordern diese sogar regelrecht heraus.

Im Oldenburger Konzept handelnden Sachunterrichts (vgl. Kaiser 1998) werden die reformpädagogischen Stränge des Naturerlebens, des gemeinsamen Handelns, des mit allen Sinnen Lernens, des kreativen Lernens zusammenzufassen versucht. Ziel ist es, dabei einen *integrativen Sachunterricht* zu entwickeln, der *differenziert* ist und gleichzeitig *verschiedene Zugangsweisen* ermöglicht. Konzeptionell kann aus diesen didaktisch begründeten allgemeinbildenden Inhalten eine sinnvolle Motivation zum Erlernen von Schriftsprache und Mathematik entstehen. Kerndimension des Konzeptes handelnden Sachunterrichts ist es, an die Verschiedenheit der Kinder anzuknüpfen, verschiedene Zugangsweisen zu eröffnen, z. B. ästhetische, kognitiv kritische, praktisch handelnde, ethisch beurteilende zusammen an einem gemeinsamen inhaltlichen Thema. Zwischen diesen beiden Polen, dem differenzierten Handeln und immer wieder dem gemeinsamen Gespräch, der vieldimensionalen Entwicklung der Thematik und der gemeinsamen Auswertung der verschiedenen Versucherfahrungen liegt eine produktive Antwort auf unsere heutige gesellschaftliche Entwicklung. Also *einerseits den Verschiedenheiten Rechnung zu tragen und andererseits Gemeinsamkeit schaffen, im Zusammenleben und in der gemeinsamen Diskussion und Problemlösung*.

Kommunikative Projekte an Grundschulen gibt es durchaus in Einzelfällen. Mitzlaff (1998) berichtet sehr aspektreich von den Erfahrungen:

„Die einjährigen Erfahrungen mit Viertklässlern im Internet
- zeigen interessante und kaum erwartete Möglichkeiten für die Schülerinnen und Schüler auf (z. B. sich ständig erweiternde Kontakte zwischen verschiedenen Hagener Auswanderern und deren Nachbarn in Kanada und Australien, die mit der Schule in Hagen Kontakt aufnehmen; unerwartete, speicherintensive Bild- und Textinformationen);

- belegen, dass die Netzwerkkommunikation natürliche Schreibanlässe mit einem hohen, kaum zu übertreffenden Motivationsgrad bietet (so z. B. als sich vor einigen Wochen die Studentin Tanja aus San Francisco nach den Regeln des Spieles ‚Gummi-Twist' erkundigte);
- machen deutlich, dass auch die Netzwerkkommunikation pädagogisch und didaktisch vor- und nachbereitet werden muss;
- lassen erkennen, dass man sich anstrengen muss, wenn die E-Mail-Kommunikation keine ‚Eintagsfliege' bleiben soll (Texte entwerfen, ausformulieren, überarbeiten usw.);
- bestätigen, dass die Verkehrssprache des Internets der Arbeit mit Grundschülern Grenzen auferlegt, wobei der verbleibende Raum (deutscher Sprachraum, deutsche Schulen im Ausland, erste Kontakte über Elemente einer Begegnungssprache; ältere Schüler im Ausland, die Deutsch lernen) noch immens groß ist;
- unterstreichen, dass diese Art gezielter Internetarbeit – und nur sie macht in der (Grund-) Schule pädagogisch Sinn – zeitintensiv ist und dass allein schon von daher dieses Arbeitsfeld von begrenzter Bedeutung bleiben wird" (Mitzlaff 1998, 11–12).

Die meisten vorliegenden grundschuldidaktischen Konzepte von Unterricht, wie sie in den vielfältigen Mappen mit Kopiervorlagen zu finden sind, sind aber nicht auf dem didaktischen Level, überhaupt Kommunikation zu ermöglichen. Nicht Differenziertheit, Weiterentwicklung und Vielfalt, sondern einlineare Lösungswege überwiegen. Merkfähigkeit schon bekannter Regeln ist gefragt, aber nicht das kommunikative produktive Miteinander-Umgehen von verschiedenen Menschen und das Sich-Einstellen auf neue Situationen. Diese präsentative Funktion lässt sich gerade bei der Vielfalt an vorhandenen Materialien im Internet in verschärfter Form finden. Hier wird nicht der Funktion interkultureller Bildung entsprochen, eine mehrseitige Öffnung für verschiedene Perspektiven zu erlauben und den sich wechselseitig respektierenden Dialog beider Seiten zu ermöglichen.

Das Material der Lernwerkstatt RÖSA soll nicht allein vielfältige Perspektiven und je nach Lernvoraussetzungen unterschiedliche Zugangsweisen zu einer Thematik bieten, sondern umfassende *Handlungsstrategien eröffnen*. Dabei geht es nicht nur darum, dass Materialien für vielfältige Zugangsweisen und vielfältige Inhaltsaspekte im Sinne von didaktischen Netzen (Kahlert 2002) entwickelt werden. Wichtig ist, dass handelnder Sachunterricht nicht nur einseitig als spielerische Informationsvermittlung oder als Veranschaulichung gesehen wird. Sachunterricht der Zukunft soll auch durch konkretes veränderndes Handeln auf die sich verändernde Gesellschaft vorbereiten. Er soll vor allem die Vielfalt der Kinder berücksichtigen und unterschiedliche Lernwege anbieten, aber auch den Gesprächsaustausch eröffnen. Denn das wesentliche Moment, über das die Erfahrungen der Kinder aber in den Unterricht eingeht, ist der Erfahrungsaustausch, das Gespräch. Deshalb erscheint es mir in der heutigen Zeit entscheidend zu sein, kommunikative Prozesse im Sachunterricht einzuplanen. *Das Gespräch geht dem differenzierten Handeln im Unterricht voraus und folgt ihm.* Dieses Konzept kommunikativen Sachunterrichts wird im Projekt www.lesa21.de auf die Internetebene transponiert.

Es werden nicht nur die Bilder und Texte zu den verschiedenen Handlungsanregungen online gestellt. Vielmehr wird durch *Aufbau einer eMail-Kommunikationsgemeinschaft* verschiedener Partnerklassen und durch Foren die intensive sachbezogene Diskussion angeregt. Aber hier soll gerade nicht die Entleerung des Kommunikationsbegriffs durch bloße äußere Schein-Kontakte praktiziert werden. Denn der Warnung, „der Kooperationsbegriff laufe Gefahr, seine Bedeutung zu verlieren, wenn jeder simple Informationsaustausch (etwa via E-Mail) bedenkenlos als Kooperation oder Kollaboration bezeichnet wird, (ist zuzustimmen). Einige der wichtigsten Kooperationsprozesse wie z. B. die Schaffung einer gemeinsamen Verständigungsgrundlage sowie die Entwicklung gemeinsam geteilter Überzeugungen und Werte sind im Netz nach wie vor sehr schwierig" (Reinmann-Rothmeier/Mandl 1999, 212).

Um eine Nord-Süd-Dimension schon von Anfang an in dieses Projekt zu integrieren, wurden Schulen aus Chile einbezogen. Dieses Land ist nicht nur wegen der geographischen Ferne und Andersartigkeit und der Möglichkeit zur Intervention durch die Projektmoderation durch die Zeitverschiebung, sondern auch wegen sprachlicher Nähe interessant für dieses Grundschulprojekt. Denn dort gibt es etliche deutsche Schulen zwischen dem regenreichen Punta Arenas nahe Feuerland und nahe der ariden Atacama-Wüste Arica kurz vor der bolivianischen und peruanischen Grenze, in denen die deutsche Sprache zumindest als Fremdsprache gelehrt wird, aber auch von den Nachkommen der im ganzen Lande stark vertretenen deutschen Kolonie gesprochen wird. Für Kinder der deutschen Projektschulen diesseits und jenseits des Atlantik stehen Foren zur Kommunikation (http://www.lesa21.de/forum/index.html) und dynamische Websites zum Austausch von selbst erstelltem Material zur Verfügung. Hier soll Gelegenheit für „kulturoffenes Lernen" (Schmidtke 1985) quasi als selbstverständlich gegeben eröffnet werden - ohne moralische Hinweise wie in manchen Versuchen interkulturellen Lernens, die wieder erneut Eurozentrismus aufbauen.

Ein weiterer Schwerpunkt des hier vorgeschlagenen Konzeptes ist es, abzugehen von der Überlastung der Lehrerinnen und Lehrer als Alleskönnende. Auch Kinder können Kindern im Sinne des Konzeptes „Kinder lernen von Kindern" (Scholz 1996) Wissen vermitteln, Hilfestellungen und Erklärungen oder Interpretationen geben. Auch dies ist eine Form der Enthierarchisierung von Lernerfahrungen, einer wichtigen Bedingung interkulturellen Lernens. Deshalb gibt es auf den Lesa-Seiten auch zu allen angebotenen Themen noch Kinder-Seiten (http://3006.nibis.de/kinder/index.html), auf denen die am interaktiven Austausch beteiligten *Kinder* zu allen präsentierten Sachunterrichtsthemen *ihre eigenen Materialideen, Vorschläge, Versuchserfahrungen und Bilder online stellen* können. Diese sind durchaus für das Lernen der anderen Kinder sehr fruchtbar. Es bedarf aber dafür der Zeit und Gelegenheit. Gerade beim Arbeiten mit Handlungsmaterial haben Kinder die *Chance, den Deutungen der anderen zuzuhören, ihre Lösungswege zu beobachten und mit den eigenen Ansätzen zu vergleichen*. Dies sind intensive Lernanregungen, die weit über die Möglichkeiten frontaler Belehrung hinausgehen. So soll quasi als Unterrichtsprinzip nach und nach das Kennenlernen und Respektieren anderer Perspektiven zur Selbstverständlichkeit werden. Im Dialog und in wechselseitiger Verbundenheit der Kommunikationspartner aus verschiedenen Ländern wird nicht nur eine erweiterte Perspektive von Welt, sondern gleichzeitig auch psychologische Nähe geschaffen. Zusammenfassend lassen sich die Ziele dieses Internet-Projektes auf zwei Dimensionen beschreiben:

Die Ziele dieses Internet-Projektes richten sich auf zweierlei, auf die Verbesserung des Sachunterrichts im Sinne eines interkulturellen Austauschs und der Fortentwicklung handlungsorientierten Sachunterrichts wie auch einen sinnvollen Umgang mit dem Internet:

– Durch die Präsentation kindgerechter problemorientierter didaktischer Anregungen im Netz sollen Kinder motiviert werden, sich mit den zentralen gesellschaftlichen Schlüsselproblemen (Umwelt, Technikfolgen, Demokratisierung, Frieden ...) intensiv auseinanderzusetzen.
– Aus den Fragen der Kinder soll das Interesse an weiterem Wissenserwerb entfaltet werden und in aktuelle themenzentrierte Recherche im Internet und kritische Auseinandersetzung mit den Inhalten und Erfahrungen münden.
– Durch ein interessantes inhaltliches Angebot sollen Kinder angeregt werden, intensiv ihren Fragen im Internet nachzugehen, um auch an aktuelles Wissen heranzukommen.

Schritte zur Entwicklung interaktiver Kommunikation im globalen Kontext im Sachunterricht

Praxisprinzipien	Praxisschritte
Kommunikation	Kontaktaufbau zwischen Schulen
	Finden gemeinsamer Sachunterrichtsthemen
	Aufbau einer Sachbasis (Lernplattform, Themenpräsentation, Versuchsreihe)
	Entwicklung von Kommunikationsorten (Foren, interaktive Websites)
Interaktion	Entscheidung über moderierte oder unmoderierte Foren
	Impulse zur Fortsetzung der Interaktion
	Technische Programmierung zur Reduzierung der Schritte des Online-Stellens eigener grafischer und textlicher Produkte
	Schaffung von Medien zur Zusammenführung singulärer Präsentationen

Literatur

Albrow, M.: Abschied von der Heimat. Gesellschaft in der globalen Ära. Frankfurt a. M. 1998
Auernheimer, G.: Einführung in die interkulturelle Erziehung. Darmstadt 1995
Auernheimer, G. u. a. (Hrsg.): Interkulturalität im Arbeitsfeld Schule. Opladen 2001
Balibar, E./ Wallerstein, I.: Rasse, Klasse, Nation. Ambivalente Identitäten. Hamburg 1990
Barber, B. R.: Dschihad versus McWorld – Globalisierung, Zivilgesellschaft und die Grenzen des Marktes. In: Lettre internacional, (36), (1997),
http://www.lettre.de/020archiv/010ausgaben/040ausg97/040_li36/barber.htm
Baumann, Z.: Schwache Staaten. Globalisierung und die Spaltung der Weltgesellschaft. In: Beck 1997, S. 315–332
Beck, U.: Kinder der Freiheit. Frankfurt a. M. 1997
Beck, U.: Was ist Globalisierung? Irrtümer des Globalismus – Antworten auf Globalisierung. Frankfurt a. M. 1998
Bourdieu, P.: Das Elend der Welt. Zeugnisse und Diagnosen alltäglichen Leidens an der Gesellschaft. Konstanz 1997
Carle, U.: Was bewegt die Schule? Baltmannsweiler 2000
Chomsky, N.: La Globalización en Latinoamerica. Porto Alegre 2002
Dittrich, E./ Radtke, F.-O. (Eds): Ethnizität. Wissenschaft und Minderheiten. Opladen 1990
Faust-Siehl, G. u. a.: Die Zukunft beginnt in der Grundschule. Frankfurt a. M. 1996
Fountain, S.: Leben in der Einen Welt. Braunschweig 1996
Giddens, A.: Der dritte Weg. Die Erneuerung der sozialen Demokratie. Frankfurt a. M. 1999
Glumpler, E.: Interkulturelles Lernen im Sachunterricht. Bad Heilbrunn 1996
Hannerz, U.: Transnational Connections. London 1997
Heim, H.: Interkulturelle Pädagogik. In: Pädagogische Rundschau, 52(4), (1998), S. 421–436
Heitmeyer, W. (Hrsg.): Das Gewalt-Dilemma. Gesellschaftliche Reaktionen auf Fremdenfeindliche Gewalt und Rechtsextremismus. Frankfurt a. M. 1994
Johann, E./ Michely, H./ Springer, M.: Interkulturelle Pädagogik. Berlin 1998
Jouhy, E.: Bleiche Herrschaft – Dunkle Kulturen. Essays zur Bildung in Nord und Süd. Frankfurt a. M. 1985
Kahlert, J.: Der Sachunterricht und seine Didaktik. Bad Heilbrunn 2002
Kaiser, A.: Praxisbuch handelnder Sachunterricht. Baltmannsweiler 1998
Kaiser, A.: Projekt geschlechtergerechte Grundschule. Opladen 2003
Kaiser, A.: Einführung in die Didaktik des Sachunterrichts. Baltmannsweiler 2002
Kalpaka, A./ Rähtzel, N. (Hrsg.): Die Schwierigkeit, nicht rassistisch zu sein. Berlin 1986
Kern, P./ Wittig, H.-G.: Pädagogik im Atomzeitalter. Wege zu innovativem Lernen angesichts der Ökokrise. Freiburg 1982
Kiper, H. (Hrsg.): Sachunterricht – kindorientiert. Baltmannsweiler 1997
Klafki, W.: Neue Studien zur Bildungstheorie und Didaktik. Weinheim 1985
Lichtenstein-Rother, I.: Sachunterricht und elementare Weltkunde. In: Schwartz, E. (Hrsg.): Von der Heimatkunde zum Sachunterricht. Braunschweig 1977, S. 63–80
Lindau-Bank, D.: Wie man die Einführung neuer Medien als Prozeß gestalten kann. In: Journal für Schulentwicklung, (1), (1998), S. 15–26
Luhmann, N.: Weltgesellschaft. In: Luhmann, N.: Soziologische Aufklärung 2. Opladen 1975, S. 9–71
Meschenmoser, H.: Lernen mit Multimedia und Internet. Baltmannsweiler 2002
Mitzlaff, H.: Computer- eine Herausforderung für die Grundschule. In: Die Grundschulzeitschrift, 12 (114), (1998), S. 6–13
Müller, K. E. / Treml, A. K. (Hrsg.): Ethnopädagogik - Sozialisation und Erziehung in traditionellen Gesellschaften: eine Einführung. Berlin 1992

Nieke, W.: Interkulturelle Erziehung und Bildung. Wertorientierungen im Alltag. Opladen 2000
Otto, B.: Der Lehrgang der Zukunftsschule I. Berlin-Verlag des Hauslehrers 1912 (2. Aufl.)
Prengel, A.: Pädagogik der Vielfalt. Verschiedenheit und Gleichberechtigung in Interkultureller, Feministischer und Integrativer Pädagogik. Opladen 1993
Reinmann-Rothmeier, G./ Mandl, H.: Wissensvermittlung: Ansätze zur Förderung des Wissenserwerbs. In: Klix, F./ Spada, H. (Hrsg.): Wissenspsychologie. Göttingen 1996, S. 457–500
Reinmann-Rothmeier, G./ Mandl, H.: Lernen mit dem Internet: Nur ein neuer Slogan? Chancen und Grenzen für das schulische Lernen. In: Medien und Erziehung, 43 (4), (1999), S. 210–215
Richter, D.: Sachunterricht – Ziele und Inhalte. Baltmannsweiler 2002
Robertson, R.: Globalization: Social Theory and Global Culture. London 1992
Schmidtke, H.-P.: Ein Thema ‚Ausländer' genügt nicht: der Ausländerfeindlichkeit durch kulturoffenen Unterricht vorbeugen. In: Ausländerkinder in Schule und Kindergarten, 4 (1), (1983), S. 14-24
Scholz, G.: Kinder lernen von Kindern. Baltmannsweiler 1996
Schwarzkopf, H./ Zolg, M.: Kann der Computer denken? Gespräche mit Kindern. In: Die Grundschulzeitschrift, 11(108), (1997), S. 44–46
Schwier, V./ Jablonski, M.: Legowelten und Lebenswelten - warum der Sachunterricht heimatlos sein sollte. In: Engelhardt, W./ Stoltenberg, U. (Hrsg.): Die Welt zur Heimat machen? Bad Heilbrunn 2002, S. 124–136
Stengel-Rutkowski, S.: Vom Defekt zur Vielfalt. Ein Beitrag der Humangenetik zu gesellschaftlichen Wandlungsprozessen. In: Zeitschrift für Heilpädagogik, 52 (2), (2002), S. 46–55
Stichweh, R.: Die Weltgesellschaft. Frankfurt a. M. 2000
Sünker, H. (Hrsg.): Kindheitspolitik international. Opladen 1993
Treml, A. K.: Die Pädagogisierung des „Wilden" oder. Die Verbesserung des Wilden als pädagogische Fiktion. In: Müller, K. E./ Treml, A. K. (Hrsg.): Ethnopädagogik – Sozialisation und Erziehung in traditionellen Gesellschaften: eine Einführung. Berlin 1992, S. 83–112

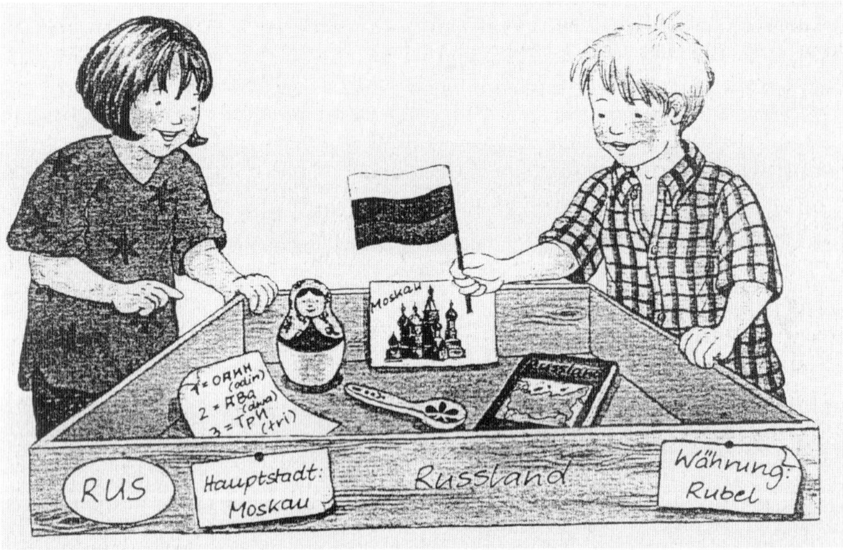
Moskau
RUS
Hauptstadt:
Moskau
Russland
Währung:
Rubel

Leben in der Gesellschaft

7 | Ingrid Prote
Partizipation an Entscheidungen im schulischen Leben

Die Partizipation von Schüler/innen an Entscheidungen im schulischen Leben ist für Grundschulkinder interessant und fördert Kompetenzen, die für demokratische Lebensformen wichtig sind (vgl. Himmelmann 2001), auch wenn sie nur einen Ausschnitt aus dem Gesamtbereich des Demokratie-Lernens darstellen.
Partizipation wird heute in den Lebenswelten der Kinder gefördert und gefordert. Sie erfahren in der Familie vielfach einen partnerschaftlichen Umgang mit den erwachsenen Erziehungspersonen. Kinder nehmen an vielfältigen Aushandlungen aktiv und gleichberechtigt teil und erleben, wie Selbständigkeit und Kommunikationsfähigkeit gefordert werden. Dies führt dazu, dass Kinder heute oftmals Lernvoraussetzungen in die Grundschule mitbringen, die im Hinblick auf Partizipation als positiv einzuschätzen sind. Hier ist besonders die Bereitschaft und Fähigkeit der Kinder zum Aushandeln zu nennen. Die Kinder haben eigene Interessen und eine eigene Meinung, die sie in der Regel gut verbalisieren und Erwachsenen gegenüber vertreten können. Sie fragen nach und äußern Kritik. Außerdem sind Kinder heute tendenziell weniger autoritätsfixiert, und viele von ihnen sind früh selbstbewusst. Sie sind vielfach selbständig im Sinne von Selbst-Entscheidungen-Treffen bzw. Freiräume nutzen.

Leitintentionen der Partizipation am schulischen Leben

Mit Partizipation an Entscheidungen im schulischen Leben ist das Recht der Schüler/innen auf Mitbestimmung und Mitgestaltung beim Lernen und Zusammenleben in der Grundschule gemeint. Dieses Recht steht den Schüler/innen zu und muss ihnen nicht erst von Lehrer/innen zugebilligt werden. Es ist somit Aufgabe der Lehrperson, Schüler/innen über ihr Recht auf Partizipation aufzuklären und ihnen in der Schule die Realisierung dieses Rechtes zu ermöglichen.

Drei Leitintentionen lassen sich im Zusammenhang mit Partizipation am Schulleben charakterisieren:
- Die erste Leitintention meint, dass die Schüler/innen Partizipation als einen Aspekt schulischen Lebens kennen lernen und wissen, dass sie auch einen *Anspruch auf Partizipation* haben. Zugleich sollen die Schüler/innen die *Chancen zur Partizipation*, die ihnen in der Grundschule von der Lehrperson zur Verfügung gestellt werden, aktiv nutzen sowie neue, von der Lehrkraft nicht geplante Partizipationsmöglichkeiten aufgrund von Eigeninitiative realisieren.
- Die zweite Leitintention lautet: Die Schüler/innen sollen lernen, selbstständig ihr Recht auf Partizipation sowie die Installierung und Umsetzung einer oder mehrerer demokratieorientierter *Organisationsformen im schulischen Bereich* einzufordern. Organisationsformen wie Klassenrat oder Schüler/innenparlament sollen kennen gelernt werden. Dazu gehört es auch, bei sich und anderen Einstellungen und Verhaltensweisen zu erkennen, die dem Partizipationsanspruch widersprechen. Wenn das Recht auf Partizipation missachtet wird, sollen sie Kritik üben und sich aktiv für partizipatorische Verhältnisse engagieren.
- Die dritte Leitintention weist über den schulischen Rahmen hinaus: Die Schüler/innen sollen befähigt werden, Veränderungschancen auf- bzw. ihnen entsprechende Gelegenheiten im Wohnumfeld zu ergreifen, und zwar im Sinne einer *lokalen Partizipation* (vgl. Stoltenberg 2000).

Mit Partizipation ist also die aktive Beteiligung aller Schüler/innen an Entscheidungen im Sinne der Mitbestimmung gemeint. Es geht bei der Partizipation von Schüler/innen nicht nur um Teilhabe (Wahlen) und Mitbestimmung (z. B. bei Unterrichtsinhalten), sondern auch um aktive Mitgestaltungsmöglichkeiten (z. B. Schulhofgestaltung).

Es lassen sich also zwei Arten von Partizipation unterscheiden und zwar zum einen die von der Lehrkraft intendierte und geplante Partizipation, die ich „*Partizipation als Angebot*" nenne. Zum anderen gibt es die von Schüler/innen eigenständig eingeforderte bzw. umgesetzte Partizipation. Sie kommt durch die Eigeninitiative der Schüler/innen zustande und ist nicht von der Lehrperson initiiert. Diese auf der Eigeninitiative der Schüler/innen basierende Partizipation nenne ich deshalb „*Partizipation auf Eigeninitiative der Schüler/innen*". Letztere bedeutet also, dass die Schüler/innen über die angebotenen Freiräume hinaus Partizipation fordern und umsetzen. Damit zielt diese Form der Partizipation nicht nur auf Mitbestimmung, sondern auf Selbstbestimmung der Schüler/innen.

Ein Unterrichtsbeispiel: Gegen Mitte des dritten Schuljahres und nachdem die Schüler/innen bei der Bearbeitung von Sachunterrichtsthemen vielfach „Partizipation als Angebot" kennengelernt und realisiert hatten, forderten sie im Rahmen einer Abschlussreflektion nicht nur wie bisher innerhalb eines von mir vorgegeben Themas mitzubestimmen, sondern selbstständig ein Thema – im Sinne eines freien Themas – festzulegen. Wir diskutierten diesen Vorschlag in der ganzen Klasse und beschlossen, jeweils einmal pro Halbjahr einen Zeitraum festzulegen, an dem die Schüler/innen ihr freies Thema bearbeiten können. Die ersten beiden freien Themen waren „Pferde" und „Weltraum". Dieses Beispiel zeigt, wie wichtig das Verhalten der Lehrkraft ist. Nur wenn sie bereit ist, ein wenig von ihrer Macht abzugeben, d. h. in diesem Fall darauf zu verzichten, alle Sachunterrichtsthemen vorzugeben, haben die Schüler/innen die Möglichkeit, ihren Veränderungsvorschlag zu realisieren und so positive Erfahrungen mit der von ihnen selbständig initiierten Partizipation zu machen.

Partizipation kann als dynamischer Prozess charakterisiert werden, der die Eigeninitiative der Schüler/innen fördert und herausfordert. Hierdurch entwickelt sich eine Eigendynamik, die ein hohes Veränderungspotential in sich birgt.

Des Weiteren ist es wichtig, das zu vermittelnde Wissen mit Praxis kontinuierlich zu verzahnen und den Schüler/innen so die Beziehungen, die zwischen zentralen Wissensbausteinen und deren praktischer Umsetzung bestehen, immer wieder bewusst zu machen. Dies veranschaulicht ein weiteres Beispiel. Als ich mit der gleichen dritten Klasse das Thema „Die Wiese als Lebensraum" bearbeitete, passierte etwas völlig Unerwartetes. Eine Schüler/innengruppe, die den Auftrag hatte, die von uns im Klassenraum bestimmten und gezeichneten Wiesentiere wieder zurückzubringen, berichtete aufgeregt, dass sie die Tiere nicht zurückbringen konnten, weil inzwischen vor der Wiese ein Verbotsschild aufgestellt war mit der Aufschrift „Das Betreten der Wiese ist verboten. Warnung vor giftigen Chemikalien." Die Schüler/innen waren sehr betroffen und suchten nach Gründen für die Handlung, die dem Vorgang zugrunde lag. Die meisten von ihnen waren der Ansicht, dass der Bauer, dem diese Wiese gehört, nicht gewusst hat, dass er mit dem Gift das Leben auf der Wiese tötete. Deshalb beschlossen sie eine Aufklärungsaktion zu machen. Sie fertigten Plakate an, die die Wiese als Lebensraum für viele Pflanzen und Tiere mit eigenem Anspruch auf Leben bezeichneten. Diese Plakate wurden auf einer Demonstration durch das Dorf getragen. Erwähnenswert ist hierbei, dass sich meine Aufgabe als Lehrerin darauf beschränkte, den Schüler/innen Zeit für Diskussionen zu geben und ihnen notwendiges Material zur Verfügung zu stellen. Die beschriebenen Aktivitäten haben sie ohne meine Anregung entwickelt und selbständig umgesetzt. Ein Kind rief im Auftrag der Klasse den Bauern an und fragte ihn, warum er das getan hatte, und es versuchte ihn darüber aufzuklären, welche Folgen sein Handeln hatte. Die Antwort des Bauern war: „Das ist meine Wiese, da kann ich machen, was ich will!" Diese Antwort löste eine Diskussion in der Klasse aus: Kann jeder/jede auf dem eigenen Grundstück machen, was er/sie will?

Die Schüler/innen engagieren sich, und zwar für das Recht auf eine gesunde Umwelt für Menschen und für das Lebensrecht der Tiere; sie weisen auf Missstände hin und stellen Öffentlichkeit her; sie nehmen Demonstrationsfreiheit für sich in Anspruch. Im Hinblick auf Partizipation wird deutlich, dass die Schüler/innen die vorhandenen, intendierten Partizipationsmöglichkeiten des Sachunterrichtsthemas überschreiten und durch ihre Partizipationsinitiativen dem Unterricht einen völlig anderen Verlauf geben.

Partizipation als Haltung

Damit sich Partizipation als Haltung entfalten kann, sind bestimmte Einstellungen und Haltungen bei den Lehrkräften erforderlich. Schüler/innen können Partizipation dann wahrnehmen, wenn die Lehrperson ihnen eine qualifizierte Mitgestaltung und Mitbestimmung überhaupt zutraut. Darüber hinaus ist es unumgänglich, dass sich die Lehrperson partizipationsfördernd verhält, also bereit und fähig ist, Lehrer/innenmacht abzugeben. Es besteht möglicherweise die Gefahr, dass die Schüler/innen Partizipation als Freundlichkeit einer bestimmten Lehrkraft interpretieren. Deshalb sollen die Schüler/innen wissen, dass sie unabhängig von dem Wohlwollen einer Lehrkraft einen Anspruch auf Partizipation haben, und zwar auch schon in der Grundschule.

Aktive Mitarbeit der Schüler/innen in schulischen Organisationsformen

Damit das Wissen über Organisationsformen in der Grundschule nicht nur theoretisch bleibt, muss es von den Schülerinnen und Schülern in die Praxis umgesetzt werden, d. h. z. B. sie wählen einen Klassenrat, halten regelmäßig Klassenratssitzungen ab und arbeiten aktiv mit. Dieses Gremium kann für die Besprechung und Lösung sozialer Konflikte genutzt werden und dazu dienen, allen Schüler/innen der Klasse weitreichende Möglichkeiten zur Mitbestimmung und Mitgestaltung in allen Belangen zu sichern, die das Zusammenleben und Lernen in der Lerngruppe betreffen (vgl. Kiper 1997). In diesem Sinne ist der Klassenrat eine Art Vollversammlung der Klasse, bei der alle Schüler/innen gleichermaßen stimmberechtigt sind. Während der Klassenrat den Schüler/innen Partizipationsmöglichkeiten bietet, die sich auf die Lerngruppe beschränken, bietet das Schüler/innenparlament und die Schüler/innenversammlung den Schüler/innen Mitbestimmungs- und Mitgestaltungsmöglichkeiten an, die darüber hinausgehen und sich auf die Belange der gesamten Grundschule und das Schulleben beziehen.
Die aktive Mitarbeit von Schüler/innen in schulischen Organisationsformen wie z. B. Klassenrat und Schüler/innenparlament stellt eine gute Möglichkeit dar, Partizipation anhand konkreter, realer Probleme oder Sachfragen, die einzelne Schüler/innen, die Klasse oder die gesamte Schule betreffen, zu praktizieren und die damit verbundenen Chancen und Möglichkeiten sowie Schwierigkeiten und Grenzen konkret zu erfahren. Einige kritische Fragen hierzu: Was dürfen Schüler/innen im Schüler/innenparlament oder in der Schüler/innenversammlung mitbestimmen und inwieweit dürfen sie eigene Initiativen entfalten? Inwieweit dürfen sie Macht ausüben – auch gegen die Lehrkräfte und die Schulleitung?

Gestaltung offener Lernsituationen im Sachunterricht

Ein weiteres Anwendungsfeld für die Partizipation von Schüler/innen ergibt sich durch die Gestaltung offener Lernsituationen im Sachunterricht. Das Konzept des offenen Unterrichts hat einen normativen Anspruch. Er zielt auf Emanzipation und Mündigkeit. Nach Ramseger ist der offene Unterricht „ein Versuch ... ansatzweise ... eigenverantwortliches Handeln und die Artikulation eigener Fragen zu ermöglichen"

(Ramseger 1979, 19), in dem die Schüler/innen „in die Planung und Gestaltung des Unterrichts aktiv eingebunden und an den Unterrichtsentscheidungen so weit wie möglich beteiligt" werden (Ramseger 1979, 19). Ein ‚partizipatorischer Erziehungsstil' bedeutet, dass sich die Lehrperson als beratende Organisatorin von kindlichen Lernprozessen und als verlässliche Beziehungsperson begreift.
Des Weiteren schafft die Lehrperson im Unterricht freiheitliche Lernsituationen und fördert das selbstbestimmte Lernen der Schüler/innen. Der offene Unterricht stellt eine spezifische Form der Unterrichtsorganisation dar, die Schüler/innen von vorn herein Partizipationsgelegenheiten bezüglich des eigenen Lernens eröffnet. Z. B. können sie aus einem Angebot von Aufgaben auswählen oder einen vorgegebenen Entscheidungsfreiraum, z. B. freie Partnerwahl nutzen. Schüler/innen können aber auch weitreichende Mitplanungs- und Mitgestaltungsmöglichkeiten und somit größere Partizipationsgelegenheiten zur Verfügung gestellt werden, indem sie die Möglichkeit erhalten, ihre eigenen Vorschläge, Handlungsideen und Initiativen zu einem Sachunterrichtsthema einzubringen und sie auch umzusetzen. Durch diese Vorgehensweise entwickeln die Schüler/innen ihre Bereitschaft und Fähigkeit weiter, sich zu engagieren und Verantwortung zu übernehmen.

Konzept des integrierten Sachunterrichts

Der dritte Bereich, in dem die Partizipation von Schüler/innen realisiert werden kann, besteht in der Umsetzung des Konzeptes „integrierter Sachunterricht". Es beinhaltet, die Fragen und Erfahrungen der Schüler/innen zum Ausgangspunkt und zur Grundlage des Sachunterrichts zu machen. Die sachunterrichtlichen Themen werden nicht nach Fachstrukturen ausgewählt und gegliedert, weil das der komplexen Wahrnehmung und ganzheitlichen Verarbeitung von Kindern widerspricht. Statt dessen ist es erforderlich, komplexe Realitätsausschnitte, Phänomene und Situationen zum Ausgangspunkt des Lernens zu machen, bei deren Bearbeitung jeweils verschiedene Fachaspekte in unterschiedlicher Gewichtung herangezogen werden. Damit tritt im integrierten Sachunterricht an die Stelle einer Addition verschiedener Fachaspekte die Untersuchung von Fragestellungen und Problemen, wie sie sich Kindern stellen.
Der integrierte Sachunterricht konkretisiert so den Partizipationsgedanken. Neue inhaltliche Aspekte eines Themas, die durch die Kinderfragen zum Ausdruck kommen, werden gleichwertig zu den von der Lehrkraft geplanten Inhaltsaspekten in den Unterricht aufgenommen. Dies führt zur inhaltlichen und als Folge hiervon auch zur methodischen Beteiligung der Schüler/innen bereits in der Planungsphase der Unterrichtseinheit und setzt sich fort in der Durchführungsphase. In der gemeinsamen Auswertungsphase werden dann die Kritik und die Verbesserungsvorschläge der Schüler/innen bei der weiteren Arbeit im Sachunterricht berücksichtigt. Die Partizipation von Schüler/innen kann sich also konkret darauf beziehen, was gelernt wird, wie gelernt wird, mit wem gelernt wird, und schließlich wie das Gelernte dokumentiert und präsentiert wird.
Beispiel ‚Strom und Stromerzeugung'. Bei dieser Unterrichtseinheit, die ein Referendar meines Seminars durchführte, traten beide Formen von Partizipation auf. Erstens

die vom Referendar intendierte „Partizipation als Angebot" im Sinne der Beteiligung der Schüler/innen an der Planung, Gestaltung und Auswertung des Themas durch Kinderfragen. Zweitens entwickelten die Schüler/innen unerwartet für den Referendar Eigeninitiative, in dem sie sich nachmittags in einer Kleingruppe trafen, um 40 Briefe zu schreiben und in die Briefkästen der Nachbarschaft zu werfen, mit dem Ziel, auf eine Ausstellung zum Thema Strom und Stromerzeugung und die damit zusammenhängenden gesellschaftlichen Probleme hinzuweisen. In diesem Fall kann die Stromerzeugung mit Hilfe von Atomkraft-, Kohlekraftwerken, Wind- und Wasserkraft ebenso wie der sparsame Stromverbrauch im Gegensatz zur Stromverschwendung als gesellschaftliche Dimension weiter herausgearbeitet werden, wenn das Recht auf eine gesunde Umwelt und das Recht auf körperliche Unversehrtheit bearbeitet werden. Nachdem die Schülerinnen und Schüler die Relevanz dieses Themas für die Gesellschaft erkannt hatten, gaben sie der Thematik durch ihre selbstinitiierte Partizipation einen explizit gesellschaftlichen Charakter, indem sie es an die Öffentlichkeit brachten.

Des Weiteren sollte ausgehend von einer aktuellen Problemlage im lokalen Umfeld der Schule, in der Kinderinteressen berührt sind (z. B. Tempo 30 im Wohnort, Schulhoferweiterung, verbesserte Ampelregelung für Fußgänger), die dafür zuständige *Institution* zielgerichtet erkundet werden. Hierdurch können die Schüler/innen problemorientiert einen Einblick in die Funktionsweise der ausgewählten Institution, z. B. Stadtverwaltung, erhalten und erfahren, welche Möglichkeiten und Grenzen der Einflussnahme und der Berücksichtigung von Kinderinteressen vorhanden sind bzw. möglicherweise eingefordert werden müssen. Prinzipiell eignen sich Institutionen der Gemeinde/Stadt, in der die Schüler/innen leben, weil sie wohnortnah sind und deshalb von den Schüler/innen besucht werden können und ihnen zugleich die Chance zur tatsächlichen Einflussnahme bieten. Hierzu können u. a. Umweltamt, Gemeindeverwaltung zählen. Ausgehend von einem konkreten Problem tragen die Schüler/innen ihr Anliegen der zuständigen Institution z. B. per Brief oder in einem Gespräch vor und äußern dabei ihre Wünsche/Meinungen. Außerdem bekunden sie ihr Bereitschaft, – falls möglich – an der Lösung des Problems bzw. Verbesserung der Situation mitzuarbeiten und machen Vorschläge bzw. fordern eine Problemlösung. Exemplarisch erhalten die Schüler/innen einen Einblick, wie eine bestimmte Institution funktioniert und inwieweit sie sie für ihre Interessen nutzen können.

Schüler/innen haben große Potentiale für die Gestaltung ihres schulischen und außerschulischen Lebens. Sie brauchen Freiräume, um Handlungskompetenzen zu entwickeln. Die Grundschule steht vor der Aufgabe, sich so weiterzuentwickeln, dass bereits Grundschulkinder als mündige Wesen ihrer Altersstufe ernst genommen werden.

Literatur

Himmelmann, G.: Demokratie lernen als Lebens-, Gesellschafts- und Herrschaftsform. Ein Lehr- und Studienbuch. Schwalbach/ Ts. 2001

Kiper, H.: Selbst- und Mitbestimmung in der Schule. Band 20, Baltmannsweiler 1997

Ramseger, J.: Das Nicht-planbare planen? In: Knauff, T. (Hrsg.): Handbuch zur Unterrichtsvorbereitung in der Grundschule. Bensheim 1979, S. 19–21

Stoltenberg, U.: „Weißt du, ..." Integration und Bedeutsamkeit von Umweltwissen für Kinder durch lokale Partizipation. In: Löffler, G. u. a. (Hrsg.): Sachunterricht zwischen Fachbezug und Integration. Bad Heilbrunn 2000, S. 201–217

9| Marlies Hempel
Vom Lebensentwurf zur Lebensplanung – das „eigene Leben" als Thema

Die gravierenden gesellschaftlichen Wandlungsprozesse – u. a. gekennzeichnet durch Begriffe wie Globalisierung, Individualisierung, Wissensgesellschaft – und der von ihnen ausgehende Einfluss auf Bildung und Sozialisation der Kinder heute verweisen auf Herausforderungen, denen sich moderner Unterricht stellen muss. Dieser Wandel kann durchaus zwiespältig betrachtet werden, denn er eröffnet auf der einen Seite neue Erfahrungsräume, Chancen, auch neue Bedürfnisse, auf der anderen Seite wachsen die Orientierungsschwierigkeiten, Unsicherheiten und Gefährdungen. Die Architektur des „eigenen Lebens" befindet sich also immer im Spannungsfeld von Individualisierung *und* Globalisierung, von Aktivität *und* Zuweisung von Anforderungen (vgl. Beck 1997, S. 17). Inhaltsauswahl und -bearbeitung im Sachunterricht müssen unter sozial- und kulturwissenschaftlicher Perspektive dieser widersprüchlichen Einheit, die Gesellschaftsanalytiker immer wieder ins Zentrum rücken, gerecht werden. Der Perspektivrahmen Sachunterricht verweist auf solche sozio-kulturellen inhaltlichen Schwerpunkte, die die gemeinsamen und auch unterschiedlichen Möglichkeiten und Interessen, Lebensstile und Deutungsmuster der Menschen in den Mittelpunkt rücken.
Wie können Kinder dieser Unterschiedlichkeit der Interessen und Lebensstile auf die Spur kommen? Wie können Mädchen und Jungen ihre subjektiven Möglichkeiten und Neigungen erfahren? Wie erleben Grundschulkinder die Unterschiede zwischen den Menschen als selbstverständlich? Wie lernen sie, konstruktiv damit umzugehen? Welchen Einfluss hat das eigene Leben auf diese Auseinandersetzung? Welche Lern-Situationen können Reflexionsprozesse über das eigene Leben auslösen und zu neuen Einsichten führen? Ein bloßes Lernen an einer Sachlogik entlang ist hier unmöglich. Die didaktischen und pädagogischen Ansprüche an die Lehrenden, subjektorientierte biographische Lernprozesse zur Aneignung solcher komplexen Lerngegenstände zu initiieren, sind hoch. Ein solcher Unterricht erfordert, von den Entwürfen des eige-

nen Selbst- und Weltverständnisses der Kinder auszugehen. Damit kann unmittelbar Einfluss genommen werden auf die Entwicklung des Selbstwertgefühls, der Lebenszuversicht und der Zukunftserwartung jedes Mädchens und jedes Jungen. Eine bewährte Form, die komplexen Probleme des eigenen Lebens im Sachunterricht zu thematisieren, sind „Lebensentwürfe" von Mädchen und Jungen. Wie sie zu Ausgangspunkten für kultur- und sozialwissenschaftliches Lernen werden und eine subjektorientierte Auseinandersetzung mit Problemen der komplexen widersprüchlichen Welt ermöglichen können, soll im Folgenden betrachtet werden.

Was sind Lebensentwürfe?

In der Biographieforschung wird zwischen dem Lebenslauf und der Biographie unterschieden. Lebenslauf wird in der Regel mit den tatsächlichen Ereignissen und ihrer Verkettung verbunden, während die Biographie die Erzählform der Lebensereignisse ist. Lebenserinnerungen und Lebensläufe stehen vor allem deshalb im Zentrum der Aufmerksamkeit, weil sie die Konzeption des Selbst am deutlichsten zeigen. Die Lebensplanung ist „ein Vermittlungsprozess zwischen biographischen Ressourcen und gesellschaftlichen Handlungsbedingungen, der durch aktive Verarbeitung der Jugendlichen stattfindet, geschlechterspezifisch unterschiedlich verläuft und der als Anpassungs- und Veränderungsprozess beschrieben werden muss" (Lemmermöhle/Nägele 1999, S. 202). Im Grundschulalter wird die Art und Weise der Bewältigung gesellschaftlicher Herausforderungen grundgelegt. Schon im Kindergarten- und Grundschulalter denken die Mädchen und Jungen recht intensiv über ihr zukünftiges Leben nach. Bei diesen Entwürfen des eigenen Lebens steht die subjektive Interpretation der Welt durch die Kinder und die Rolle der eigenen Person bei der Bewältigung der Lebensprobleme im Mittelpunkt.

Unter Lebensentwürfen von Mädchen und Jungen im Grundschulalter verstehe ich Projektionen des eigenen zukünftigen Lebens, in denen sich das Selbstbild und Werteverständnis der Mädchen und Jungen widerspiegeln. In diesen Entwürfen zeigen sich biographisch erworbene, längerfristig angelegte Orientierungen und Strategien individuellen Handelns. In den Lebensentwürfen werden die individuelle Wahrnehmung und Haltung zur eigenen Person im sozialen Kontext sichtbar, zu den damit verbundenen Handlungs- und Entscheidungsmöglichkeiten und zu den sozialen Perspektiven. Sie lassen erkennen, wie die eigene berufliche Position und die eigene Rolle in Familie und Gesellschaft jetzt und zukünftig verstanden werden. Lebensentwürfe sind geeignet, das von den sozialen Erfahrungen geprägte aktuelle Denken und die subjektiven Deutungs- und Interpretationsmuster der Kinder zu erfassen. Sie stellen ein wichtiges ethnographisches Material artikulierter Vorerfahrungen dar, das für die nachfolgende Reflexion erschlossen werden kann.

Gegenstand der Lebensentwürfe ist das eigene Leben. In die kindlichen Lebensentwürfe fließen aktuelle Erfahrungen und Einsichten, aber auch Probleme und Sorgen der Kinder ein. Es ist davon auszugehen, dass die Lebensentwürfe geschlechterspezifisch durch die für moderne Gesellschaften charakteristische „Zweigeschlechtlichkeit" mit ihren Folgen für die Geschlechterrollen, für Arbeitsteilungen und Handlungsräume

beeinflusst sind. Neben sehr realistischen Sequenzen sind solche Entwürfe durch sehr viel kindliche Phantasie gekennzeichnet, die aber stets von der Wirklichkeit gespeist ist. In der Phantasie werden z. B. bestimmte in der Realität erlebte Berufs- oder Geschlechtsrollen ausprobiert. Das Kind prüft, ob es sich damit identisch fühlen kann (vgl. Leuzinger-Bohleber/Garlichs 1993, S. 116). Die Phantasie ermöglicht dem Grundschulkind das „Gegenwärtigsein" in der Zukunft durch das Planen, das Entwerfen, das Vorwegnehmen. Wenn auch die Realisierung des Projektierten nicht zwingend folgen muss oder kann – eine logische Folge des geringen Alters der Kinder – können doch wesentliche Handlungsimpulse aus diesen Wunschphantasien erwachsen. Interessant sind für die Kinder die wechselnden Zeitperspektiven. Das Kind erfährt die „Vergegenwärtigung von Vergangenem und Zukünftigem, von Irrealem, Fremdem und Fernem. Im Überspringen der räumlichen und zeitlichen Grenzen kann der Mensch erst zum Menschen werden. Die Phantasie wird darum zur Bedingung seiner Existenz überhaupt" (Lahrmann 1972, S. 20). Die in die Lebensentwürfe phantasievoll hineingewobenen Geschichten gleichen somit Erkundungsfahrten in eine Möglichkeit, die durchaus Wirklichkeit werden kann. Sie sind der Ort, an dem Bedürfnisse, Wünsche, Sehnsüchte, Träume, Ideale wachgehalten werden (vgl. Fatke 1993, S. 58).
Das folgende Beispiel eines Jungen der vierten Klasse zeigt das eindrucksvoll:

„Ich habe eine 4-köpfige Familie. Unsere 2 Jungen und eine wunderschöne Frau. Ich bin Fußballprofi und sehr viel unterwegs. Die Straßen sollen aus Steinen gebaut werden. Und ich wünsche mir, daß kein Krieg ist oder entstehen soll. Es sollen sehr sehr viele Bäume gepflanzt werden oder dastehen. Meine Frau ist Gymnastiklehrerin. Meine beiden Söhne sind ein und drei Monate alt. Es sollen keine Autos mehr fahren und irgendwo auf dem Bürgersteig parken, sondern es sollen nur Solarautos fahren und in Steingaragen parken. Es sollen mehr Zebrastreifen und Ampeln gemacht werden und mehr Spielplätze gebaut werden, damit die Kinder Sicherheit haben."

Phantasie, Zeiterfahrung und Identität werden durch den in solchen Lebensentwürfen hergestellten Zusammenhang von Vergangenheit, Gegenwart und Zukunft gleichermaßen berührt. Bei den Entwürfen der eigenen Zukunft ist die Vergangenheit der Kinder nur indirekt in ihrem Blickfeld. Es sind neben den gegenwärtigen Wünschen, Gefühlen und Meinungen vor allem die bisher erworbenen Vorerfahrungen, die die Lebensentwürfe prägen. Neben den Wünschen und Einstellungen wird auch ein Nachdenken über Vorbilder und damit eine reflektierende Selbstbewertung ausgelöst. Über das eigene Leben nachzudenken, z. B. in Form der hier skizzierten Lebensentwürfe, dient dem Aufbau biographischer Ressourcen, lässt Reflexionen und Folgenabschätzungen zu, ermöglicht es, erste Zusammenhänge herzustellen zwischen eigenen Voraussetzungen und gesellschaftlichen Rahmenbedingungen, erzwingt erste Einsichten zu eigenen Fähigkeiten und notwendigen Anpassungsleistungen. Lebensentwürfe können so zur Voraussetzung einer kompetenten Lebensplanung werden, die z. B. die Herausbildung entsprechend notwendiger Berufswahlkompetenzen einschließt.

Warum sind „Lebensentwürfe" als Lehr-Lern-Gegenstand bedeutsam?

Die Ansprüche der modernen Gesellschaft an den Einzelnen erfordern „die Selbstorganisation des Lebenslaufes und die Selbstthematisierung der Biographie" (Beck 1997, S. 11). Die Kompetenz zu entwickeln, ein „eigenes Leben" organisieren zu können und den eigenen Lebenslauf *selbst* zu gestalten wird damit zu einer bedeutenden Entwicklungsaufgabe im Kindesalter, an deren Lösung der Sachunterricht maßgeblich beteiligt ist. Den Kindern sollte bewusst werden, dass äußere Bedingungen zwar bedeutenden Einfluss auf das eigene Leben haben, dass es aber vor allem die *eigenen* Entscheidungen, auch die *eigenen* Versäumnisse und Unfähigkeiten sind, die den Lebensverlauf prägen. Jeder Mensch konstruiert – unter Berücksichtigung des Bedingungsgefüges – im Wesentlichen seine persönliche Lebensgeschichte selbst.
Dafür suchen Kinder Vorbilder und Orientierungsmuster. Vorbilder sind personengebundene Vorstellungen, die die Funktion von Leitbildern für die eigene Entwicklung und Lebensgestaltung haben. Jüngere Kinder identifizieren sich relativ unbewusst mit Personen des Nahraumes (Eltern) und ahmen sie nach. Vorbilder, die Leitbildfunktion haben, werden von den Kindern durchaus realistisch eingeschätzt. Sie bieten Orientierungen, Lebenshilfen und Identifikationsmöglichkeiten, die bei der Bewältigung und Planung des eigenen Lebens hilfreich sein können. Für das Suchen und Finden persönlicher Leitbilder und Orientierungen müssen in der Kindheit grundlegende Fähigkeiten und Haltungen angelegt werden. Themen- und fächerübergreifend betrifft das vor allem die Ausprägung der Ich-Identität. Zur Ich-Identität gehört ein ganzes Spektrum sozialer und emotionaler Fähigkeiten, wie Selbstwertgefühl, Selbstbehauptung, Zuständigsein für sich selber; Eigeninitiative, Entscheidungsfähigkeit, Verantwortungsfreude und vieles mehr (vgl. Becker/Conolly-Smith 1975, S. 196).
Um kompetent zu werden, das „eigene Leben in die eigene Hand" zu nehmen, bedarf es vor allem einer ausgeprägten Entscheidungs- und angemessenen Reflexionskompetenz und es bedarf der Kompetenz, Bedingungen analysieren und eigenes Handeln in seinen Folgen für sich und andere einschätzen zu können. Sachunterricht muss also Kompetenzen fördern, die die Mädchen und Jungen immer besser befähigen

- das *eigene* Leben und Lernen zu reflektieren und zu verstehen,
- *selbst* Entscheidungen zu treffen,
- den *eigenen* Handlungskontext (z. B. in Familie, Schule, Arbeit, Umwelt) zu analysieren,
- Folgen des *eigenen* Handelns im sozialen Kontext auszuloten.

Dieser Ziel- und Inhaltsrahmen schließt notwendig den Blick auf die Art und Weise des Lernens ein. *Selbst*bestimmtes Lernen ist unerlässlich, um Entscheidungs- und Reflexionskompetenzen zu entwickeln. Subjektorientiertes Lehren und Lernen ist zugleich ein Weg, die soziale, kulturelle und individuelle Vielfalt im didaktischen Zusammenhang berücksichtigen zu können (vgl. Hempel 1999).

Was äußern Grundschulkinder in ihren Lebensentwürfen?

Forschungen zu den Lebensentwürfen von Kindern im Grundschulalter haben gezeigt, dass ihre Erfahrungen vom Zusammenleben der Menschen all zu oft von Klischees und stereotypen Vorstellungen „überschattet" werden. Die Selbstkonzepte beider Geschlechter zeigen unterschiedliche Vorstellungen von Gleichheit, Gerechtigkeit und der eigenen Rolle im Leben. Ein wichtiges Ergebnis dieser Forschungsarbeiten ist, dass Kinder ihre gesamte Lebenswelt – auch die Arbeitswelt der Erwachsenen – geschlechterspezifisch wahrnehmen und daraus entsprechende Einstellungen ableiten. Ein Junge der 4. Klasse ließ sich z. B. in seinen Überlegungen davon leiten, dass seine Frau später zu Hause bleiben soll, um auf die Tiere aufzupassen, während er in der Berufspraxis als Tierarzt arbeiten möchte (vgl. Hempel 1997b). Die Akzeptanz der geschlechtshierarchischen Arbeitsteilung macht auf ein Verständnis vom Verhältnis der Geschlechter aufmerksam, über das im Sachunterricht gemeinsam mit den Kindern nachzudenken ist. Die Analysen der Lebensentwürfe verdeutlichen, dass Beruf nicht nur Beruf und Hausarbeit nicht nur Hausarbeit ist, sondern dass beide für Vorstellungen von Familie und vom Geschlechterverhältnis stehen. Selbst Schülerinnen und Schüler, die patriarchales Denken überwunden haben und Erwerbsarbeit und Hausarbeit in ihren Lebensentwürfen gerecht teilen wollen, bleiben nicht unbeeinflusst von geschlechterstereotypen Denkmustern. Der nachfolgende Text eines 11-jährigen Schülers zeigt das:

„Ich bin von Beruf Chefkoch im Restaurant und bin verheiratet mit meiner Frau und zwei Kindern. Meine Frau ist von Beruf Modedesignerin. Für mich ist es schon wichtig, dass beide aus der Familie arbeiten gehen und nicht dass die Frau zu Hause sitzt und das Haus aufräumt und kocht. Na klar, ich werde mich auch mal mit meinen Freunden treffen und dann muss eben halt meine Frau aufräumen, aber sonst geht sie arbeiten. Aber eigentlich gehört es ja dazu, dass die Frau das Haus in Ordnung hält. Denn die Männer müssen ja auch meistens körperlich schwer arbeiten."

Sehr früh sollten daher die Lehrerinnen und Lehrer mit den Kindern der Frage nachgehen: 'Wer oder was bin ich und was will ich einmal sein'. Das hilft den Heranwachsenden, in der späteren konkreten und entscheidenden Phase der Berufswahl, „Wagnisse" einzugehen, die nicht den Verlust, sondern die Stärkung der Identität ermöglichen. Noch immer scheint Berufswahl in starkem Maße identitätsbelastend zu sein, wenn die ‚Geschlechternormativa' nicht eingehalten werden. Wie stark die Kinder durch solche geschlechtertypisierenden Zuschreibungen beeinflusst werden, zeigt die Antwort der Kinder auf die Frage: „Würdest du einen anderen Beruf wählen, wenn du ein Mädchen bzw. Junge wärst?" (vgl. Hempel 1997a). Für fast die Hälfte der Kinder ergaben sich aus der Perspektive des anderen Geschlechts völlig andere gesellschaftliche Konstellationen und geschlechtszuschreibende Erwartungen, denen sie sich anpassen wollten. Das führte zu einer Änderung der eigenen Wünsche. Die Antworten wurden damit begründet, dass „man dann (als Junge/Mädchen) andere Interessen hätte", dass „man (als Junge) dann Technisches besser versteht", dass „man dann (als Mädchen) nicht so etwas Schweres arbeiten könnte" usw. Einerseits lässt das auf eine gut ausgeprägte Fähigkeit zur Perspektivenübernahme schließen, andererseits verweist dieser Umstand auf das Problem, dass sich viele Mädchen und viele Jungen immer noch zu schnell „geschlechtsrollenangepasst" verhalten und die eigene individuelle Perspektive unter einem bestimmten Erwartungsdruck nicht durchhalten. In der Theorie der Perspektivenübernahme wird das Verstehen des anderen von vornherein als das Rekonstruieren seiner Perspektive von einer bestimmten Situation aufgefasst (vgl. Geulen 1982, S. 53), d. h., es müssen ausreichende Informationen über das Bezugssystem zur Verfügung stehen, damit die Rekonstruktion der Perspektive der anderen möglich wird. Ganz offensichtlich sind die Informationen, die beide Geschlechter voneinander haben, äußerst gering und durch viele Vorurteile belastet.

Das betrifft auch das Problem der Vereinbarkeit von Beruf und Familie. Wenn sich im Schulalter die Berufswahrnehmungen durch die Erweiterung der Lebensbereiche und durch neue Umweltkonstellationen ausdifferenzieren – die Berufsbegiffe am Schulanfang spiegeln fast ausschließlich die familialen Lernumwelten wider (vgl. Glumpler 1998) – dann muss auch dieses nicht immer so offensichtliche Problem thematisiert werden. Darüber nachzudenken, scheint immer noch eine Domäne der Mädchen zu sein.

Forschungen zu Lebensentwürfen von Kindern (vgl. Hempel 1999) zeigen, dass neben der antizipierten eigenen Berufstätigkeit und der teilweisen Thematisierung des Vereinbarkeitsproblems zu den am häufigsten von den Kindern in ihren Lebensentwürfen thematisierten Elementen gehören:
– die Art und Weise der persönlichen Lebensgestaltung (Familie, Kinder, Single-Leben etc.),
– die privaten Lebensverhältnisse (Arbeitsteilung, Tagesablauf, Partner/in etc.),
– die Wohnverhältnisse (Villa, Einfamilienhaus, eigene Wohnung),
– Besitztümer (Geld, Autos, Haus mit Pool und Garten usw.),
– Aussagen zur Verbesserung der Welt,
– Entdeckungen und Erfindungen,
– Vorbilder.

In den Lebensentwürfen neigen die Kinder dazu, vieles zu überspitzen und phantasievoll auszuschmücken. Diese Wunschvorstellungen bieten dennoch viele Anknüpfungspunkte für den Unterricht. Besonders die Überlegungen der Kinder, was sie zukünftig verändern würden, sollten die Lehrerinnen und Lehrer im Sachunterricht aufgreifen:
– Umwelt schützen,
– Frieden schaffen,
– Hunger und Armut beseitigen,
– Verbrechen und Drogen bekämpfen,
– Tiere schützen und pflegen,
– Schulstress abbauen,
– Arbeitslosigkeit beseitigen (vgl. Hempel 2000).

Die vielfältigen Vernetzungsmöglichkeiten mit anderen Unterrichtsthemen und anderen Fächern liegen auf der Hand. Sie ermöglichen subjektive Bezüge, z. B. das

Auffinden von und Nachdenken über verschiedene Formen von Arbeit, das Erschließen der Funktionen von Konsumgütern im Zusammenleben der Menschen, das Erkennen der Ursachen von Armut und Reichtum in der Gesellschaft und im eigenen Leben, das Kennenlernen der Tagesabläufe, Wohnsituationen und Familienstrukturen, das Erfassen der unterschiedlichen Lebensbedürfnisse und Sichtweisen anderer Menschen usw. Bei der Auseinandersetzung mit diesen Inhalten, die ihren Bezugspunkt in den individuellen Sichtweisen auf das Leben haben, erwerben die Kinder auch methodische Kompetenzen, um mit neuen Fragestellungen umzugehen. Sie werden ermutigt, sich an der Gestaltung ihrer Umwelt zu beteiligen indem sie z. B. Partizipation üben – Argumentieren lernen – Informationen sammeln und auswerten – Meinungen bilden – Problemlösungen entwerfen und aushandeln – Erkundungen vorbereiten, durchführen und auswerten – Dokumentieren können – Fallbeispiele darlegen (vgl. Perspektivrahmen 2002, S. 12 f.).

Wie sind Lebensentwürfe im Unterricht zu thematisieren?

Für die Lehrerinnen und Lehrer stellt sich die schwierige Frage, wie die Mädchen und Jungen motiviert werden können, über ihr eigenes Leben intensiv nachzudenken. Zu einer wichtigen Voraussetzung gehört, die kindliche Phantasie anzuregen. Die Phantasie der Kinder ermöglicht ein Einnehmen anderer zeitlicher und räumlicher Perspektiven und ein (gedankliches) Spiel mit Tatsachen und Visionen, mit Möglichem und Unmöglichem, mit Varianten und Entscheidungen.
Möglich sind Phantasiereisen in die Zukunft, Gespräche über das Leben als Erwachsene, Wunsch- und Zaubergeschichten. Diese können Ausgangspunkte für Gesprächskreise sein, aber auch für die Produktion von Texten, Zeichnungen, Collagen, Büchern u.ä. Integriert in unterschiedliche Unterrichtsmethoden können die o.g. fachdidaktischen Intentionen dann sehr variabel umgesetzt und der Lernsituation angepasst werden. Aus der Fülle der Möglichkeiten sollen im Folgenden drei Anregungen für die eigene Unterrichtstätigkeit skizziert werden, die den Kindern eine Vielzahl subjektorientierter Lernwege ermöglichen:
– die Produktion von Texten zum eigenen Lebensentwurf,
– die Analyse von Lebensentwürfen (Fallanalyse) und
– Projekte zum Lebensentwurf.

Texte zum eigenen Lebensentwurf

Wenn kindliche Lebensentwürfe zum Gegenstand des Sachunterrichts gemacht werden sollen, eignet sich besonders die Methode des freien Schreibens (Produktion freier Texte, Erfinden von Geschichten etc.). Sie hat sich in der Forschung und vor allem im Unterricht bereits vielfach bewährt, um mit Hilfe der Sprache der Kinder kindliche Alltagserlebnisse und Erfahrungen erschließen zu können. Freinet, einer der Reformpädagogen, der „die Idee des freien Textes in umfassender Weise kultivierte" (Röhner 2000, S. 206) ging davon aus, dass freie Texte den Kindern erlauben, eigene

Gefühle und Gedanken auszudrücken und sich damit nach außen zu wenden (vgl. Freinet 1980, S. 45). Die bisherigen Untersuchungen zu kindlichen Lebensentwürfen zeigen, dass diese Methode sehr gut geeignet ist, die Kinder zu freien ungezwungenen Äußerungen über ihre subjektiven Wünsche, Träume, Ideen anzuregen, die für ihr eigenes Leben bedeutungsvoll sind. Werden Kinder herausgefordert, in freien Texten über ihr Leben nachzudenken, werden – wie entsprechende Forschungsarbeiten belegen – die sozialen Erfahrungen der Kinder mit Strukturen, Traditionen und Werten sichtbar, die das aktuelle Denken der Kinder prägen. Sie ermöglichen auch einen Einblick in das bisher Erlebte und decken nicht selten Probleme auf. Die Texte erlauben es den Lehrerinnen und Lehrern daher bei aller Phantasie, die Erfahrungen und Bedeutungszusammenhänge der Kinder in den von ihnen geschilderten Kontexten inhaltsanalytisch zu erfassen, zu interpretieren und für die Auseinandersetzung im Unterricht zu erschließen.

Die Lehrenden spielen bei der Anregung zum Schreiben des Lebensentwurfs eine große Rolle. Um Texte zum eigenen Leben zu produzieren, müssen die Lehrenden den Kindern viel Zeit einräumen, damit sie in der Lage sind, sich frei und ungezwungen zu äußern. Einleitend sind sehr ausführliche Motivationen und gut durchdachte Anregungen nötig. Von ihnen hängt wesentlich ab, welche Schwerpunkte die Kinder in diesen Entwürfen aufgreifen. Hier besteht die Gefahr, dass den Kindern zu viele Vorgaben gemacht und schon zu viele Beispiele diskutiert werden. Das kann dazu führen, dass sich die Lebensentwürfe von Kindern sehr ähneln (z. B. dachten in einer Klasse sehr viele Kinder darüber nach, was sie in ihr Testament schreiben würden).

Die Ähnlichkeit der Zukunftsskizzen verweist in der Regel auf die Art und Weise und die strukturierenden Elemente der einleitenden Motivation des Lehrers. Die Texte zeigen, dass sich Schülerinnen und Schüler im Grundschulalter sehr stark durch Eingangsimpulse leiten lassen. Will man die Schwerpunkte im Denken der Kinder über ihr zukünftiges Leben ermitteln, sollten also möglichst wenige inhaltliche Impulse erfolgen. Hier reicht es aus, wie die Erfahrungen zeigen, nur das Thema zu benennen, z. B.:
– „Mein Leben in 20 Jahren" oder
– „Wie stelle ich mir mein Leben als Erwachsene/r vor?"

Um die Phantasie der Kinder anzuregen könnte man ausrechnen lassen, wie alt sie dann wären und wie sie dann gerne leben würden. Sie könnten sich auch ausdenken, wie ein „normaler" Tagesablauf in ihrem Leben dann aussehen würde. Die auf dieser Basis produzierten Texte erlauben Einblicke in die subjektive Schwerpunktsetzung und ermöglichen damit Rückschlüsse auf das, was Kindern im Leben von Erwachsenen wesentlich erscheint (Beruf, Familie, Vereinbarkeit von beidem, Kinder, Besitztümer etc.).

Sollen die Ausführungen allerdings in eine bestimmte Richtung gelenkt werden, wäre eine entsprechende Themenspezifizierung sinnvoll, z. B.:
– „Wie soll die Technik mein Leben in der Zukunft verändern?"
– „Welchen Beruf möchte ich einmal ausüben?"
– „Was würde ich in der Welt von Morgen verändern?"

dreizehnjährige *Mädchen*

Wenn ich die ~~zwölfjährige~~ Schule auf dem Helm-Holtz-Gymasium hinter mir habe will ich in Oxford Physik oder Mathematik studieren. Dann möchte ich Natur- und Physikforscher auf einem Boot werden wo ich drei Jahre bleibe. Danach würde ich mich gern nach Amsterdam zurück ziehen. Dort will mein Leben als Naturforscher weiterführen. Vielleicht würde ich auch ein kleines Café in der Altstadt eröffnen. Mein größter Wunsch ist es mein Hobby, das Segeln, auch während der Studienzeit beizubehalten. Einen Mann oder Kinder zu haben hatte ich eigentlich nicht vor. Ich hoffe das mich das Verlangen nach Sport selbst in meinen siebzigern nicht nachlässt. Am liebsten möchte ich viele Haustiere haben. Dafür eignet sich ein Bauernhof. Die Haustiere, die ich liebe sind viele Huskys, Pferde, Karninchen und Tasane. Mein sehnlichster Wunsch ist kein großkotziger Erwachsener zu werden und meine Kindheit nicht zu vergessen.

5. Klasse

Marc   25.2.94

Aufsatz

Wie ich mir mein Leben und Arbeiten in 20 Jahren vorstelle.

Ich würde mir für mein Leben als 30 Jähriger Mann vorstellen das ich bei meinen Eltern lebe und nie heirate. Ich würde mir ein Käfer kaufen mit dem ich vielleicht manchmal durch die Welt reisen kann. Dann würde ich mir einen ordentlichen Beruf suchen. Zum Beispiel Tischler. Ich würde meinen Eltern Geld pumpen wenn sie welches bräuchten. Ich würde wenn ich groß bin Abends in Gaststetten gehen Billiard spielen und ein kleines oder großes Bier trinken. Dann würde ich wenn's dunkel ist wieder nach hause gehen und vorm schlafen meinen Eltern einen Gutennachtkuß geben so das sie gut träumen können.

<u>Mädchen:</u> Meine Schulausbildung soll sein bis zum Abitur. Unterrichts Fächer Rechtschreibung, Mathe, English, Französisch und vielleicht auch noch Computer lernen. Mein Berufswunsch: Ich möchte gerne Hotelfachfrau werden, dazu brauche ich die Fächer.
Ich möchte gerne ein großes Haus haben. mit Familie. Ich will verheiratet sein mit 1,2 Kinder und einer Katze ein Hund dur auch. Mein Man sol halbtagsarbeiten! Die Erziehung sol mittelmäßig sein nisch so streng aber auch nich zu verwöhnt. Wenn ich alt bin und die Kinder ihr eigenes Leben füren, möchte ich reich sein damit ich was zu erben hab.

Mein Testament:

Wenn ich tot bin vererbe ich alles also mein Haus und mein Geld an meine Kinder.

– „Wie stelle ich mir das Leben in einer Familie vor, wenn ich erwachsen bin?"

Bei jüngeren Kindern ist es sinnvoll, recht konkrete Vorstellungen über das einleitende Unterrichtsgespräch zu entwickeln. Schon Kinder ab Klasse 3 sind durchaus in der Lage, ihre Vorstellungen vom zukünftigen Leben zu Papier zu bringen. Ergänzungen durch Zeichnungen oder Collagen sind sinnvoll.

Besonders im Hinblick auf das eigene Geschlechtsrollenverständnis und die eigene Lebenshaltung müssen sich die Lehrenden bewusst sein, dass sie selbst einem bestimmten Denken verhaftet sind. Je offener der Schreibanlass ist, um so mehr Möglichkeiten haben die Kinder, die eigenen Ideen umzusetzen und sich nicht von der Lebensauffassung und den Ideen der Lehrenden einschränken zu lassen.

Der Umgang mit den Texten kann sehr vielen Intentionen folgen. So können die Texte, wie oben angedeutet, als ethnografisches Material der artikulierten Vorerfahrungen von den Lehrenden benutzt werden. Hier könnten z. B. anonyme Sequenzen als Gesprächsanlässe aus den Entwürfen herausgelöst werden. Sie können auch zu Texten für Fallanalysen (siehe Fallstudie) werden. Hier wäre es notwendig, die Kindertexte zu anonymisieren und maschinenschriftlich zur Verfügung zu stellen. Lebensentwürfe können aber auch von den betreffenden Kindern selbst vorgetragen und in Gruppen diskutiert werden. Aus den Schwerpunkten der Texte lassen sich Themen herausfiltern, die die Kinder besonders interessieren und die in anderen Zusammenhängen näher betrachtet oder erforscht werden könnten (siehe Projekt). Wichtig ist von Anfang an transparent zu machen, wie diese Entwürfe verwendet werden sollen. Die Kinder müssen wissen, was mit ihren Lebensentwürfen passiert, ob ihre Arbeiten anonym bleiben können oder in der Klasse zur Diskussion gestellt werden.

Fallstudie

Die Fallstudie ist ein kasuistisches Verfahren in den Sozialwissenschaften. Sie unterzieht ein aktuelles politisches oder soziales Problem einer eingehenden analysierenden Betrachtung. Dabei sollte jeder Fall möglichst in allen Dimensionen bearbeitet und in einen gesellschaftlichen Gesamtzusammenhang gestellt werden. In Anlehnung an Franke (1981) und Kaiser (1971) könnten im Sachunterricht die Teilschritte gemäß der Tabelle ablaufen.

Fragen und Nachfragen, Lesen und Vergleichen, Nachschlagen oder Informationen sammeln sind bei diesem Vorgehen ebenso unerlässlich, wie die intensive Reflexion eigener Wünsche und Vorstellungen. Den Kindern sollte ein anonymer Lebensentwurf schriftlich vorliegen. Dabei kann sichtbar gemacht werden, dass Lebensentwürfe etwas sehr Intimes und Individuelles sind. Verwendet der Lehrer/ die Lehrerin die Lebensentwürfe, die in der Klasse erstellt wurden, sollten die Kinder das vorher erfahren. Jedes Kind wird dann auch nur die Dinge äußern, die es selbst den anderen mitteilen möchte. Um ein hinreichendes Verständnis für den Lebensentwurf anderer zu entwickeln, sollte bereits über das eigene Leben nachgedacht worden sein. Es wäre also sinnvoll, wenn bereits eigene Texte vorliegen würden – aber auch Zeichnungen, die die eigene Zukunft thematisieren sind denkbar. Sinnvoll erscheint, die Fallanalyse in

Didaktische Absicht	Beispiel/Schülerarbeit
1. PROBLEMBEGEGNUNG (das Problem erfassen; Klarheit über den Fall gewinnen)	– Lesen eines Textes mit dem Lebensentwurf einer Schülerin/ eines Schülers
2. INFORMATION (das Informationsmaterial analysieren; zusätzliche Informationen sammeln)	– wichtige Aussagen herausarbeiten (unterstreichen, markieren) – Aussagen ordnen (zu Arbeit, Wohnung, Wünsche, Ängste)
3. EXPLORATION (erkunden der Voraussetzungen und Wege, wie Entwürfe realisiert werden könnten)	– Befragung von Experten, zu den Voraussetzungen bestimmter Berufe, – nennen von Bedingungen, die eine Erfüllung der Wünsche ermöglichen könnten, – Wege aufzeigen, um Sorgen/ Ängste zu verringern
4. VERGLEICH (eigene Vorstellungen mit dem Textmaterial vergleichen)	– bewerten der Lebenswegvorstellungen aus dem Text, – beurteilen, ob Mädchen und Jungen gleichermaßen diesen Weg beschreiben könnten – einzelne Aussagen mit eigenen Vorstellungen und Wünschen vergleichen
5. DISPUTATION (kritische Würdigung des Textbeispiels als eine Möglichkeit das eigene Leben zu gestalten, eigene Vorstellungen darlegen)	– Besonderheiten im Textbeispiel würdigen, – Begründungen für den eigenen Lebensentwurf finden, – in einer Collage die wichtigsten Wünsche für das eigene zukünftige Leben zusammenstellen

Kleingruppen- oder Partnerarbeit zu bewältigen. Dabei könnten die Gruppen unterschiedliche Fälle bearbeiten, es könnte jeweils der Lebensentwurf eines Mädchens und eines Jungen zur Verfügung gestellt werden. Alle Gruppen könnten aber auch an dem gleichen Fall arbeiten. Für die Auswertung im Klassenverband hätte das den Vorteil, verschiedene Meinungen und Lösungen zu einem Fall zu gewinnen und die Diskussion auf Grund der gleichen Ausgangs- und Informationssituation intensiver führen zu können.

Diese Form der Fallstudie ermöglicht das respektvolle Umgehen mit den Lebensweisen und Lebensentwürfen anderer, erhöht die Sensibilität für eigene Entscheidungen und fördert die Reflexionsfähigkeit. Durch ein solches Vorgehen wird auch die Kritikfähigkeit gefördert und die Schüler/innen üben sich darin, rational begründete Entscheidungen zu treffen. Gleichzeitig werden Fertigkeiten des Lesens und Analysierens von Texten weiter entwickelt und die Schüler/innen werden veranlasst, eigene Positionen zu verteidigen.

Projekt: „Mein Leben in der Zukunft"

Um ein Bewusstsein für die Möglichkeit der aktiven Selbstgestaltung des eigenen Lebens anzubahnen, ist selbstbestimmtes Lernen unerlässlich. Projekte eignen sich dafür in besonderer Weise, weil sie vor allem forschend-entdeckendes Lernen ermöglichen und die Neigungen und Interessen der Schülerinnen und Schüler in hohem Maße berücksichtigt werden können. Ergebnisse von Projekten sind dabei ein geeigneter Anlass, das Dokumentieren zu üben. Forschendes, entdeckendes und erkundendes Lernen zu initiieren bedeutet, die Kinder zum Suchen, Finden und Darstellen von Informationen und Problemlösungen zu veranlassen, Impulse zu geben, subjektiv neue Erkenntnisse und Einsichten zu gewinnen, neue Fragen aufzuwerfen usw. Ein Schüler, der selbsttätig entdeckt, Probleme findet und löst, lernt Informationen so zu verwenden und umzuorganisieren, dass sie zur Beantwortung einer Frage tauglich werden. Entdeckungen steigern die Gedächtnisleistung und die Freude an ihnen führt zur Steigerung der Wissbegier und des Willens etwas zu können (vgl. Soostmeyer 1999).

Ohne an dieser Stelle näher auf projektorientiertes Lernen einzugehen, sollen hier vor allem Anregungen zu den entscheidenden Abschnitten des Lernens in Projekten genannt werden, die ich bezeichne als Zielsetzungs- und Planungsphase, Ausführungs- bzw. Lösungsphase sowie Beurteilungs- und Reflexionsphase der erzielten Ergebnisse. Die Umsetzung eines derartigen Projekts in der Schule erfordert eine offene Planung. Man muss offen bleiben können für unvorhergesehene Entwicklungen und Ideen der Kinder, für veränderte Bedingungen und Stimmungen. Trotzdem sind für die o.g. Abschnitte der Arbeit am Projekt grundsätzliche Überlegungen zur Inhalts- und Verlaufsplanung unerlässlich. Insgesamt kann und darf das Projekt aber nicht bis ins Detail von den Lehrenden vorausgeplant werden.

Die pädagogische und didaktische Zielsetzung des hier vorgeschlagenen Projektes (als Projekttag oder Projektwoche zu gestalten) könnte vor allem darin bestehen, eine Sensibilisierung für die eigene geschlechtliche Identität zu erreichen und das Bewusstsein zu schärfen, den individuellen Stärken und Neigungen für die Gestaltung des eigenen Lebens auf die Spur zu kommen. Gegenüber dem eigenen Selbst kompetent zu sein erfordert auch, sich der Notwendigkeit der eigene Planungs- und Gestaltungsfähigkeit seines Lebens zunehmend bewusst zu werden. Sozialkompetenz können die Mädchen und Jungen in diesem Projekt vor allem durch das kooperative Lernen in Kleingruppen gewinnen, aber auch, indem den Mädchen und Jungen Raum zur Kommunikation und zur gegenseitigen Wertschätzung innerhalb der eigenen Geschlechtergruppe ermöglicht wird und die Mädchen und Jungen zu gegenseitiger Akzeptanz und Achtung ihrer Lebens- und Berufsentwürfe angehalten werden. Die Sachkompetenz der Kinder sollte dahingehend erweitert werden, Zusammenhänge von individueller Lebensgestaltung und gesellschaftlichen (Geschlechter)verhältnissen zu erkennen. Der Beitrag zur Erweiterung der Methodenkompetenzen im Rahmen eines solchen Projektes ist – entsprechend der zu lösenden Aufgaben – vielfältig: Informationen sammeln und auswerten, Problemlösungen entwerfen und aushandeln, Erkundungen vorbereiten, durchführen und auswerten, kooperieren und kommunizieren, Fragen stellen und Hypothesen entwerfen.

Zielsetzungs- und Planungsphase

Die sachspezifischen und didaktischen Überlegungen zu diesem Thema sollten im Rahmen der konkreten Klasse und Lernsituation durch ein zieltransparentes und die Kinder aktiv einbeziehendes Vorgehen (z. B. durch „brain storming", „mind mapping") umgesetzt werden. Das Thema bietet eine Fülle inhaltlicher Vernetzungsmöglichkeiten, die möglichst breit mit den Kindern zu erschließen sind. Die Ausgangsproblematik könnte von den Kindern dadurch erfasst werden, dass sie über das spannende Problem nachdenken sollen, was wohl in 20-30 Jahren aus ihnen geworden ist. Diese Überlegungen sollten auch andere Menschen, z. B. die Eltern einbeziehen: Warum haben Mutter und Vater, Oma und Opa ihren Beruf ergriffen? Warum sind einige Menschen besonders berühmt und anerkannt (Politiker/innen, Popstars, Wissenschaftler/innen)?

Damit könnte der Ausgangspunkt einer intensiven Auseinandersetzung mit dem Thema geschaffen sein. Die Mädchen und Jungen der Klasse müssen nun gemeinsam darüber diskutieren, wie dieses Thema bearbeitet werden könnte, was alles dazu gehören würde und wie man im Rahmen der Klasse vorgehen und die Aufgaben verteilen könnte. Die Grobplanung könnte so aussehen, dass zunächst erkundet wird, welche Vorstellungen die Kinder in der Klasse vom eigenen Leben haben. Eine interessante Forschungsaufgabe kann für die Mädchen und Jungen auch darin bestehen, das Leben von Erwachsenen und von berühmten Persönlichkeiten zu erforschen. Es sind weitere Überlegungen nötig: Welche Personen wollen wir erforschen? Wie wollen wir vorgehen? Welche Gruppen übernehmen welche Aufgaben? Mit welchen Mitteln und Verfahren können wir unser Ziel erreichen? Wie wollen wir das Vorgehen organisieren? Wie wollen wir später unsere Ergebnisse präsentieren?

Ausführungs- bzw. Lösungsphase

Auf der Basis der von den Kindern produzierten Lebens- und Zukunftsentwürfe (als Texte oder als Ergebnisse entsprechend strukturierter Arbeitsbögen – Beispiele siehe dazu in Hempel 1997b) können die Kinder im Rahmen von Kleingruppen die Lebensentwürfe zusammenfassen und auswerten, z. B. auf einer Wandzeitung.

– Welche Berufe möchten die Kinder erlernen?
– Was möchten die Kinder auf der Welt verändern/ verbessern?
– Wie wollen die Kinder als Erwachsene leben?
– Wie wollen sie wohnen?
– Was möchten sie besitzen?
– Welche Träume und Wünsche haben sie?

Im Anschluss daran könnten die Kinder in den Gruppen die vereinbarten Probleme erforschen: die Lebensplanung und Berufsorientierung (Ziele, Hindernisse, private und gesellschaftliche Ereignisse) von Eltern, Großeltern, (Kommunal)politikern, von berühmten Persönlichkeiten. Dazu müssen in den Gruppen angemessene Forschungsfragen formuliert werden.

Es wäre z. B. auch denkbar, mit Arbeitsblättern, die von den Kindern selbst entworfen werden, ungewöhnliche bzw. besonders interessante Berufe zu erkunden. Es könnten Meinungen der Erwachsenen zu diesen Berufswünschen der Kinder ermittelt werden. Wenn in der Mitte des Blattes ein Junge bzw. Mädchen dargestellt ist, die/der in der „Sprechblase" zum Ausdruck bringt, dass das Mädchen z. B. Bundeskanzlerin und der Junge z. B. Kindergärtner werden will, könnten Mutter/Vater/Oma/Opa nach ihren Meinungen dazu befragt werden. Über diese Perspektive ließen sich die unterschiedlichen Rollenbilder der verschiedenen Generationen sichtbar machen. In der Ergebnisdiskussion könnten die damit zusammenhängenden Probleme (geschlechterspezifische Arbeitsteilung, Bezahlung der Berufe, Qualifikationsansprüche, Laufbahnen etc.) thematisiert werden. So kann ein Verständnis dafür angebahnt werden, wie sich durch soziale, ökonomische und kulturelle Veränderungen in der Gesellschaft die tradierten Vorstellungen über Beruf und Rolle der Geschlechter („Das ist doch nichts für ein Mädchen!") wandeln.

Die möglichen Aktivitätsformen sind so vielfältig, dass kaum alle genannt werden können: z. B. Fragen formulieren, Fragebögen entwickeln, Interviews führen, Fallbeispiele darlegen, Informationen sammeln und auswerten, Lesen von Lexika, Biografien usw. Texte erstellen, Zeichnungen und Skizzen anfertigen, Auskünfte einholen, bestimmte Personen suchen und befragen. Auch die in der Schule anzutreffenden Berufsgruppen wären ein interessanter Gegenstand für das forschende Lernen (Warum sind Sie Schulleiter/in geworden?, Wie kann man das „erlernen"?, Was muss ich tun, um das auch zu werden?) Neben dem Sammeln von Informationen und anderen Aktivitäten, lernen die Kinder dabei das eigene Vorgehen zur Lösung eines Problems oder einer Frage zu durchdenken, zu diskutieren, zu planen, auszuwerten, zu dokumentieren, sie lernen zu beobachten, zu vergleichen, Aussagen zu überprüfen und zu begründen, zu kommunizieren und zu kooperieren.

Beurteilungs- und Reflexionsphase der erzielten Ergebnisse

Die erzielten Ergebnisse müssen innerhalb der Gruppen so zusammengestellt werden, dass sie der Klasse präsentiert und verständlich erklärt werden können. Die Kinder müssen dazu angehalten werden, ihren Forschungsprozess zu reflektieren. Folgende Fragen können dabei hilfreich sein:
– Welche Ziele hatten wir angestrebt und haben wir sie erwartungsgemäß erreicht?
– Welche Tätigkeiten waren besonders interessant und anregend?
– Welche Personen sollten in die Klasse eingeladen werden, um aus dem eigenen Leben zu berichten?

Auch die anderen Gruppen sind nun aufgefordert, die Ergebnisse zu sichten, Fragen zu stellen und die Ergebnisse zu bewerten. Die im Rahmen des projektorientierten Lernens immer wieder genannte Produktorientierung ist dabei nicht mit der Herstellung von Produkten gleichzusetzen. Produktorientierung bedeutet, dass auch neue Einsichten und Erkenntnisse ein akzeptables Resultat des Projektlernens sind. Sichtbare Ergebnisse/Produkte zu präsentieren, macht aber den Kindern Spaß und es erleichtert ihnen das Verständnis des Gesamtzusammenhangs. Die Ergebnisse könnten z. B. auf Wandzeitungen, in Heftern/ Ordnern oder auch in Form von Collagen zusammengestellt und präsentiert werden, um sie der Reflexion zugänglich zu machen. Die künstlerischen Gestaltungsmöglichkeiten und die Freude am Suchen, Schneiden, Kleben sprechen für diese sehr erfolgreiche Methode der Auseinandersetzung mit den erzielten Ergebnissen. Eine Ausstellung und Erklärung der Collagen kann anregender Ausgangspunkt für das weitere Arbeiten am Thema sein. Hier eignet sich auch Gruppenarbeit in geschlechtshomogenen Gruppen. Die sollte im Endergebnis zeigen, dass Mädchen und Jungen zukünftig potentiell die gleichen Möglichkeiten und gleichen Verpflichtungen in Beruf und Familie haben. (Untersuchungen haben gezeigt, dass in solchen Collagen viele Jungen immer noch weitgehend die ausschließliche Vorbereitung auf die Erwerbsarbeit antizipieren und Familie als „Frauensache" begreifen, während viele Mädchen die Vereinbarkeit von Beruf und Kindern als individuelles Frauenproblem betrachten und darstellen.)

Die Reflexionsphase ist ein didaktisch hochsensibler Abschnitt. In dieser Phase werden nicht nur die Ergebnisse diskutiert und bewertet, es werden vor allem Anknüpfungs- und Ausgangspunkte für das weitere Lernen erzeugt. Mit Hilfe der im „Perspektivrahmen Sachunterricht" (2002) entwickelten Dimensionen könnten beim Thema „Mein Leben in der Zukunft" weitere soziokulturelle Probleme aufgegriffen werden, wie z. B. das Zusammenleben in der Familie, die Rolle der Arbeit und ihre Bedeutung für die Menschen (Hausarbeit, Arbeitsteilung, Schularbeit, Erwerbsarbeit, Arbeitslosigkeit, unbezahlte Arbeit). Unter *historischer Perspektive* könnten Berufe und Arbeitsstätten erkundet werden (z. B. Backen zu Hause, in der Bäckerei, in der Brotfabrik). Dabei könnte das Leben auf einem Bauernhof früher aus der Perspektive eines Bauern, einer Bäuerin und eines Knechts, einer Magd erzählt und auch der Wandel der Lebensverhältnisse durch Erfindungen von Alltagsgegenständen erforscht werden (z. B. die Erfindung der Glühlampe). Auch die geschichtliche Entwicklung technischer Geräte und Systeme (Bohrgeräte, Waschmaschine, Verkehrsmittel) könnten in den Auswirkungen auf das Leben der Menschen/bzw. einer konkreten Person erkundet werden. Das kann zum gemeinsamen Nachdenken über die Möglichkeiten des einzelnen Menschen, sein eigenes Leben und die Lebensumstände aktiv beeinflussen zu können, führen. Unter eher *technischer Perspektive* sind in diesem Kontext Erfindungen und Kulturleistungen der Menschheit zu berücksichtigen (Buchdruck, Konservierung von Lebensmitteln, Papier, Fahrzeuge, Kommunikations- und Informationsmedien wie z. B. der Computer). Auch hier bieten sich Betrachtungen der technische Entwicklungen im Vergleich von früher und heute in ihren Auswirkungen auf Mensch und Umwelt an (Backen/Waschen/Hausbau/Papierherstellung früher und heute). Unter *raum- und naturwissenschaftlicher Perspektive* empfiehlt es sich, Arbeitsplätze und Betriebe des Ortes oder Probleme des Umweltschutzes zu erkunden. Im Zusammenhang mit bestimmten Berufen wären sogar Zugänge denkbar, physikalische oder chemische Vorgänge transparent und in ihren Auswirkungen auf konkrete Menschen interessant zu machen.

Fazit

Den Kindern im Unterricht die Möglichkeit zu geben, angeleitet forschend und entdeckend das eigene Leben und den Lebensverlauf anderer Menschen in den Blick zu nehmen eröffnet Möglichkeiten, sich der Besonderheit und Einzigartigkeit des eigenen Lebens bewusster zu werden. Im Sachunterricht ist die Wertschätzung des eigenen Lebens anzubahnen. Dazu sind Möglichkeiten aufzuzeigen, selbst aktiv dieses Leben zu gestalten. Das Bewusstsein sollte entwickelt werden, selbst für den Verlauf des eigenen Lebens verantwortlich zu sein und sich den Umständen nicht passiv ausgeliefert zu fühlen. Schon Grundschulkinder müssen lernen, das Leben in die „eigene Hand" zu nehmen. Authentische Modelle für die unterschiedlichsten Lebensentwürfe bieten eine unverzichtbare Erweiterung des eigenen Blickfeldes, um über den eigenen Mikrokosmos hinaus Erfahrungen zu ermöglichen und das Interessensspektrum breiter als bisher zu entwickeln.

Literatur

Beck, U.: Eigenes Leben. Ausflüge in die unbekannte Gesellschaft, in der wir leben. München 1997

Becker, A./ Conolly-Smith, E.: du-ich-wir. Handbuch der emotionalen und sozialen Erziehung. Ravensburg 1975

Fatke, R.: Kinder erfinden Geschichten. Erkundungsfahrten in die Phantasie. In: Duncker, L./ Maurer, F./ Schäfer, G. E. (Hrsg.): Kindliche Phantasie und ästhetische Erfahrung. Langenau-Ulm 1993, S. 47–62

Franke, P.: Methoden und Medien aus der Sicht sozialer und politischer Bildung. Donauwörth 1981

Freinet, C.: Pädagogische Texte. Hamburg 1980

GDSU (Gesellschaft für Didaktik des Sachunterrichts) (Hrsg.): Perspektivrahmen Sachunterricht. Bad Heilbrunn 2002

Geulen, D.: Perspektivenübernahme und soziales Handeln. Frankfurt a. M. 1982

Glumpler, E.: Berufsorientierung als Auftrag grundlegender Bildung. Empirische Studien – Konsequenzen für den Sachunterricht. In: Marquardt-Mau, B./Schreier, H. (Hrsg.): Grundlegende Bildung im Sachunterricht. Bad Heilbrunn 1998, S. 211–232

Hempel, M.: Lebensentwürfe von Grundschulkindern – ein Forschungsthema für den Sachunterricht. In: Marquardt-Mau, B./ Köhnlein, W./ Lauterbach, R.: Forschung zum Sachunterricht. Bad Heilbrunn 1997 (a), S. 169–189

Hempel, M.: Der Traum vom zukünftigen Leben – Lebensentwürfe von Mädchen und Jungen. In: Sache-Wort-Zahl, 25(7), (1997 b), S. 39–45

Hempel, M. (Hrsg.): Lernwege der Kinder. Subjektorientiertes Lernen und Lehren in der Grundschule. Baltmannsweiler 1999

Hempel, M.: Das „eigene Leben" als Zukunftsthema in der Grundschule. In: Frohne, I. (Hrsg.) Sinn- und Wertorientierung in der Grundschule. Bad Heilbrunn 2000, S. 141–158

Kaiser, F. J. (Hrsg.): Fallstudien. Praktische Fälle aus der Arbeits- und Wirtschaftswelt. Stuttgart 1971

Lahrmann, L.: Phantasie und elementares Lernen. Paderborn 1972

Lemmermöhle, D./ Nägele, B.: Lebensplanung unter Vorbehalt. Mössingen-Talheim 1999
Leuzinger-Bohleber, M./ Garlichs, A.: Früherziehung West – Ost. Weinheim und München 1993
Röhner, C.: Freie Texte als Selbstzeugnisse des Kinderlebens. In: Heinzel, F. (Hrsg.): Methoden der Kindheitsforschung. Weinheim 2000, S. 117–130
Soostmeyer, M.: Lernen durch Entdecken. In: Hempel, M. (Hrsg.): Lernwege der Kinder. Subjektorientiertes Lernen und Lehren in der Grundschule. Baltmannsweiler 1999, S. 102–131

10 | Kristina Calvert
Wer bin ich? Philosophieren mit Kindern

„Jeder Mensch sollte im Leben einmal fünfzehn Minuten lang berühmt gewesen sein, hat Andy Warhol gefordert. Stell dir vor, du bist berühmt, sagte Peter Loewy zu seinen Schülern in einer Schule für verhaltensauffällige Kinder. Und setze dich auf diesen Stuhl so, wie du für die Zeitung fotografiert werden möchtest" (Elschenbroich 2001, S. 162).
Einmal wirklich berühmt sein! Dies ist sicher ein Wunsch, den alle Kinder haben: Einmal wie Batman durch die Luft fliegen, oder wie Superman die Welt retten. Wie Pippi Langstrumpf mit dem starken Adolf ringen und alle Kinder jubeln einem zu! Wie kann man es allen Kindern bei Klassenstärken von 30 Kindern ermöglichen, einmal eine Heldin/ ein kleiner Held zu sein? Reicht es aus, dass man Kinder auf einen Stuhl setzt und sie so tun lässt, als seien sie berühmt? Wie kann man das Vertrauen in das Können der Kinder stärken? Können wir – auf unserer Suche nach Möglichkeiten – wissen, was sie am Besten können oder am Besten tun sollten, um eine Heldin oder ein Held sein zu können? Kann es überhaupt jemanden geben, der besser als das Kind selbst weiß, wer es ist und was es ist? Wie kann man dem Nachdenken der Kinder über diese Fragen Raum geben? Wie kann man sie in ihrer Fragehaltung stärken, ihre Neugierde und ihren Spaß am Wundern über die Welt wach halten, ohne dass sie orientierungslos werden? Wie kann man ihr Vertrauen in ihr Können und damit ihr Selbstbewusstsein stärken, wie es vor allem von Grundschulpädagogen gefordert wird: *Kinder, die sich in der Unübersichtlichkeit heutiger Lebensverhältnisse zurechtfinden müssen, sind auf eine zunehmende bewusstere Beziehung zu sich selbst und ihrer sozialen dinglichen Umwelt angewiesen. Nur wer sich seiner selbst bewusst ist, kann selbst bewusst handeln* (vgl. Faust-Siehl u. a. 1996). Das Philosophieren, d. h. das ‚Selber denken' – ‚Miteinander denken' – ‚Weiter denken' von Kindern und Erwachsenen über ein philosophisch relevantes Thema ist ein Weg, auf dem man sein eigenes „Ich" klarer begreifen und sich Vorstellungen von seinem „Selbst", seiner Identität machen kann.

Ausgangspunkt des Philosophierens ist Neugierde. Man möchte wissen, was einen umtreibt. Was ist das? fragen die Lehrer die Kinder, fragen die Kinder die Lehrer und Eltern. Vor allem auch im Sachunterricht begegnet uns die Frage ständig. Was ist das? (Vgl. Martens 1992, S. 65 ff.) Von Kindern und Philosophen kennen wir diese bohrende Frage, die uns in solche Unruhe versetzt: Was ist das? Was ist Tugend? Was ist Schönheit? Was ist die Seele? Was ist nach dem Tod? Was ist hinter den Zahlen? Fragen, die der Philosoph Sokrates und mit ihm Kinder stellen, um nach dem allgemeinen Wesen einer Sache zu forschen. In Platons Dialog *Phaidon* denken der Philosoph Sokrates und sein Freund Phaidon darüber nach, „Was das Wesenhafte des Menschen sei" (Platon 1988, S. 27 ff.). Was macht das Wesen aus? Ist es die Seele? Ist es der Körper? Wo und was ist das „Ich"? Sokrates interessiert sich nicht dafür, was von irgendwem zu irgendeiner Zeit „wesenhaft" genannt wird, ihn interessiert das allgemeine Wesen des „Wesenhaften" – das Wesenhafte an sich und für sich.

Kinder im Grundschulalter interessieren sich nicht nur für die Frage, wie Dinge ihrer direkten wahrnehmbaren Umgebung funktionieren. Sie stellen auch Fragen, die darüber hinaus die Bedeutung der Dinge – an sich und für sich – erforschen. Die neunjährige Zarah fragt zum Beispiel: „Warum ist der Himmel blau und nicht grün?" Cheyenne, ihre Mitschülerin in der Philosophiegruppe, neun Jahre alt, schreibt: „Woher weiß ich, dass ich freundlich bin?" Wie Dinge funktionieren, lernen Kinder schnell. Die Schule hilft dabei, indem sie ihnen methodisch-didaktisch aufbereitete Informationen anbietet. Die Frage danach aber, was die Freundschaft zur Freundschaft macht und woher man wissen kann, ob man freundlich ist, ist eine philosophische Frage, genau wie die Frage des Phaidon nach dem Wesenhaften – eben eine philosophische „Was ist das?" Frage. Bei derartigen Fragen setzt das *Philosophieren mit Kindern* an.

Seit der Zeit der Reformpädagogik findet man im deutschsprachigen Bereich Überlegungen, die das philosophische Denken von Kindern thematisieren und es in das *Zentrum* des Unterrichts stellen wollen. So attestiert der Reformpädagoge Nohl bereits Vierjährigen die Fähigkeit zum philosophischen Denken und entwickelt didaktische Überlegungen, die dieses Denken fördern kann (vgl. Martens 1989, S. 8 ff.). An dieses Konzept knüpft der hier vertretene Ansatz an. Zwei wesentliche Strömungen entwickelten sich in den letzten zwanzig Jahren. Der weltweit wahrscheinlich verbreitetste Ansatz der „Kinderphilosophie" ist *Philosophy for children* (P4C). Diese *Philosophie für Kinder* entwirft einen eigenen Kanon der zu vermittelnden philosophischen Inhalte. Der Kanon wird vorgegeben, wobei als wesentliches Merkmal des philosophischen Denkens das synthetische Denken betont wird, d. h. die Fähigkeit in logisch-diskursiven Begriffen zu denken. Das *Philosophieren mit Kindern* legt den Schwerpunkt neben der Einübung in das logisch-argumentative Denken auf das kreative Denken. Das kreative Denken in den philosophischen Kontext von Unterricht zu stellen, bedeutet eine Erweiterung des traditionellen Verständnisses von Philosophie als Begriffsklärung in diskursiven, eindeutigen Zeichen. Das kreative Denken produziert präsentative, mehrdeutige Zeichen, so lautet hier die Grundthese, die dazu dienen, dem philosophischen Denken der Kinder eine weitere Ausdrucksmöglichkeit einzuräumen. Keiner der Ansätze des Philosophierens mit Kindern, ob es die logisch-

argumentative Schule des „Philosophie für Kinder" – Ansatzes ist oder die eher dialogisch-pragmatisch ausgerichtete Schule des „Philosophierens mit Kindern" kann und will Funktionswissen vermitteln. Der hier vertretene Ansatz legt den Akzent innerhalb des Philosophierens mit Kindern auf Suche und Ausdruck von Deutungen. Auf der Suche nach Bedeutung bilden die Kinder Zeichen oder auch Symbole, die wiederum Anlass bieten, nach neuen Deutungen zu suchen. Dies sind so genannte präsentative Symbole, die neben den diskursiven Symbolen Referenzpunkte für weiteres Nachdenken darstellen. Philosophieren mit Kindern ist im wesentlichen ein Symbolisierungsprozess, ein Zeichenbildungsprozess (vgl. Calvert 2000).
Die „Was ist das?" Fragen der Kinder sind der Ausgangspunkt für die gemeinsame Suche nach Bedeutung und für den Versuch, einen angemessenen Ausdruck für die Bedeutungen zu finden. Wenn Kinder fragen: Was ist das? fühlt man sich als Erwachsener oft genötigt, sich selbst als Lexikon zu verstehen. Man schlägt nach, was das gesammelte Wissen auf die jeweilige Frage als Antwort bereithält. Es folgt der Gang in die Bibliothek und man schaut in den „Was ist was?" Büchern nach guten Antworten auf die „Was ist das?" Fragen. Doch wie oft hat man das Gefühl, die Frage des Kindes eigentlich so nicht ganz verstanden zu haben; z. B. „Was ist das?" Zeit. Doch anstatt bei der Frage zu bleiben, formuliert man sie neu: Du möchtest gerne wissen, wie die Uhr funktioniert oder wer die erste Uhr erfunden hat! Oft ist dies die erste Reaktion, wenn einem ein Kind eine „Was ist das?" Frage stellt. Schon verändert man die Frage des Kindes, um sie dem eigenen Wissensstand anzupassen, um ihm eine klare Antwort geben zu können. Gemeinsam mit Kindern über *ihre* „Was ist das?" Fragen nachzudenken, führt zum Philosophieren mit Kindern und dem Muster dieses Ansatzes:

Haltung:
Philosophieren ist ein offener, vorläufiger Deutungsprozess, in dem es wesentlich darum geht, selber zu denken/ vom anderen her zu denken/ weiter zu denken. Er dient der Suche nach immer klareren Bedeutungen.

Inhalt:
Der Inhalt richtet sich nach der Erlebnis- und Ereigniswelt der Kinder, diesen Raum kann man auch in die vier Fragen unterteilen, in die Kant die Philosophie teilt:
Was kann ich wissen – Erkenntnislehre – „Warum heißt Apfeltorte ‚Apfeltorte'?"
Was soll ich tun? – Ethik – „Was ist eine gute Tat?"
Was darf ich hoffen? – Metaphysik – „Ist die Welt der Menschen freundlich?"
Was ist der Mensch? – Philosophische Anthropologie – „Kann es jemanden geben, der besser als ich weiß, wer ich bin?"

Methode:
Die Methoden, die eingesetzt werden, dienen sowohl der Anregung des logisch argumentativen als auch der Anregung des kreativen Denkens. D. h., dass philosophische Gespräche, Gedichte, Geschichten, Bilder, Begriffsmoleküle, Hypertexte (siehe www.philokids.de oder Calvert 2003), theatrale Zeichen zum Einsatz kommen.
Im Sachunterricht aus der sozial- und kulturbezogenen Perspektive gibt es gute Gründe, um Kindern Wissen zu vermitteln, so zum Beispiel, wenn es um folgende Aspekte geht:

- Mitgestaltungsmöglichkeiten für Kinder im Schulleben
- Einrichtungen und Verfahren zur Partizipation am gesellschaftlichen Leben außerhalb der Schule
- Techniken zur Beschaffung, Auswertung und Beurteilung von Informationen
- unterschiedliche Ansätze der Gesprächsführung
- die Kunst des Zuhörens

Neben diesem Bereich steht die Seite des Sachunterrichts, der sich auf die Förderung der Nachdenklichkeit der sozial- und kulturbezogenen Fragen bezieht:
- Wer bin ich?
- Spiele ich eine Rolle, wenn ich Tochter oder Sohn, Schüler oder Freundin bin?
- Kann es jemanden geben, der besser als ich weiß, was gut für mich ist?
- Was ist mein besonderes Wesenhaftes?
- Habe ich ein Recht anders zu sein, als meine Nachbarn es für mich meinen?

Hinter die Dinge zu gehen, Formulierungen zu finden, die zumindest vorläufige Klarheit bringen und die Welt gemeinsam nach immer besseren, weiteren Deutungen abzusuchen, das ist die philosophische Seite des Sachunterrichts.
Für die Praxis bieten sich folgende Methoden an:

Theatrale Zeichen/Texttheater (Gefert 2002; Müller 2002)
Aus der Geschichte „Irgendwie Anders" (Cave/Ridell 1994) werden zwei Personen ausgewählt, die entgegengesetzte Positionen vertreten. Z. B. bei „Irgendwie Anders": „Irgendwie Anders" und einer der „Normalen Gruppe". Jeweils ein Teilnehmer stellt sich stellvertretend für diese Positionen zur Verfügung. Im Folgenden ordnen sich alle Teilnehmer einer Position zu und äußern einen Satz, der aus ihrer Sicht zu einem der beiden passt. Jeder merkt sich genau seinen Satz, z. B. ‚Der sieht so anders aus, ich habe Angst!' Und: ‚Ich würde so gerne mit ihnen spielen.' Nun stellen sich alle Teilnehmer nacheinander vor die Gruppe und dirigieren die einzelnen Deutungen: Jeder Teilnehmer wiederholt seinen Satz so oft er von dem Dirigenten drangenommen wird. Auf diese Weise entstehen immer wieder neue Begriffsmuster/-Melodien, die zu neuen, weiteren Deutungen herausfordern.

Denkmal:
Aus dem philosophischen Gespräch werden wesentliche Begriffe herausgenommen: z. B. Normal/Ich/Fremd/Vertraut und von mehreren Teilnehmern in Form einer Statue zum Ausdruck gebracht.

Begriffsmoleküle (Calvert 2001)
Die Teilnehmer bauen Begriffsmoleküle. Die Arbeit am Molekül ermöglicht eine anschauliche Produktion sowie Rezeption eines philosophischen Begriffs. Nach und nach wächst das Molekül, wobei überlegt werden muss, welcher Aspekt in dem dreidimensionalen Gebilde mit welchem kombiniert werden kann, d. h. welcher Aspekt z. B. nah am zentralen Begriff steht und welcher weiter entfernt ist und warum dies so ist. Am Ende der philosophischen Sequenz wird das Molekül wieder angebaut – Philosophieren ist ein vorläufiger Deutungsprozess.

Beispiel aus einer zweiten Klasse

Die Kinder stammen aus einem so genannten sozialen Brennpunkt und philosophieren die zweite Stunde miteinander. Nachdem die Kinder die Geschichte von Irgendwie Anders gehört haben, bauen sie gemeinsam ein Begriffsmolekül zu dem Begriff „Ich" (s.o.). Sie erhalten die Aufgabe, Aspekte zu nennen, die aus ihrer Sicht zu dem „Ich" gehören. Folgende Begriffe werden genannt: Ich/Wort/Haare Gedächtnis/Seele/Herz/Gehirn/Geist/Augen.

L.: Gut, ihr habt Aspekte des Begriffes genannt. Wohin soll ich die Zettel heften? Haben alle Aspekte direkt mit dem „Ich" zu tun? Sollten sie nah am „Ich" sein oder weiter weg?"
Wir beginnen mit dem Begriff „Wort". „Wort" wird nicht direkt in die Nähe des „Ich" gesetzt.
Simon: „Es hat ja nur von außen etwas damit zu tun."
Sarah: „Leben sollte aber direkt beim „Ich" sein. Das Leben ist ja „Ich". Ich gibt es nur, wenn es noch lebt."
L.: „Ist das „Ich" weg, wenn das Leben zu Ende ist?"
Alina: „Das glaube ich nicht, die Seele ist ja eigentlich das „Ich", und die ist ja auch da, wenn kein Leben ist."
Phini.: „Aber vielleicht vergeht das „Ich" so im Laufe von Jahren!"
Lotta: „Ich glaube, dass die Seele so in dem Körper ist und auch da so reinkommt. Also, wenn das Baby ganz klein ist im Bauch, dann bekommt es eine Seele."
Sarah: „Aber wenn man schon eine Seele hat, nachher bekommt das Baby zwei Seelen, dann kommt alles durcheinander. Bei zwei Seelen. Und, wenn man alt wird, dann wird doch auch die Seele alt, und wie ist das dann, wenn eine alte Seele in ein Baby geht? Und außerdem, ist dann nicht ein „Ich" in verschiedenen Menschen?"
(Calvert 2003).

Die Kinder formulieren erste Thesen zu der Frage: Was ist das Ich?
– Das Leben ist Ich
– Die Seele ist Ich

Sie prüfen und hinterfragen die Behauptungen und Vorstellungen der anderen und denken gemeinsam ihre Thesen weiter. Sie überprüfen ihr Wissen auf Ähnliches und übertragen dies auf die neue Fragestellung:
– Dinge sind vergänglich, so könnte dies auch für die Seele gelten.
– Die These der Seelenwanderungen wird von ihnen selbstständig überprüft.

Kristina Calvert

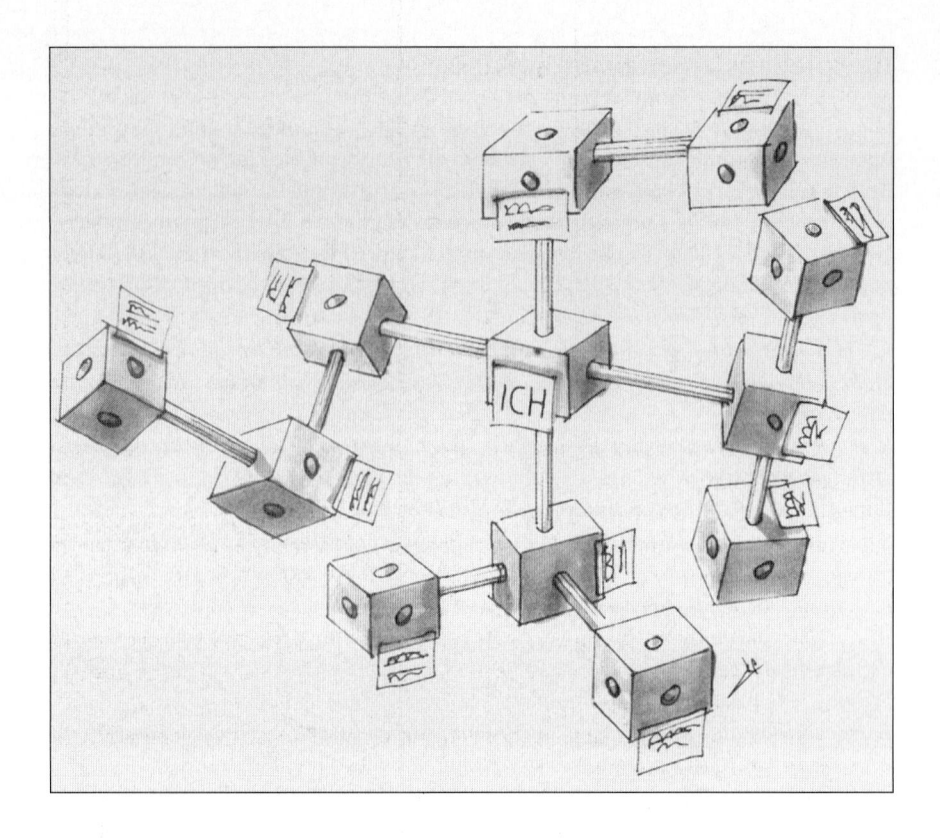

Das philosophische Gespräch

1. Es folgt den Regeln des geordneten Austauschs von Gedanken.
2. Viele Themen werden nur angesprochen, ausgewählte werden weitergeführt.
3. Manche Überlegungen werden auch einfach nur so stehen gelassen, die Gesprächsteilnehmer ziehen Schlussfolgerungen, obwohl das Gespräch einen offenen Ausgang hat. Matthews betont sogar, dass ein Konsens am Ende eines Gespräches nicht erreicht werden muss. Er betont die Kraft der philosophischen Perplexität für das kritische Denken, die er für unerlässlich hält: „*Nichts motiviert tiefe Reflexion mehr als das Erkennen, dass man etwas nicht zufrieden stellend erklären kann*" (Matthews 1989, S. 11–26).
4. Das Anerkennen der nicht zufrieden stellenden Lösung eines philosophischen Problems ermöglicht dem Kind einen egalitären Gedankenaustausch mit Erwachsenen. Dies stärkt das Selbstwertgefühl des Kindes.
5. Keiner der Gesprächspartner übt auf den anderen Druck aus, damit er sich zu einem bestimmten Thema äußert.
6. Keiner der Gesprächspartner hat eine dominierende Rolle. Alle versuchen etwas zu lernen.

7. Es werden Informationen ausgetauscht.
8. Jeder Gesprächsteilnehmer hört dem anderen aufmerksam zu und antwortet auf angemessene Art und Weise. Die Kinder knüpfen an die Beiträge der Gesprächspartner an und führen es weiter.
9. Aussagen werden begründet.
10. Ein philosophisches Gespräch zeichnet sich durch Warmherzigkeit aus.
11. Die Rolle des Lehrers ist die eines aufmerksamen, kompetenten Zuhörers, der versucht, mit zwei Ohren und nicht mit einem dritten immer schon interpretierenden Ohr zu hören. So kann das Gespräch gruppenorientiert geleitet werden.
12. Durch Leitfragen kann der Lehrer Impulse zum Philosophieren geben. Diese Leitfragen müssen sich aber immer am aktuellen Stand der jeweiligen Stunde orientieren.
13. Durch unterstützende Fragen fördert der Moderator logisches und kreatives Denken der Kinder:
– Er fragt nach Situationen, Erlebnissen, Beispielen aus ihrem Leben: Ist dir so etwas schon einmal passiert? Hast du schon einmal darüber gelesen? Kannst du ein Beispiel nennen für deine Ansicht? Oder: Kennst du ähnliche Situationen vielleicht aus Büchern, die du gelesen hast?
– Er fordert die Kinder auf, an die Ansicht der vorhergegangenen Teilnehmer anzuknüpfen: Kannst du das, was Inan eben gesagt hat, mit in dein Denken aufnehmen? Wie stehst du dazu?
– Er fordert sie zu Gedankenexperimenten heraus: z. B. Was wäre, wenn Tassen nach oben fliegen würden?
– Er unterstützt die Bildung von Metaphern, nimmt sie als Ausgangspunkt weiterer Denkschritte, korrigiert keine vermeintlich falschen Begriffe, sondern stellt sie zur Diskussion: Ist „Durchsichtbar" nicht vielleicht in dieser Situation angemessener als „Durchsichtig"?
– Und er unterstützt alle Wege, die dem kreativen philosophischen Dreischritt: Selber Denken/ Miteinander Denken und Weiter Denken dienen.

Calvert, K.: Mit Metaphern philosophieren. München 2000
Calvert, K.: Ästhetische Dimensionen von Hypertexten beim Philosophieren mit Kindern. In: Calvert, K./ Lecke, B. (Hrsg.): Mediendidaktische Forschung und medienübergreifendes Lernen im (Deutsch)-Unterricht. München 2003, S. 197ff.
Calvert, K./ Calvert, C.: Philosophieren mit Fabeln. Heinsberg 2001.
Cave, K./ Riddell, C.: Irgendwie Anders. Hamburg 1994
Elschenbroich, D.: Weltwissen der Siebenjährigen. Wie Kinder die Welt entdecken können. München 2001
Faust-Siehl, G./ Garlichs A. u. a.: Empfehlungen zur Neugestaltung der Primarstufe. Die Zukunft beginnt in der Grundschule. Hamburg 1996
Gefert, Ch.: Didaktik theatralen Philosophierens. Dresden 2002
Lipman, M.: Thinking in Education. New York 1991
Martens, E.: Sich im Denken orientieren. Hannover 1989
Martens, E.: Die Sache des Sokrates. Stuttgart 1992

Literatur

Matthews, G. B.: Mit Kindern über die Welt nachdenken. Philosophie als vernunftgemäße Rekonstruktion. In: Grundschule, (3), (1989), S. 14–17

Müller, H.-J.: Vom Blitzlicht zum Standbild. In: Grundschule, (10), (2002), S. 14–15

Platon: Phaidon oder über die Unsterblichkeit der Seele. Übersetzt und erläutert von Otto Apelt. (3 Aufl.): Hamburg 1988

Ökonomisches
und
politisches Lernen

11 | Eva Gläser
Modernisierte Arbeitsgesellschaft – didaktisch-methodische Überlegungen zum ökonomischen Lernen

Der aktuelle Wandel, den die moderne Arbeitswelt zur Zeit erfährt, ist in seiner Komplexität mit jenem vergleichbar, der die westliche Welt vor rund 200 Jahren von der Agrar- in die industrielle Arbeitsgesellschaft führte. Als Dienstleistungs- bzw. Informationsgesellschaft wird das sich manifestierende Modell umschrieben und Begriffe wie *Leiharbeit*, *working poor*, *Jobsharing* und *Arbeitslosigkeit* kennzeichnen zunehmend das moderne Arbeitsleben. Der Blick auf den momentanen Wandel wäre jedoch eingeschränkt, wenn dieser nur auf die konkreten Arbeitsformen und -inhalte gelenkt würde. Das veränderte Arbeitsleben wirkt sich nicht nur auf die Situation am einzelnen Arbeitsplatz aus, vielmehr beinhaltet dieser Wandel eine vielfältig veränderte Lebenswelt für jeden Einzelnen. Historische Beispiele belegen dies anschaulich: die Entstehung der modernen Kleinfamilie, die Zunahme der Bedeutung von schulischer Bildung oder auch der Wandel der Frauenrolle sind ebenso im Kontext von verändertem Arbeitsleben zu begreifen. Auch die aktuellen Neuordnungen innerhalb der Arbeitswelt können in ihren Auswirkungen nicht nur auf Arbeitsformen und -inhalte reduziert werden. Massive Umgestaltungen sind in allen Bereichen des gesellschaftlichen Lebens spürbar. Inwieweit Grundschulkinder von diesen Transformationen gleichermaßen betroffen sind, wird daher zu thematisieren sein. Dies beinhaltet auch die Frage, ob Kinder im Sinne von politischer Sozialisation diese Vorgänge deuten können und welche konkreten Vorstellungen sie zu der sie umgebenden Arbeitswelt besitzen, insbesondere zu dem gesellschaftlichen Schlüsselproblem Arbeitslosigkeit. Vor diesem Hintergrund wird anschließend ökonomisches Lernen in seinen Zielsetzungen und Inhalten kritisch hinterfragt und schließlich werden mögliche inhaltliche Bausteine aus fachdidaktischer Sicht aufgezeigt.

Arbeitswelt im Umbruch – von der Industrie- zur Dienstleistungsgesellschaft

Flexibilität, Globalisierung, Individualität, Liberalisierung und Dezentralisation sind Begriffe, mit denen die modernisierte Arbeitsgesellschaft oft umschrieben wird (vgl. von Weizsäcker 1998, 12). Damit wird deutlich, dass nicht nur der technische Fortschritt für die veränderte Arbeitswelt kennzeichnend ist, sondern auch die „Auswirkungen auf den persönlichen Charakter", was Sennett exemplarisch am Aspekt der Flexibilisierung verdeutlicht. „Flexibler" Kapitalismus impliziert für den einzelnen Arbeitnehmer, „offen für kurzfristige Veränderungen zu sein, ständig Risiken einzugehen und weniger abhängig von Regeln und förmlichen Prozeduren" zu leben (1998, 10). Im Gegensatz dazu sei bis in die 70er Jahre des 20. Jahrhunderts das Leben für jeden noch als „lineare Erzählung" zu begreifen gewesen, was nach Sennett hieß, Gewissheit über Beruf, Rentenalter und Status in der Gesellschaft zu haben. Nicht nur der gesamte Lebensverlauf erscheint flexibilisiert, auch täglich erfahrbare Dimensionen wie Zeit- und Arbeitsorganisation sind betroffen und erfordern damit vom Einzelnen neue Lebensmuster. Prekäre Beschäftigungsverhältnisse werden zunehmend zur Normalität und zugleich wird die so genannte „Normalbiographie" generell „brüchig" (Beck 1999, 9). Einen dauerhaften Vollzeitarbeitsplatz habe in wenigen Jahren, so prognostiziert Beck, nur noch jeder zweite Arbeitnehmer. Vor allem Frauen seien hiervon betroffen, da sie weiterhin mit der doppelten Belastung leben müssten.

Trotz dieser massiven Veränderungen wird häufig – dem Bild der Industriegesellschaft weiterhin verhaftet – wirtschaftliche Tätigkeit in drei Sektoren aufgeteilt: landwirtschaftlicher, industrieller oder Fertigungssektor und Dienstleistungssektor (auch primärer, sekundärer und tertiärer Sektor genannt). Diese historisch begründete Unterteilung wird einem modernen Arbeitsbegriff nicht mehr gerecht und dies nicht nur, weil diese Einteilung ausschließlich Erwerbsarbeit einbezieht (vgl. Giarini/ Liedke 1998, 38). Fabrikarbeit, typisch für den sekundären Sektor, wird im Jahr 2020 schätzungsweise nur noch von weniger als 2 % aller Beschäftigen ausgeübt werden (vgl. Beck 1999, 48). Ebenso bedeutsam wie diese quantitative Reduzierung ist auch die qualitative Veränderung der Massenproduktion: Die herkömmliche Fließbandarbeit wird von einer grundlegenden Neuorganisation der Massenproduktion verdrängt, teamorientierte Werkstattfertigung lässt die horizontale funktionale Arbeitsteilung der Vergangenheit angehören. Teamfähigkeit wird somit für alle Arbeitnehmer der Fertigungsindustrie als Qualifikation unerlässlich.

Automatisierung führt nicht nur zu anderen Produktionsbedingungen, auch die derzeitige strukturelle Arbeitslosigkeit, die signifikant für die moderne Arbeitsgesellschaft ist, wird häufig mit dieser legitimiert. Als Gründe für die Erwerbslosigkeit von rund 20 Millionen Menschen in der Europäischen Union benennt Beck (2000) jedoch nicht nur veränderte Produktionsbedingungen (Automatisierung). Vielmehr erkennt er als Ursachen übergreifende gesellschaftliche Veränderungsprozesse der vergangenen Jahrzehnte wie „Bildungsexpansion, kollektive Anhebung des Wohlstands, räumliche und soziale Mobilität, Durchsetzung und Verinnerlichung von zivilen, politischen und sozialen Grundrechten, Marktabhängigkeit, steigende Scheidungsziffern" (S. 28).

Über die Zukunft der Arbeitswelt liegen zahlreiche Visionen vor. Gemeinsam ist allen Szenarien die Erkenntnis einer gravierenden Wandlung der Arbeitswelt: „Die Leitidee der Vollbeschäftigung zerfällt: Zwei Prozent Arbeitslose, Normalarbeit als Regelfall, soziale Identität und Sicherheit qua Job – das ist Geschichte" (Beck 1999, 189 f.). Relativierend ist der These vom „Ende der Arbeitsgesellschaft", die seit Jahrzehnten die Diskussion beherrscht, entgegenzuhalten, dass eine Vollbeschäftigung, wie sie für einige Jahrzehnte des 20. Jahrhunderts nachzuzeichnen ist, für andere Zeiten ebenso nicht nachzuweisen ist. Es wäre eindimensional, die Darstellung von Arbeitswelt lediglich auf diese kurze Zeitspanne im 20. Jahrhundert zu lenken und diese als „Norm" zu deklarieren. Der kultur-historische Bedeutungswandel zeigt vielmehr anschaulich, wie das Verständnis und auch die Bedingungen von Arbeit sich im Laufe der Jahrhunderte veränderten (vgl. Ammen 1993; Kocka/ Offe 2000). Während in der Antike noch derjenige als arm galt, der arbeiten musste, so setzte sich, auch durch das aufkommende Christentum, ein anderes Verständnis durch: Nichtarbeit wurde nun als Armut begriffen und widersprach dem gesellschaftlichen Ideal. Dass der Arbeitsbegriff heute fast ausschließlich mit Erwerbsarbeit gleichgesetzt wird, kann mit dessen zentraler Bedeutung für die moderne Gesellschaft erklärt werden: „Als Norm und als Realität ist Erwerbsarbeit zentral für die Kultur und den Zusammenhalt unserer Gesellschaft. Umgekehrt wird der lebenslängliche Verzicht auf die bzw. der Ausschluss von der Erwerbsarbeit (etwa als ‚Nur-Hausfrau') heute als eine ebenso rückständige wie riskante Lebensform betrachtet. Entsprechend positiv wird ‚Erwerbsarbeit' in der Regel gewertet: als Mittel der Daseinsvorsorge, als Inhalt sinnvoller Lebensgestaltung, als Wert und als Sinn" (Kocka/Offe 2000, 10). Ein moderner Arbeitsbegriff sollte – wie zuvor ausgeführt wurde – auch Hausarbeit, Familienarbeit und ehrenamtliche Arbeit integrieren. Eine Definition, die dies ebenso wie die Verknüpfung von Ökonomie und Ökologie mitberücksichtigt, formuliert Ammen: „Arbeit ist die körperliche und geistige Auseinandersetzung des Menschen mit der Natur, mit den materiellen und geistigen Werkzeugen dazu und mit den produzierten materiellen und geistigen Gütern. Der Mensch ist angehalten, die Natur als Ausgangspunkt seiner Auseinandersetzung zu erhalten. Der Arbeitsprozess verhilft ihm zur Entfaltung seiner Persönlichkeit" (Ammen 1993, 147 f.).

Zu den Auswirkungen des Strukturwandels auf Kinderleben

Die soziale und kulturelle Konstruktion, die Kindheit mit Arbeitsverbot gleichsetzt, ist nachweislich im Schwinden. „Die Grenzlinien zwischen der Lernwelt der Kinder und der Arbeitswelt der Erwachsenen haben sich an vielen Stellen verschoben, sind durchbrochen und verschwimmen" (Hengst/Zeiher 2000, 11). Neuere Untersuchungen ergaben, dass der Eintritt in das erste tätige Erwerbsleben bereits mit 12 bis 14 Jahren geschieht (vgl. Ingenhorst 2000). Die Gründe für diese ersten bezahlten Tätigkeiten sind allerdings nicht in einer finanziellen Notlage zu sehen, sondern in dem Wunsch der Kinder und Jugendlichen, ihre eigenen Konsumwünsche erfüllen zu können. Auch das schulische Dasein wird im Zusammenhang von Kind und Arbeit grundsätzlich neu hinterfragt. Qvortrup (2000) sieht in dem schulischen Handeln von Kindern, ihrer Schularbeit, eine „gesellschaftlich notwendige Arbeit und einen Beitrag zur Vermehrung des Humankapitals" insgesamt (S. 41). Er stellt daher die Frage, warum alltägliche Schularbeit nicht als Teil von Familienleistung gesehen wird und neben der Erwerbsarbeit der Erwachsenen als gleichwertig gilt. Ebenso offen ist meines Erachtens die Frage, wieweit Kinder diese veränderte Sicht auf schulisches Handeln selbst assoziieren, sie ihre schulischen Vormittage als Arbeit begreifen. Die Frage, ob und in welcher Form Kinder von der Arbeitslosigkeit Erwachsener betroffen sind, kann nicht präzise beantwortet werden. Die übergreifenden Auswirkungen, die als Folgen von Arbeitslosigkeit auf Familie und Kinder bislang festgestellt wurden, können in vier zentrale Kategorien zusammengefasst werden:

1. Veränderungen in der Haushaltsfunktion (materielle Einschränkungen, Wohnen, Gesundheit)
2. Veränderungen in den sozialen Bezügen (Bedeutung des sozialen Netzwerks, Stigmatisierungsprozesse und Folgen des Familismus)
3. Veränderungen innerhalb des Systems Familie (Rollenflexibilisierung seitens der Eltern und Gewichtung der Kinderrolle)
4. Beeinträchtigungen der Sozialisationsfunktion der Familie (Erziehungsverhalten in Armuts- und Arbeitslosenfamilien) (vgl. Neuberger 1997, 82).

Eine weitere oft vorgebrachte These, nach der Kinder von Arbeitslosen geringere Schulleistungen als Kinder von Erwerbstätigen erbringen, kann durch neuere Untersuchungen nicht bestätigt werden (vgl. Neuberger 1997). Bestätigt werden kann dagegen, dass Betroffene bei der Deutung ihrer Situation kaum „externale Erklärungsmuster und Gründe für ihre Arbeitslosigkeit", also gesamt-gesellschaftliche oder ökonomische Bedingungsfaktoren bei der Erklärung und Legitimierung der eigenen Arbeitslosigkeit verwenden. Internale Erklärungsmuster sind stattdessen vorherrschend. Nach den Gründen für den eigenen Arbeitsplatzverlust befragt, betonten Erwachsene zumeist individuelle Komponenten, indem sie sich nicht als „schuldig" für ihre gegenwärtige Situation betrachten, „sondern meist als Opfer widriger Umstände" (Lüders/ Rosner 1990, 86). Als Schicksalsmacht, Pech, Gemeinheit des Arbeitgebers, gegen die der Einzelne nicht ankommt, wird die Ursache von Arbeitslosigkeit von ihnen häufig interpretiert. „Selbst in Fällen, in denen wirtschaftliche Gründe oder der technologische Wandel zur Entlassung geführt haben, werden familiale Aspekte in den Vordergrund gestellt. In keinem unserer Fälle findet sich eine ökonomisch-politische Rahmung von Arbeitslosigkeit" (S. 91).

Arbeitslosigkeit ist auch in Verknüpfung mit Armut zu diskutieren, zumal eine längerfristige Arbeitslosigkeit erhebliche finanzielle Einbußen für alle Familienmitglieder bewirkt. Unumstritten ist in der Armutsforschung, dass das Risiko der Verarmung für bestimmte soziale Gruppen wesentlich höher ist als für andere. Kinder sind statistisch verdeckt in fast all diesen sozial benachteiligten Gruppen wiederzufinden: als Kinder von Alleinerziehenden, von kinderreichen Familien, von Arbeitslosen oder als Kinder von Migranten (vgl. Butterwegge 2000; Joos 2001).

Zum ökonomischen Wissen und Verstehen von Grundschulkindern

Die meisten Untersuchungen zum ökonomischen Wissen und Verstehen sind in den 20er bzw. 70er Jahren des 20. Jahrhunderts entstanden, bezeichnenderweise stets im Kontext von wirtschaftlich instabilen Zeiten, die unter anderem eine erhöhte Arbeitslosigkeit aufwiesen (vgl. Kiper/Paul 1995, 27 f.; Gläser 2001, 6 f.). Die Ergebnisse dieser Untersuchungen sind nur bedingt auf die modernisierte Arbeitsgesellschaft übertragbar. Nicht nur die Auswirkungen von Arbeitslosigkeit änderten sich, auch das Leben von Kindern erfuhr insgesamt einen Wandel. Eine intensive Erforschung des ökonomischen Wissens und Verstehens im Grundschulalter ist aus fachdidaktischer Sicht vor allem aus zwei Gründen dringend erforderlich: zum einen auf Grund der Relevanz von Alltagstheorien für den Wissenserwerb, was durch einen neuen Lernbegriff begründet ist, und zum anderen durch die Tatsache, dass „bereits im Grundschulalter politische Lernprozesse stattfinden", wie die politische Sozialisationsforschung aufzeigt (vgl. Ackermann 1996, 97). Allerdings herrscht erst seit den 70er Jahren des 20. Jahrhunderts ein Konsens darüber, dass „die Wahrnehmung der politischen Umwelt ungefähr mit dem fünften Lebensjahr beginnt und dass bereits in früher Kindheit politische Einstellungen und Verhaltensmuster vorgeformt werden" (ebd.). Einschränkend sei dazu an dieser Stelle angefügt, dass nicht davon ausgegangen werden kann, dass diese erworbenen Einstellungen stabil erhalten bleiben. Es bleibt festzuhalten, dass in didaktischen Auseinandersetzungen nach wie vor die „erheblichen theoretischen und methodischen Defizite der Forschung zur politischen Sozialisation" zu berücksichtigen sind (Geißler 1996, 65). Auch hinsichtlich der Instanzen, die die politische Sozialisation befördern, liegen differente Aussagen vor. Insgesamt kann von einer „politischen Öffnung der Familie" ausgegangen werden: „Politik dringt über die Massenmedien in fast alle Familien ein" (S. 54), ebenso wird seit den 60er Jahren verstärkt über politische Themen in den Familien gesprochen. Allerdings vollziehe sich die politische Sozialisation in der Familie „eher zufällig; denn eine bewusste und geplante politische Erziehung der Kinder gehört nicht zu den zentralen pädagogischen Zielen der Eltern" (S. 55).

Dies bestätigen auch die Ergebnisse einer aktuellen Studie, in deren Zentrum die Rekonstruktion der Alltagstheorien von Grundschulkindern zu Arbeitslosigkeit stand (vgl. Gläser 2002). Die Auswertung der einzelnen Interviews ergab, dass die Kenntnisse über die elterliche Erwerbsarbeit stark differieren. Vor allem unterschiedliche Vorstellungen zu den Ursachen und Konsequenzen von Arbeitslosigkeit konnten in den Aussagen der Kinder festgestellt werden. Zumeist wurde von den Interviewten kein strukturelles Problem erkannt, eine quantitative Sicht auf Arbeitslosigkeit nahmen sie nicht vor. Stattdessen deuteten sie Arbeitslosigkeit als ein vereinzelt auftretendes individuelles Problem, das durch die individuelle Schuld des Einzelnen verursacht werde. Im Gegensatz dazu betteten andere Kinder die Problematik in eine strukturelle historische Dimension, indem sie die Veränderung von Arbeitswelt, die Technisierung, benannten. Kongruent zu dieser Vorstellung verknüpfen diese Kinder Arbeitslosigkeit nicht mit individueller Schuld und nehmen somit Arbeitslosigkeit als so genanntes Schlüsselproblem, als gesamtgesellschaftliche Problematik wahr. Drei Gruppen kristallisierten sich, was die Betroffenheit anbelangt, grundsätzlich heraus: die direkt Betroffenen, die indirekt Betroffenen und die nicht Betroffenen. Auch der Lebens- und Lernbereich Schule wird von den Befragten unterschiedlich begriffen, was im Zusammenhang mit ihren Vorstellungen zu Arbeitswelt, ihren Zukunftsvorstellungen bzw. ihrer familiären Situation zu deuten ist. Insgesamt kann als wichtigstes Ergebnis der gesamten Analyse die Negierung einer linearen Entwicklung des Gesellschaftsverständnisses innerhalb der Altersspanne von Grundschulkindern benannt werden. Eine Entwicklung des Gesellschaftsverständnisses, die dem Stufenkonzept Piagets entspricht, ist nicht nachweisbar. Die Alltagstheorien der Schülerinnen und Schüler sind als erste soziologische Theorien zu verstehen, an die es, um Lernprozesse zu befördern, im Unterricht anzuknüpfen gilt.

Ökonomisches Lernen ohne didaktische Konzeption?

Für die 70er Jahre des 20. Jahrhunderts sind vor allem „ländlich-vorindustrielle Inhalte" kennzeichnend, die in Folge von einem fachpropädeutisch ökonomischen Sachunterricht abgelöst wurden, der die Vermittlung ökonomischen Grundwissens als zentrale Zielsetzung vertrat und nicht mehr nur eine harmonische Skizzierung von Gesellschaft beinhaltete. Die hierbei rein aus der Fachwissenschaft abgeleiteten Lernziele sind allerdings aus heutiger Sicht als defizitär zu kennzeichnen, da somit weder ökologische Fragen noch strukturelle bzw. personale Ungleichheit (Eine Welt, Arbeitslosigkeit, Arbeitsteilung im Haushalt) thematisiert werden. Hervorzuheben ist, dass Beck/Aust/Hilligen (1972) dagegen eine gesellschaftskritische Position vertraten. Sie betteten ökonomisches Lernen im Rahmen von politischer Bildung ein und kritisierten grundsätzlich, dass im Primarbereich „politische Bildung ohne Fundament" konzipiert werde und „hierarchisch-harmonistische Gesellschaftsbilder" hierbei Verwendung fänden (vgl. Hilligen 1973, 3).
Im Folgenden soll hinterfragt werden, ob für das derzeitige ökonomische Lernen eine Zielsetzung erkennbar ist. Der Blick in die Lehrpläne aller Bundesländer zeigt, dass ökonomisches Lernen grundsätzlich im Lernbereich Sachunterricht vertreten ist. Kennzeichnende Phänomene moderner Arbeitsgesellschaft sind – wenn auch nur vereinzelt und nicht als konzeptionelle Gesamtentwürfe erkennbar – in einigen Lehrplänen aufgenommen (vor allem Bayern und Hessen). Zumeist verharren die Lehrpläne allerdings in einem Bild von Arbeitswelt, das von verschiedenen Sektoren ausgeht. Dabei werden beispielsweise weder neue Berufe noch der Rückgang von Fabrikarbeit berücksichtigt. Besuche in Arbeitsstätten, vornehmlich in Industrie und Handwerk, dominieren nach wie vor die inhaltlichen Überlegungen. Der Arbeitsbegriff soll nur in wenigen Richtlinien mit Grundschulkindern hinterfragt werden. Zumeist soll dies in den Kategorien „müssen" und „können" (wie in Rheinland-Pfalz) geschehen. In Sachsen dagegen wird deutlicher differenziert: die Begriffe Beruf und Arbeit werden getrennt betrachtet. Weiterhin soll hier, da als mögliche Motivation für Arbeit Lebensunterhalt, Selbstverwirklichung und Gemeinschaftsaufgaben angegeben sind, nicht nur über Erwerbsarbeit nachgedacht werden. Auch in Hessen wird nicht nur

Erwerbsarbeit in die Betrachtung einbezogen, sondern auch Eigenarbeit, Haushalt und Arbeitslosigkeit im Sinne von Erwerbslosigkeit. Es verwundert nicht, dass Arbeitslosigkeit lediglich in einigen der neueren Lehrpläne thematisch mit eingebunden wird (Hessen, Mecklenburg-Vorpommern, Thüringen, Hamburg, Nordrhein-Westfalen und Bayern). Zumal die so genannte strukturelle Sockelarbeitslosigkeit verstärkt in den 90er Jahren gesellschaftlich thematisiert wurde. Konkrete unterrichtspraktische Hinweise auf die Behandlung bzw. ein Aufzeigen der Verknüpfung mit den Fragen nach Ursache und Konsequenzen von Arbeitslosigkeit (beispielsweise Automatisierung) sind jedoch nicht vorgesehen. Arbeitslosigkeit soll „angesprochen" werden, man soll „behutsam" auf das Thema eingehen. Die Thematik wird somit rein aus einem persönlichen Blickwinkel betrachtet, eine sozialwissenschaftliche Auseinandersetzung findet nicht statt. Ein gesellschaftstheoretisches „Fundament" von politischer Bildung, wie es bereits vor drei Jahrzehnten eingefordert wurde, ist somit immer noch nicht zu erkennen. Das verwundert umso mehr, wenn man bedenkt, dass einige Bundesländer sich mit ihren Richtlinien explizit an die von Klafki (1996) formulierten „epochaltypischen Schlüsselprobleme" anlehnen, die im Rahmen der kritisch-konstruktiven Didaktik zu erörtern sind.

Ziele und Inhalte Ökonomischen Lernens

Modernisierte Arbeitsgesellschaft sollte nicht (mehr) innerhalb einer einschränkenden Wirtschaftskunde konzeptionell verortet werden, sondern, um die gesamtgesellschaftlichen Bezüge zu integrieren, in Verbindung mit politischem Lernen als Ökonomisch-politisches Lernen. Anknüpfend an die Überlegungen von Hedtke (2002), der Ökonomische Bildung im Sekundarstufenbereich nicht unabhängig von politischer Bildung verstanden sehen will und zudem unterstreicht, „dass es sozialwissenschaftlichen Fachdidaktiken nicht gelingen kann, allein durch ihre Identifizierung mit *einer* Fachwissenschaft als Bezugsdisziplin eine singuläre, untereinander hinreichend abgegrenzte Identität zu konstruieren" (S. 5, Hervorhebung Hedtke), kann auch Ökonomisches Lernen im Primarstufenbereich verstanden werden. Allerdings muss letzteres für die Primarstufe nur bedingt problematisiert werden, da der sozialwissenschaftliche Sachunterricht keine gesonderte Aufgliederung in verschiedene Unterrichtsfächer kennt und die Möglichkeit zur Integration verschiedener sozialwissenschaftlicher Fachwissenschaften somit prinzipiell besteht. Anschaulich zeigt dies das „Vernetzungsbeispiel" im „Perspektivrahmen Sachunterricht" auf, in dem das Thema „Arbeit und Umwelt" in der Vielfalt seiner Perspektiven dargestellt ist (sozialpolitische, technische, historische, raumbezogene und Umweltperspektive; vgl. GDSU 2002, 12).
„Grundlegend für die didaktische Philosophie des Perspektivrahmens sind die Spannungsfelder zwischen Erfahrungen der Kinder und fachlich gesichertem Wissen" (Kahlert 2002, 34). Kritische Einwände zur Umsetzung dieser beiden Pole sind in letzter Zeit verstärkt vorgebracht worden. Ebenso wie Richter (1997) beanstandet Kiper, dass ökonomisches (und politisches) Lernen Kindern nicht (mehr) zugetraut wird. Die Ausrichtung an einer „falsch verstandenen Kindorientierung" bewirke in-

haltliche Verkürzungen. Es sei problematisch, „wenn die naiven Theorien von Kindern über wirtschaftliches Handeln nicht kritisch erörtert, sondern unreflektiert reproduziert werden. So lernen Kinder nicht, zwischen Primärebene (wie Familie, Nachbarschaft) und Sekundärsystemen (wie Industrie- und Arbeitswelt) zu unterscheiden. Sie erklären sich dann wirtschaftliche und gesellschaftliche Konflikte analog zu Konflikten in Familie oder Kindergruppe und neigen zu falschen Idealisierungen und Identifikationen" (Kiper 1996, 109).

Als Ausweg aus dieser eingeschränkten Kindorientierung wird u. a. vorgeschlagen, Inhalte auszuwählen, „die Kindern ermöglichen, in der Mikrowelt die Makrowelt zu entdecken" (von Reeken 2001, 60). Einschränkend muss hierzu angefügt werden: „Der Begriff der Mikropolitik lebt von dem Glauben, man könne Konstellationen von Interessen, Konflikten, Normen und Machtbestrebungen an einem lokalisierbaren, eingrenzbaren Handlungskontext erleben und untersuchen (…) und das an dieser Stelle exemplarisch Gelernte dann auf die ‚Makropolitik' übertragen. Da werden doch allzu unbedacht entscheidende Unterschiede in Strukturen und Prozessen der familialen, schulischen und politischen Handlungsfelder übergangen" (Krappmann 2000, 79). Ackermann (1976) forderte daher bereits vor Jahrzehnten: „Die Kinder neigen … dazu, gesellschaftliche Prozesse auf der Primärebene zu bilanzieren. Die Heimatkunde hat diese Tendenz verstärkt, indem sie Primärgruppen, wie Familie und Freundschaft mit den Sekundärsystemen Gesellschaft, Wirtschaft und Politik gleichsetzte. Ein sozialwissenschaftlicher Unterricht müsste daher den *Unterschied und den Zusammenhang zwischen Primär- und Sekundärebene* deutlich machen" (S. 38 f., Hervorhebung Ackermann).

Während eine falsch verstandene Orientierung an den Erfahrungen der Kinder dazu führen kann, dass „der Unterricht sich im Kreis von Banalitäten und Alltagswissen der Kinder dreht", kann eine falsch verstandene Fachorientierung im Unterricht „zu erfahrungsleeren Begriffen und Merksätzen" führen (Kahlert 2002, 34). Dabei sollte bei der Bearbeitung der Themen nicht nur von den konkreten Erfahrungen und Interessen der Kinder ausgegangen werden, da, wie oben gezeigt werden konnte, nicht anzunehmen ist, dass beispielsweise alle Schülerinnen und Schüler einer Klasse von Arbeitslosigkeit betroffen sind. „Neben der Aufklärung vorhandenen politischen Wissens, d. h. Prozessen seiner Bewusstwerdung, Differenzierung und Strukturierung mit politischen Kategorien geht es politischer Bildung auch um die gezielte Erweiterung und Erwerb neuen Wissens" (Richter 1999, 119). Als grundsätzliche Kriterien der Inhaltsauswahl für politisches Lernen, und somit auch für ökonomisches Lernen, sind zudem neben Situationsorientierung, Bedeutsamkeit, Anschaulichkeit auch Methodenorientierung zu benennen (vgl. von Reeken 2001, 60 f.).

Inhaltlich kristallisieren sich für den Bereich des Ökonomisch-politischen Lernens neun bedeutsame Bereiche aus fachwissenschaftlicher Sicht heraus, die den strukturellen Wandel von Arbeitswelt mitberücksichtigen:

1. Die gesellschaftliche und individuelle Bedeutung von Arbeit und Beruf (Arbeitsbegriff, auch die gesellschaftliche Relevanz von Hausarbeit, Ehrenamt)
2. Wandel beruflicher Anforderung (Berufswandel durch Automatisierung bzw. gesellschaftlichen Wandel)

3. Strukturwandel von Arbeitswelt (verschiedene Arbeitszeitmodelle (z. B. Teilzeit), Zeiten von Erwerbsarbeit und Arbeitslosigkeit (Ursache, Konsequenzen))
4. Standortfaktor (Warum wird eine Fabrik dort gebaut und nicht woanders?)
5. Die Bedeutung von Eigentum (auch als ethische Frage)
6. Die Bedeutung von ökonomischen Erfolgsgrößen wie Gewinn (Warum kostet etwas mehr, wenn man es im Laden kauft?)
7. Die eigene Rolle als Verbraucher
8. Grundlegende Prinzipien des Wettbewerbs
9. Grundzüge des Geld- und Zahlungsverkehrs (Euro, virtuelle Zahlungsmittel)

Die angeführten Bereiche demonstrieren die große Spannweite, in der Ökonomisches Lernen zu verorten ist. Bezüge sind zum Schwerpunkt „Thematisierung von Lebensentwürfen" zu erkennen (vgl. Hempel in diesem Band). Außerdem sind starke Bezüge zum Schwerpunkt „Konsum" feststellbar (vgl. Schwier in diesem Band).

Methodische Überlegungen zum Ökonomischen Lernen

Grundsätzlich muss von einer heterogenen Lerngruppe ausgegangen werden. Unabdingbar ist daher, dass alle Schülerinnen und Schüler im Unterricht ihre Vorstellungen zum Thema äußern können. Eine prinzipielle Schwierigkeit, die Lehrkräfte hierbei zumeist erkennen ist, dass ein Widerspruch zwischen Subjektorientierung und der Thematisierung am einzelnen, betroffenen Kind gesehen wird. Denn diese unterrichtliche Einbindung des eigenen Lebens könnte, so die Befürchtung, als Stigmatisierung vom Kind erlebt werden. Dieser didaktische Konflikt kann methodisch gelöst werden: Die didaktische Prämisse einer Kind- bzw. Subjektorientierung muss nicht heißen, die eigene Betroffenheit öffentlich zu machen. Vielmehr kann die Erschließung von Lebenswirklichkeit, insbesondere bei sozialwissenschaftlichen Themen, auch vermittelnd angebahnt werden, beispielsweise mit Hilfe von Kinderliteratur (vgl. Gläser 2002a).

Die gesellschaftliche und individuelle Bedeutung von Arbeit und Beruf

Der erste Ort, der als Arbeitsort im Unterricht thematisiert werden sollte, ist die Schule selbst, denn die sie unterrichtenden Lehrkräfte werden von vielen Kindern nicht als Erwerbstätige begriffen. Ihre Lehrerin verdiene, erklärte beispielsweise eine Zweitklässlerin, ihr Geld „von der Arbeit, wenn, wenn se noch eine hat" (vgl. Gläser 2002). Auch die Vorstellung, dass die Lehrerin vom Kakaogeld bezahlt werde bzw. der Hausmeister sie als vermeintlicher männlicher Chef nach Bedarf entlohne, wird von Kindern geäußert. Die Arbeit mit Kindern wird von vielen Kindern nicht als Erwerbsarbeit wahrgenommen. Die gesamtgesellschaftliche Geringschätzung der zumeist weiblichen Erwerbsarbeit im erzieherischen Bereich wird hierin deutlich. Wie dies bereits mit Grundschulkindern problematisiert werden kann, veranschaulicht ein Schulbuch für die vierte Klasse: Mit einem Transfer auf die Geschichte des

Lehrerinnenberufes wird unter der Überschrift „Männerberufe"? – „Frauenberufe"? die Geschlechterfrage in Zusammenhang mit Erwerbstätigkeit thematisiert. Die Schülerinnen und Schüler werden u. a. dazu aufgefordert, in ihrer eigenen Schule Interviews mit ihren Lehrerinnen zu diesem Thema durchzuführen.

Grundsätzlich sollte die Funktion aller, die in Grundschule tätig sind, mit den Schülerinnen und Schülern erarbeitet werden. Dabei ist auch die Arbeitszeit, die die Kinder nicht mit den Lehrkräften verbringen, in die Darstellung mit einzubinden. Schließlich arbeiten alle an der Institution beteiligten, ob Lehrende, Hausmeister, Reinigungspersonal oder Verwaltungsangestellte, nicht nur in den Zeiten, in denen Schülerinnen und Schüler vor Ort sind. Daran kann auch eine Erörterung anschließen, ob das Handeln der Schülerinnen und Schüler von ihnen selbst als Arbeit begriffen wird. Um Hausarbeit in ihrer Funktion zu begreifen, gilt es alle Kinder im schulischen Alltag konkret in kleine Arbeiten einzubinden. Der Klassenraum als Ort des täglichen Seins sollte von allen verantwortlich genutzt werden. Gemeinsam Regeln zu finden, die auch das Aufräumen klären, gehört ebenso dazu. Darüber hinaus sollte mit den Kindern die Vielfalt der Fertigkeiten, die unter Hausarbeit verstanden werden können, besprochen werden, um Hausarbeit als qualifiziertes Handeln begreifbar zu machen. Auch ehrenamtliche Arbeit sollte thematisiert werden, um einen breiten modernen Arbeitsbegriff zu fundieren. Ehrenamtliche Mitarbeiter können in den Unterricht eingeladen werden, damit im Gespräch deren Motivation für die ehrenamtliche Arbeit hinterfragt werden kann.

> Mutschler, D. (Hrsg.): Bausteine Sachunterricht, 4. Schuljahr. Frankfurt a. M. 1992
> Kaiser, A.: Hausarbeit in der Schule? Pfaffenweiler 1991

Wandel beruflicher Anforderung

Um den Wandel erfahrbar zu machen, ist ein historischer Blick unabdingbar. Dabei kann auch auf Straßen- oder Nachnamen Bezug genommen werden. Auch alte Gerätschaften sind in den Unterricht einzubeziehen. Ob ein Löschvorgang mit einem alten Ledereimer simuliert wird oder gemeinsam Wäsche mit einem Waschbrett gewaschen wird: Frühere Arbeitsabläufe sollten exemplarisch erfahrbar gemacht werden. Während mit „alten" Berufen vermittelt werden kann, wie Arbeitsleben früher aussah, kann der Wandel zum heutigen Berufsbild Technisierung und Automatisierung veranschaulichen. Daher sollten auch neue Berufe erkundet werden, die beispielsweise von einem Arbeitsberater des Arbeitsamtes vorgestellt werden. Ein zusätzlicher Perspektivwechsel kann durch Bilder oder Aufsätze initiiert werden, in denen die Kinder Zukunftsszenarien darstellen.

Generell ist zu diesem Schwerpunkt die Ausgabe „Arbeit" der Zeitschrift Grundschule Sachunterricht zu empfehlen. Auch im dazugehörigen Materialpaket wird anschaulich gezeigt, wie der Themenbereich mit Grundschulkindern behandelt werden kann. Der im Paket enthaltene Papierschöpfrahmen, mit dem zunächst ein Arbeitsvorgang konkret mit den Schülerinnen und Schüler durchgeführt werden kann, um dann mit den ebenfalls enthaltenen informativen Arbeitsblättern moderne Papierherstellung zu vergleichen, zeigt ebenso, wie gut das Material didaktisch-methodisch durchdacht ist. Adäquat für die Altersstufe wird das Materialpaket durch ein Lese- und Bilderbuch vervollständigt, in dem Arbeit früher und heute anhand von verschiedenen Berufen vorgestellt wird.

> Eimers, J.: Projekt „Auf den Spuren des letzten Baders". Viertklässler befragen Zeitzeugen. In: Pädagogische Woche, 48 (11), (1994), S. 482–485
> Grundschule Sachunterricht. Seelze-Velber (10) 2001. Schwerpunktthema: Arbeit, (u. a. Arbeitsalltag kennen lernen, Arbeit im Wandel der Zeit, Bedeutung von Arbeit erfahren) (dazu erschien auch ein Materialpaket mit Arbeitsblättern, Folien und einem Papierschöpfrahmen)
> Scholz, K./Wittkowske, S. : Artikelreihe: Handwerke mit Tradition (u. a. Zinngießer, Formenstecher, Köhler, Korbmacher und Schindelmacher). In: Arbeit und Technik in der Schule, 7, (1996)

Lesetipp

Strukturwandel von Arbeitswelt

Der Strukturwandel ist vor allem anhand unterschiedlicher Tagesabläufe für Kinder nachvollziehbar. Daher sollten Tagesabläufe von verschiedenen Personen verglichen werden, um somit verschiedene Arbeitszeitmodelle zu erfahren. In Mikael Olliviers Kinderbuch „Papa mal anders" wird vor allem der familiale Wandel einfühlsam dargestellt, den moderne Arbeitswelt beinhaltet. Während die Mutter berufstätig ist, überlegt der Vater, der arbeitslos wurde, zukünftig eine Halbtagsstelle anzunehmen, um den Haushalt zu übernehmen. Hausarbeit und Rollenverständnis werden aus Sicht von Élodie, einem zehnjährigen Mädchen, thematisiert. Auch die Veränderung des Alltags durch die Arbeitslosigkeit des Vaters wird aus ihrer Perspektive dargestellt. „Sind wir jetzt arm?" fragt sie zunächst besorgt. Ursachen für die Arbeitslosigkeit werden allerdings nur bedingt in diesem Buch benannt. Der Schwerpunkt liegt vor allem in der einfühlsamen Thematisierung der Verknüpfung von elterlicher Arbeitswelt und kindlichem (schulischem) Leben. Thematisch ähnlich aufgebaut ist auch das Bilderbuch „Papa bleibt zu Hause" von Klaus Vellguth und Silvio Neuendorf, das insbesondere für Leseanfänger geeignet ist. „Eines Tages wundert sich Lukas, warum sein Papa manchmal so traurig aussieht. Er erfährt, Papa hat seine Arbeit verloren". Mit einfachen Sätzen wird bereits Kindern im Anfangsunterricht veranschaulicht, was Arbeitslosigkeit für den Alltag einer Familie und somit auch für jedes Kind bedeuten kann. Die Auswirkungen und Ursachen von Arbeitslosigkeit (Kündigung, Umschulung, berufliche Veränderung, strukturelles gesamtgesellschaftliches Problem) können mit Hilfe weiterer Kinderbücher thematisiert werden. Während der Kinderbuchklassiker „Fränze" von Peter Härtling, ganz dem problemorientierten Kinderroman verpflichtet, seine Dominanz auf einem sozialen Realismus behält, und daher auch kein harmonisierendes Ende aufweist, sind neuere Publikationen wie „Die paar Kröten" von Regina Rusch oder „Hörst du den Fluss, Elin?" von Gudrun Pausewang stärker dem modernen komischen Kinderroman zuzurechnen, der gekennzeichnet ist durch aktives Eingreifen der kindlichen Hauptfiguren in die Handlung und ein harmonisierendes Ende, was in diesem Fall das Beenden der Arbeitslosigkeit der Eltern bedeutet. Die Kinderbücher von Pausewang und Rusch sind beide gut im Rahmen eines fächerübergreifenden Unterrichts, Sachunterricht und weiterführenden Literaturunterricht einsetzbar. Kindgerecht wird die Thematik Arbeitslosigkeit in ihrer gesamten Bandbreite dargestellt (verschiedene Ursachen von Arbeitslosigkeit, Konsequenzen wie materielle Einschränkungen, familiale Veränderungen und der Umgang mit Vorurteilen und Stigmatisierung im schulischen Umfeld). Um ein emotionales Einfühlen zu erleichtern, ist die Erzählperspektive jeweils aus der Sicht eines betroffenen Kindes formuliert. Als möglicher Unterrichtseinstieg bietet sich ein Gespräch über den offenen Beginn der Erzählung „Hörst du den Fluss, Elin?" an: „Ach damals, damals, vor knapp, zwei Jahren – wie war da alles noch so anders, so wie immer, so in Ordnung! Ich muss oft daran denken, und manchmal wundert`s mich, dass sich etwas so schnell ändern kann, so von heute auf morgen" (S. 7). Ursachen von Arbeitslosigkeit werden an zwei Beispielen, der Arbeitslosigkeit der Mutter und die des Vaters, erläutert. Die Kurklinik, in der die Mutter beschäftigt war, „musste schließen, weil längst nicht mehr so vielen Patienten wie früher Kuren verschrieben werden" (S. 15). Dieser Argumentation steht insbesondere in den Äußerungen von Kindern oft die individuelle Schuld als Ursache von Arbeitslosigkeit entgegen. Auf Vorurteile, die zu Stigmatisierungen der Betroffenen führen können, kann – nachdem die Ursachen von Arbeitslosigkeit mit Hilfe des Textes erarbeitet wurden – eingegangen werden. „Früher hätten mich fast alle Mädchen meiner Klasse gern neben sich sitzen gehabt. ... Einmal hörte ich, wie Manuela, der ich oft bei den Mathe-Aufgaben geholfen hatte, ihrer Freundin Andrea zuflüsterte: „Meine Mutti hat gesagt, Freundschaften mit Arbeitslosenkindern und Sozialhilfekindern und ausländischen Kindern, das wird nichts Rechtes. Das ist nicht der richtige Umgang" (S. 44). Solche Textpassagen können in verschiedener Weise bearbeitet werden: indem sie als Rollenspiel problematisiert werden oder als Brief, der an Manuela geschrieben werden soll, oder auch, indem jede Schülerin und jeder Schüler selbst formulieren soll, wie sie sich selbst als Betroffene fühlen würde. Grundsätzlich sollte am Ende einer solchen Unterrichtseinheit, die auch die materiellen Schwierigkeiten im schulischen Leben, wie sie in der Erzählung thematisiert werden (kein Geld für Klassenausflug, Zeichensachen etc.), nicht nur problematisiert werden. Eine konkrete Möglichkeit für betroffene Schülerinnen und Schüler, ob klassenintern oder klassenübergreifend, sollte aufgezeigt bzw. geschaffen werden (beispielsweise die Einrichtung eines schulinternen Fonds, der anonym in Anspruch genommen werden kann). Grundsätzlich ist mit diesem Thema das jeweilige Konsumverhalten der Kinder verknüpft: „In der Klasse sackten vor allem die Kinder ganz stark im Kurswert ab, denen man schon ansah, das sie sich nichts mehr leisten konnten. Die in Billig-Jeans und Billig-Turnschuhen rumliefen und nicht einmal das Geld hatten, sich bei McDonald`s einen Riesenhamburger zu kaufen" (S. 45). Auch ein historischer Blick auf die Thematik kann mit Hilfe der Lektüre angeregt werden: „ Ich frage mich manchmal, wie Omi Lotte das ausgehalten hat: nie ein eigenes Zimmer zu haben" (S. 101). Ältere Menschen könnten über ihren beruflichen Werdegang, insbesondere über Brüche in diesem, interviewt werden.

Die Öffnung der Schule nach außen sollte ebenso vorgenommen werden, um den Lernenden zu vermitteln, dass es sich um ein Schlüsselproblem der Gesellschaft und nicht um ein vereinzeltes individuelles Problem handelt. Gibt es einen Treff für Arbeitslose im Stadtviertel, im Ort? Oder eine Beratungsstelle für Sozialhilfeempfänger? Kann ein Experte vom Arbeitsamt eingeladen werden? Hierbei können Handlungsperspektiven konkreter verdeutlicht werden, die auch aufzeigen, dass Arbeitslosigkeit häufig für den Einzelnen nur ein zeitlich begrenztes Phänomen darstellt.

> Härtling, P.: Fränze. Weinheim, Basel 1989
> Ollivier, M.: Papa mal anders. München 2002
> Pausewang, G.: Hörst du den Fluss, Elin? 2001
> Rusch, R.: Die paar Kröten! München 2003
> Vellguth, K./ Neuendorf, S. : Papa bleibt zu Hause. Aachen 1996

Lesetipp

Standortfaktor

Der Wohnort ist nicht nur als Ort des Wohnens zu betrachten. Viele Fragen können im Zusammenhang mit ökonomischem Lernen bearbeitet werden: Warum arbeiten nicht alle vor Ort? Wie weit pendeln Menschen zur Arbeit? Mit welchen Verkehrsmitteln pendeln sie? Mobilität kann hierbei untersucht werden: Warum ist der Bahnhof an dieser Stelle in der Stadt? Wo ist die nächste Schifffahrtsanbindung bzw. wo ist der nächste Flughafen? Was unterscheidet ein Gewerbegebiet von einem Wohngebiet? Welche Berufe finden wir direkt in unserer Nähe? Erkundungen von Betrieben vor Ort sind in den Unterricht mit einzuplanen.

Die Bedeutung von ökonomischen Erfolgsgrößen wie Gewinn

Am Beispiel des T-Shirts zeichnet ein Film anschaulich Handelswege und Produktionsbedingungen nach. Tom und Isabel aus Hamburg, neun und acht Jahre alt, ziehen sich am Morgen ein frisches T-Shirt an. Währenddessen steigen gleichaltrige Kinder in Südindien in einen Lastwagen, um zur täglichen Textilfabrikarbeit zu kommen. Die körperlich anstrengende Arbeit der Kinder wird anschaulich gezeigt. Ebenso wird deutlich, warum ein T-Shirt in Hamburg so günstig angeboten werden kann. Handelswege bzw. die Frage, warum etwas im Laden mehr kostet als beim Produzenten, sind auch direkt erfahrbar: zum Beispiel auf einem Markt oder in einem produzierenden Betrieb.

> Biester, W.: Arbeit, Technik und Lebensweise. Sachunterricht in Klasse 4. In: Grundschule, 29(1), (1997), S. 37–39

Lesetipp

> **Lesetipp**
>
> Biester, W.: Einkaufen. Aspekt: Technik verändert Arbeit. In: Grundschulunterricht, 41(3), (1994), S. 12–14
>
> *www.globales-lernen.de/filme* (dort findet man u. a. den Videofilm: Wo kommen eigentlich die vielen bunten T-Shirts her? Kinderarbeit in Indien, 1997, 10 min., ab Kl. 3)

Die Bedeutung von Eigentum

Neben der philosophisch-ethischen Frage, der Frage nach dem „guten" Leben, die hinter der Bedeutung von Eigentum steht, ist auch Armut als soziale Ungleichheit zu hinterfragen. In der Geschichte „Umsonst geht nur die Sonne auf" wird aus der Sicht der elfjährigen Fine Kinderarbeit vor einhundert Jahren problematisiert. Die gut verständliche Handlung, die von dem jungen holländischen Dienstmädchen erzählt wird, das getrennt von seinen Eltern und Geschwistern hart für seinen Lebensunterhalt arbeiten muss, lässt erste Einblicke in die Gründe für Kinderarbeit und somit auch in die Veränderung von Arbeitswelt erfahren. Begleitend zum Buch kann eine didaktisch gut aufgearbeitete Literaturkartei eingesetzt werden (vgl. Katzer 1995). Die zahlreichen Arbeitsblätter gehen inhaltlich über den Lesetext hinaus, in dem sie auch Hintergrundinformationen zum Thema Kinderarbeit bieten und zudem einen Transfer auf modernes Kinderleben beinhalten. Kinderarbeit sollte nicht nur historisch betrachtet werden, sondern auch – im Sinne von globalem Lernen – aktuell und international. Zum Beispiel binden die für den Unterricht entleihbaren Dias und Videos von *terre des hommes* auch die Sicht der Kinder mit ein und verknüpfen Kinderarbeit thematisch grundsätzlich mit Kinderrechten.

> **Lesetipp**
>
> Fischer, E.: Kinderarmut – ein Thema in Kinderbüchern. In: Grundschule, 33 (1), (2001), S. 28–29
> Pelgrom, E.: Umsonst geht nur die Sonne auf. Kinderarbeit vor 100 Jahren. München 1997
> Katzer, E.: Umsonst geht nur die Sonne auf. Literaturkartei zum Buch. Mühlheim an der Ruhr 1995
> Kiper, H.: Kinderarbeit. In: Geschichte lernen, 3 (13), (1990), S. 24–30
> www.terre-des-hommes.de (Unterrichtsbögen, Infomaterial und Videos zu Kinderarbeit und Kinderleben in der Dritten Welt)

Literatur

Ackermann, P.: Einführung in den sozialwissenschaftlichen Sachunterricht. München 1976
Ackermann, P.: Das Schulfach ‚Politische Bildung' als institutionalisierte politische Sozialisation. In: Claußen, B./ Geißler, R. (Hrsg.): Die Politisierung des Menschen. Instanzen der politischen Sozialisation. Ein Handbuch. Opladen 1996, S. 91-100
Ammen, A.: Arbeit – Existenzsicherung und Lebenswert. In: May, H. (Hrsg.): Handbuch zur ökonomischen Bildung. (2. Aufl.) München und Wien 1993, S. 143-157

Beck, G./ Aust, S. / Hilligen, W.: Arbeitsbuch zur politischen Bildung in der Grundschule. (2. Aufl.) 1972
Beck, U.: Schöne neue Arbeitswelt. Vision: Weltbürgergesellschaft. Frankfurt a. M. und New York 1999
Beck, U.: Wohin führt der Weg, der mit dem Ende der Vollbeschäftigung beginnt? In: Beck, U. (Hrsg.): Die Zukunft von Arbeit und Demokratie. Frankfurt a.M. 2000, S. 7–66
Butterwegge, C. (Hrsg.): Kinderarmut in Deutschland. Ursachen, Erscheinungsformen und Gegenmaßnahmen. Frankfurt a. M., New York 2000
GDSU (Gesellschaft für Didaktik des Sachunterrichts) (Hrsg.): Perspektivrahmen Sachunterricht. Bad Heilbrunn 2002
Geißler, R.: Politische Sozialisation in der Familie. In: Claußen, B./ Geißler, R. (Hrsg.): Die Politisierung des Menschen. Instanzen der politischen Sozialisation. Ein Handbuch. Opladen 1996, S. 51–70
Giarini, O./ Liedtke, P.: Wie wir arbeiten werden. Der neue Bericht an den Club of Rome. Hamburg 1998
Gläser, E.: Zwischen heimatkundlicher Tradition und modernisierter Arbeitsgesellschaft – Aktuelle konzeptionelle Überlegungen zum ökonomischen Lernen in der Grundschule. In: sowi-onlinejournal 2. http://www.sowi-onlinejournal.de/2001-2/grundschule_glaeser.htm vom 11.01.2002
Gläser, E.: Arbeitslosigkeit aus der Perspektive von Kindern. Eine Studie zur didaktischen Relevanz ihrer Alltagstheorien. Bad Heilbrunn 2002
Gläser, E.: Lesend die Welt begreifen – Moderne Kinderliteratur im Sachunterricht. In: Sache, Wort, Zahl, 30 (45), (2002a), S. 39–43
Hedtke, R.: Wirtschaft und Politik. Über die fragwürdige Trennung von ökonomischer und politischer Bildung. Schwalbach/Ts. 2002
Hengst, H./ Zeiher, H.: Die Arbeit der Kinder. Kindheitskonzepte und Arbeitsteilung zwischen den Generationen. Weinheim und München 2000
Hilligen, W.: Reform der Grundstufe – nicht gefragt? In Beck, G. et al. (Hrsg.): Politische Bildung ohne Fundament. Neuwied am Rhein und Berlin 1973, S. 1–9
Ingenhorst, H.: Jobben in Westdeutschland. In: Hengst, H./ Zeiher, H. (Hrsg.): Die Arbeit der Kinder. Kindheitskonzept und Arbeitsteilung zwischen den Generationen. Weinheim und München 2000, S. 133–141
Joos, M.: Die soziale Lage der Kinder. Sozialberichterstattung über die Lebensverhältnisse von Kindern in Deutschland. Weinheim und München 2001
Kahlert, J.: Sachunterricht mit Perspektiven. Die Weiterentwicklung des Perspektivrahmens. In: Grundschule, 34 (2), (2002), S. 33–34
Kiper, H./ Paul, A.: Kinder in der Konsum- und Arbeitswelt. Bausteine zum wirtschaftlichen Lernen. Weinheim und Basel 1995
Kiper, H.: Konzeptionen ökonomischen Lernens. In: George, S./ Prote, I. (Hrsg.): Handbuch zur politischen Bildung in der Grundschule. Schwalbach/Ts. 1996, S. 99–120
Klafki, W.: Neue Studien zur Bildungstheorie und Didaktik. Zeitgemäße Allgemeinbildung und kritisch-konstruktive Didaktik. (5. Aufl.) Weinheim und Basel 1996
Kocka, J./ Offe, C. (Hrsg.): Geschichte und Zukunft der Arbeit. Frankfurt a. M. 2000
Krappmann, L.: Politische Sozialisation in Kindheit und Jugend durch Partizipation an alltäglichen Entscheidungen – ein Forschungskonzept. In: Kuhn, H.-P./ Uhlendorff, H./ Krappmann, L. (Hrsg.): Sozialisation zur Mitbürgerlichkeit. Opladen 2000, S. 77–92
Lüders, C./ Rosner, S.: Arbeitslosigkeit in der Familie. In: Schindler, H./ Wacker, A./ Wetzels, P. (Hrsg.): Familienleben in der Arbeitslosigkeit. Ergebnisse neuerer europäischer Studien. Heidelberg 1990, S. 75–98

Neuberger, C.: Auswirkungen elterlicher Arbeitslosigkeit und Armut auf Familien und Kinder. In: Otto, U. (Hrsg.): Aufwachsen in Armut. Erfahrungswelten und soziale Lagen von Kindern armer Familien. Opladen 1997, S. 79–122

Qvortrup, J.: Kolonisiert und verkannt: Schularbeit. In: Hengst, H./ Zeiher, H. (Hrsg.): Die Arbeit der Kinder: Kindheitskonzepte und Arbeitsteilung zwischen den Generationen. Weinheim und München 2000, S. 23–43

Reeken, D. v.: Politisches Lernen im Sachunterricht. Didaktische Grundlagen und unterrichtspraktische Hinweise. Baltmannsweiler 2001

Richter, D.: Kinder und politische Bildung. In: Köhnlein, W./ Marquardt-Mau, B./ Schreier, H. (Hrsg.): Kinder auf dem Wege zum Verstehen der Welt. Bad Heilbrunn 1997, S. 76–89

Richter, D.: Interessenkonflikte und Machtverhältnisse: Rekonstruktionen kategorialer Konzepte bei Grundschülerinnen und Grundschülern. In: Frohne, I. (Hrsg.): Sinn- und Wertorientierung in der Grundschule. Bad Heilbrunn 1999, S. 117–140

Sennett, R.: Der flexible Mensch. Die Kultur des neuen Kapitalismus. Berlin 1998

Weizsäcker, E. U. v.: Vorwort. In: Giarini, O./ Liedtke, P. M.: Wie wir arbeiten werden. Der neue Bericht an den Club of Rome. Hamburg 1998, S. 11–12

12 | Volker Schwier
Konsumbildung – Vom Taschengeld zum Lebensstil

„Anna drückt auf das kleine Bild mit den Äpfeln. Jetzt rechnet die Waage aus, wieviel die Äpfel kosten und druckt ein Preisschild. Mama klebt das Preisschild auf die Tüte mit (den) Äpfeln". In stereotyper Weise schildert das Sachbuch „So geht das im Supermarkt!" (Landa/Rius 2001, 10) die Erlebnisse von Mama, Papa, Anna und ihrem jüngeren Bruder Thomas beim Einkaufen. Dabei erweist sich Anna, in deren kleinem Einkaufswagen noch ein Teddybär Platz findet, als durchaus zielgerichtet agierende Konsumentin, obwohl die zugehörige Abbildung veranschaulicht, dass sie lediglich an den unteren Teil der Bildtasten auf der Supermarktwaage heranreichen kann ...
Bilder- und Sachbücher mit pädagogischem Anspruch wie dieses, aber auch Materialien, die ausdrücklich für den (Sach-)Unterricht entwickelt wurden, kolportieren oft ein funktionalistisch verkürztes Verständnis von Konsumprozessen. Diese werden zumeist als Handlungen dargestellt, deren erfolgreichem Vollzug vor allem sachliches Wissen über Waren und Dienstleistungen (Herstellungsweise, Inhaltsstoffe, potenzieller Nutzen, etc.) zu Grunde liegt und zu deren kompetenter Bewältigung verfahrens- und funktionsbezogene Fähigkeiten und Fertigkeiten (Verhaltensanforderungen, Handhabung, Bilanzierungen, Preis- und Qualitätsvergleiche etc.) vermittelt werden sollen. Soziale Aspekte von Konsum werden überwiegend im Sinne einer „Werte-Erziehung" (zu Bescheidenheit, Sparsamkeit, aber auch zu Umsicht im Hinblick auf mögliche ökologische und soziale Auswirkungen) thematisiert.
In diesem Beitrag geht es darum, einige Positionen der sozialwissenschaftlichen Konsumforschung in Erinnerung zu rufen, um daraus weitergehende (Unterrichts-)Anregungen für einen gesellschaftswissenschaftlich reflektierten Sachunterricht abzuleiten. Einem Einkaufsbummel nicht unähnlich können die Leser/innen den „Bausteinen" dabei mit kritischer Distanz begegnen, sie auswählen, begutachten, womöglich zurückweisen oder sie – so steht zu hoffen – als Grundlage für die eigene Unterrichtsplanung und -vorbereitung ebenso produktiv wie fantasievoll verwenden.

Konsum – Gesellschaft

An jedem Tag verbringen Menschen Zeit damit zu essen, zu trinken, sich zu kleiden, zu pflegen und fortzubewegen. Vom Apfel bis zur Zahncreme werden die Dinge des täglichen Bedarfs verzehrt oder verbraucht. In dieser Weise verhilft Konsum zur Aufrechterhaltung und Entwicklung der materiellen Existenz. Aber auch wenn diese Menschen telefonieren, Zeitungen und Bücher lesen, fernsehen, ins Museum, Theater, Kino, auf den Jahrmarkt oder in den Zirkus gehen, handelt es sich nach ökonomischer Auffassung um „Konsum", weil Güter oder Dienstleistungen zum Zwecke der Nutzung oder des Verbrauchs und gegen Bezahlung aus einem Markt entnommen werden (vgl. Klein 1993, 149–151). Ein entsprechender Kaufvorgang ist jedoch immer in eine ganze Reihe von einzelnen Handlungen eingebunden, auch wenn diese nicht bewusst als solche erlebt werden.

Konsumieren ist sehr voraussetzungsvoll und komplex, denn es erfolgt teils umsichtig, vergleichend, berechnend und geplant aber oft auch spontan, selbstverständlich oder beiläufig, manchmal lustvoll, skeptisch oder frustriert. In soziologisch argumentierenden Arbeiten wird Konsum demnach als „ein dynamischer, mehrphasiger Prozess (beschrieben), der mit der Bedürfnisgenese beginnt, Aktivitäten der Informationsgewinnung und Entscheidungsfindung umfasst, sich über die Nutzung bzw. den Verbrauch von Gütern erstreckt und mit der Entsorgung endet. Einbezogen (...) sind alle Empfindungen, Diskurse und Verhaltensweisen, die mit den jeweiligen Gütern und Dienstleistungen im Zusammenhang stehen. Soziologisch gesehen ist Konsum soziales Handeln mit umfassenden gesellschaftlichen und individuellen Funktionen" (Schneider 2000, 11 f.).

Diese Perspektive reduziert Konsum nicht auf individuelle Bedürfnisbefriedigung; vielmehr geht sie von der alltäglichen Erfahrung aus, dass sich in der Gesellschaft, wenn auch nicht alles, so doch vieles ums Konsumieren dreht. So gelingt es, den Blick dafür zu öffnen, welche sozialen, kulturellen, historischen strukturellen und qualitativen Bedeutungen dem Konsum zukommen. Umgekehrt – so die Erwartung – kann eine Beschäftigung mit den Konsumbeziehungen einer Gesellschaft zu ihrem angemesseneren Verständnis beitragen.

Auch für einen gesellschaftswissenschaftlich orientierten Sachunterricht eröffnet sich damit die Möglichkeit, das Themenfeld „Konsum" in einer Weise zu behandeln, die nicht ausschließlich auf funktionale oder moralische Teilhabe abzielt. Rücken grundsätzlichere Fragen danach, was, wann, wie und vor allem warum konsumiert wird in den Blick, so erhöht sich vielmehr die Chance, Grundschulkindern dazu zu verhelfen, über die sozialkulturellen Bedingungen der Aneignung und Konstruktion von Konsumverhältnissen hinaus zugleich einen zentralen Bereich gemeinsam geteilter sozialer Wirklichkeit zu erschließen.

Anerkennung und Abgrenzung: sozialkulturelle Praktiken des Konsums

Neben seiner existenzsichernden Funktion für Individuen unterstreichen alle Ansätze sozialwissenschaftlicher Konsumforschung die Bedeutung von Konsum für die materiale Reproduktion ganzer Gesellschaften. Hedtke (2001, 53) weist in diesem Zusammenhang darauf hin, dass Konsum „am Ende der Aneignungskette Natur – Produktion – Distribution – Konsumtion – Desumtion" stehe. Durch unterschiedliche historisch und kulturell wandelbare Formen hindurch bilden die Konsumverhältnisse eine der wesentlichen Bedingungen für das Zusammenleben einer Gesellschaft. Über die Teilnahme an Konsumprozessen verschaffen sich Menschen nicht allein materielle Ressourcen wie Mohrrüben, Modeschmuck und Modellflugzeuge, sondern zugleich konstituieren sich soziale Beziehungen; etwa wenn Käuferin und Verkäufer über Waren kommunizieren, Qualitäten und Preise aushandeln, Vorzüge und Risiken von Produkten benennen oder verschweigen, aber auch wenn Konsumenten einander beggnen, beäugen und belächeln und schon wenn Werbeplakate bestaunt oder ignoriert werden. Die Sozialität der Waren ist erst recht in ihnen selbst vergegenständlicht: Sie werden zu Trägern von Bedeutungen und konstituieren damit (in)direkt ein kommunikatives Verhältnis zwischen Menschen. Entsprechend können Konsumerfahrungen nicht von dem Handeln der Menschen als soziale, politische und moralische Akteure getrennt werden.

Konsum ist dabei eingebunden in andere kulturelle Praktiken. Die Praktiken des Konsums (Einkauf als Entertainment, ästhetisches Erlebnis, Flanieren etc.) werden selbst zu einer sozialen Realität und bestimmen wiederum die Wahrnehmungen sozialer Realität (Gewohnheiten, Motive, Bedürfnisse, Abhängigkeiten, Macht-, Herrschaftsverhältnisse). Gabriel/Lang (1997, 7ff.) referieren verschiedene Bedeutungen des Konsumismus; u. a. heben sie das Deutungsmuster von Konsum als Essenz guten Lebens, als Mittel für Freiheit, Macht und Glück hervor. Konsum gilt zudem als ein Instrument, die soziale Position und das Prestige des Konsumenten zu bestärken. Eine besondere Stellung nimmt in diesem Zusammenhang der symbolische Konsum ein. Schon die Auswahl gewisser Limonaden oder Lutschbonbons kann als „Zeichen" eines umfassenden „Lifestyle" verstanden werden. Reisch (2002, 231) schlägt eine Klassifikation vor, bei der „die Funktionen Position, Kompetenz, Expression, Hedonismus und Kompensation unterschieden" werden. So gelingt es, Konsumprozesse hinsichtlich ihrer selbstbezogenen Wirkungen (Konformität, Illusion, Stimulation, Bestätigung u. a.) und repräsentativen Effekte (Distinktion, Inszenierung u. a.) besser zu begreifen.

Bausteine für eine sozialwissenschaftliche Konsumbildung im Sachunterricht

Die angeführten „Bausteine" erläutern einzelne Aspekte der Konsumthematik; sie sollen als Anregung genutzt werden, um vor dem Hintergrund der speziellen Klassen- und Unterrichtssituation, den jeweiligen Interessen und Lernvoraussetzungen etc. mögliche *Inhalte* und *Ziele* einer kritischen Konsumbildung im Sachunterricht zu konkretisieren.

Besonders betont werden soll vorab die Notwendigkeit der Aufbereitung von Lernergebnissen und deren gemeinsamer Reflexion in der Lerngruppe. Neben den herkömmlichen Möglichkeiten der Erarbeitung von Informationen und der Ergebnissicherung wie Aufsätze, Foto-Stories, Zeichnungen, Collagen usw. bietet der Gegenstandsbereich Konsum auch komplexe Formen der Dokumentation bzw. Präsentation von Lernerfahrungen (evtl. innerhalb eines Projekts):

– *Konsum-Tagebücher und -Kalender*, in denen die Lernenden selbst dokumentieren, wann sie was weshalb für wieviel konsumiert haben, können eigenes Kaufverhalten bewusst und mit dem Verhalten anderer vergleichbar machen. Dadurch können Beschränkungen der je eigenen Perspektive überwunden werden (vgl. Reeken/Schwier 2000, 24).
– Selbst erfundene *Spiele* helfen, die Komplexität von Konsum zu veranschaulichen (Abläufe (der Produktion, Distribution, Konsumtion), Ziel(e) des Spiels, Spielmodus: Aktionen, Würfeln, Ereigniskarten, Spielfelder, Spielplan).
– *Ästhetische Objekte* wie Fotografien, Gemälde, Poster, Skulpturen, Installationen und Videos können zum Anlass genommen werden, um über Konsum zu sprechen. Unabhängig davon, ob mit Werbespots oder satirischen Plakaten einstmals konsumfördernde oder -kritische Positionen intendiert waren, ginge es vornehmlich darum, diese zu de-kontextualisieren und sie in ihrer Funktion und Wirkung als „Zeichen" wahrnehmbar und begreiflich werden zu lassen.
– Auszüge aus *(Kinder-)Literatur* eignen sich als Diskussions- und Reflexionsanlässe, wenn sie neben Identifikationen ebenso Distanzierungen und Verfremdungen ermöglichen. In zahlreichen Geschichten und Textpassagen finden sich konsumbezogene Sachverhalte (Pippi Langstrumpf, deren Koffer voller Goldmünzen ihr nahezu unbegrenzte materielle Ressourcen verschaffen kann; Momo und die Konsumierbarkeit von (gemeinsam geteilter) Zeit; Timm Thaler, der sein Lachen verkaufte etc.).

Die Etikettierung der folgenden Vorschläge als „Bausteine" soll verdeutlichen, dass sie die konkrete Unterrichts-Vorbereitung weder ermöglichen noch ersetzen können. Es handelt sich um (Vor-)Produkte, die bestenfalls aktiven Konsum provozieren, indem sie weitere „Produktion" (Unterrichtsvorbereitung, -durchführung, -reflexion) anregen.

1. Produktlinienanalyse (PLA)

Aus der Ökonomie stammt das Verfahren der Ökobilanzierung bzw. der Produktlinienanalyse (PLA). Dabei wird untersucht, welche Stoffe und Ressourcen (Energie, Wasser) zur Herstellung eines Produktes nötig waren. Es geht aber nicht nur um die technischen oder ökonomischen Prozesse, sondern auch darum, welche möglichen Umweltauswirkungen die Herstellung, Verarbeitung, der Transport aber auch die

Entsorgung haben. Ausgewählte Konsumprodukte, die der Lebenswelt der Kinder entstammen, wie Spielwaren, Kleidungsstücke, Nahrungsmittel oder Süßwaren können hinsichtlich ihrer Genese analysiert und mit anderen verglichen werden. Wie schon in traditionellen Unterrichtsreihen (z. B.: „Vom Korn zum Brot") beabsichtigt, ginge es auch hier zunächst darum, die Lernenden über Verfahren und Besonderheiten der (industriellen) Konsumgüterproduktion (Wie wird ein Schokocreme-Brotaufstrich hergestellt?) zu informieren. Zudem sollte an dem gewählten Produkt aber vor allem ein exemplarischer Eindruck von der Komplexität moderner Konsumgesellschaft vermittelt werden. Welche Arbeitsschritte an welchen Orten der Welt waren nötig, ehe die Creme auf's Brot gelangt: Vorprodukte (der Inhaltsstoffe, Verpackungen, Etiketten, Farben), Zulieferer, Zeiten, Absprachen, Termine aber eben auch ökologische Auswirkungen (Ressourcenverbrauch, Pestizideinsatz, Monokulturen) können von den Lernenden entweder selbst recherchiert oder anhand vorbereiteter Informationsmappen (arbeitsteilig) erarbeitet werden.

Risiken: Getragen von der Sorge, die Schüler/innen in ihrer Vorstellungskraft nicht zu überfordern, werden vielfach vermeintlich anschauliche Produktionsverfahren und Konsumprodukte als Beispiele gewählt (Handwerkliche Produkte wie Töpfer- oder Backwaren, Nischenprodukte wie handgeschöpftes Papier, Milch vom Bauernhof etc.). Vereinfachungen, Typisierung bis hin zu sachlich unhaltbaren Darstellungen befördern dann wohl eher eine harmonisch verklärte Vergangenheitsromantik, als dass sie dazu verhelfen könnten die Lernenden angemessen über die Produktions-, Distributions- und Konsumtionsverhältnisse einer modernen Industriegesellschaft aufzuklären. Auch Sachverhalte, die in der Gesellschaft kontrovers diskutiert werden (ökologische oder gesundheitliche Wirkungen bestimmter Produkte wie Tetra-Packs oder Tomatenketchup), dürfen im Unterricht nicht als eindeutig (ökologisch bzw. gesundheitlich bedenklich) dargestellt werden (Kontroversitätsprinzip).

> Brüntjes, W.: „Kakao und Schokolade" – ein Brückenschlag, in: Gärtner, H./Hellberg-Rode, G. (Hrsg.): Umweltbildung & nachhaltige Entwicklung. Band 2: Praxisbeispiele. Baltmannsweiler 2001, S. 159–187
> Popp, S./Beyer, N.: Die Geschichte der Schokolade. Historisches Lernen am Beispiel einer Kolonialware. In: Grundschule, 34 (2), (2002), S. 43–46
> Kahlert, J.: Worin kaufe ich meinen Orangensaft? Eine Einführung in die Idee der Ökobilanzen. In: Praxis Grundschule, 19(2), (1995), S. 8–11

Lesetipp

2. Spurensuche

Neben den ökologischen stehen zum Teil auch die sozialen Aspekte von Konsumprodukten in der Diskussion („Fairer Handel" oder „Transfairprodukte"): Welche Menschen waren beteiligt, ehe global hergestellte Produkte wie Kaffee, Schnittblumen, Spielzeug oder Lederfußbälle im Verkaufsregal liegen? Ein namhafter Sportartikelhersteller geriet in die öffentliche Kritik, als bekannt wurde, dass die unter seinem Label vertriebenen Fußbälle von Kindern und unter fragwürdigen Bedingungen in Fernost produziert wurden. Anders als bei der PLA stehen hier also nicht so sehr die Waren selbst, sondern die an ihrer Herstellung beteiligten Menschen im Fokus des Interesses: Ihre soziale Situation, ihre Lebensumstände, ihre Geschichte(n), die Zwänge aber auch die Wünsche, Motive und Interessen in der Gestaltung ihrer Arbeit. Indem Kinder sich mit diesen Hintergründen auseinandersetzen, erfahren sie etwas über die sozialen Bedingungen, unter denen die Dinge ihres (täglichen) Bedarfs produziert werden. Produkte verlieren den Schein von ausschließlicher Sachlichkeit und Anonymität und können so jeweils als von menschlichem Entscheiden und Handeln abhängig begriffen werden. Insgesamt soll die „Spurensuche" bei den Lernenden das Verständnis dafür fördern, dass und wie Produktion in (globale) Macht- und Herrschaftsverhältnisse eingebettet ist.

Risiken: Auch wenn dabei zunächst immer die Situation einzelner Menschen in den Mittelpunkt gerückt wird, darf sich die „Spurensuche" nicht mit der Darstellung von Einzelschicksalen begnügen. Stattdessen sollen die strukturellen Hintergründe und Umstände gegenwärtiger (globalisierter) Produktion veranschaulicht werden.

> Klein, N.: No Logo! Der Kampf der Global Players um Marktmacht. Ein Spiel mit vielen Verlierern und wenigen Gewinnern. München 2001

3. Konsumketten

Wenn Schüler/innen sich mit dem Aspekt „Konsumketten" befassen, kann ihnen der Umstand veranschaulicht werden, dass es sich beim Konsumieren nicht allein um einen isolierten Kaufakt, sondern um einen mehrphasigen, dynamischen und z. T. langdauernden Prozess handelt. Als Beispiel können Produktvergleiche herangezogen werden, anhand derer die unterschiedliche Dauer und Bedeutung verschiedener Konsumprozesse illustriert werden können. Sowohl der Erwerb eines Eigenheims als auch der Kauf einer Tüte Eiskonfekt lässt sich in identische Phasen untergliedern: Motivbildung – Entscheidungsphase – Marktentnahme – Verwendung – Entsorgung. Unterschiedlich aber sind Dauer und Bedeutung der einzelnen Phasen. Während sich das Motiv für den Kauf eines Eigenheimes in Jahren entwickelt, wird es sich beim Eiskonfekt eher um eine spontane Lust oder eine wiederkehrende Gewohnheit handeln. Der Entscheidung für ein bestimmtes Eiskonfekt (und eben nicht für andere Süßigkeiten oder Salzgebäck) stehen beim Eigenheim-Erwerb nicht selten jahrelange Informations- und Diskussionsprozesse mit Lebensgefährten, Freunden, Verwandten, Architekten, Bauunternehmern, Bankangestellten und Behördenvertretern gegenüber, die den nachfolgenden Kaufakt zu einem eher singulären Ereignis werden lassen.

4. Orte des Konsums

Auch wenn erst Menschen in ihren Rollen als Käufer/in bzw. Verkäufer/in einen Ort zum Konsumort machen, lassen sich neben dem Hauptengagement (Goffmann) Kauf bzw. Verkauf immer auch vielfältige Nebenengagements beobachten, die durch diese Orte bestimmt und verändert werden. Auf Wochenmärkten, an Kiosken, in Friseursalons entwickeln sich während der Verkaufsgespräche und weit darüber hinaus mannigfaltige soziale Beziehungen. Unterschiedlichste Menschen treffen aufeinander, kommunizieren und lassen sich verführen. Vertrauen wird geschaffen und enttäuscht, Kontakte werden geknüpft und beendet, Gewohnheiten entstehen und habitualisieren sich.
Ein Vergleich in historischer Perspektive kann Auskunft darüber geben, wie sich Konsumorte verändert haben. Wo findet (fand) Konsum heute (früher) statt: was ist das Besondere an „fliegenden Händlern" und Orten wie einem Kolonialwarenladen, einem Kaufhaus um die Jahrhundertwende, einem Supermarkt, einer Shopping-Mall? Allein die Quantität der dargebotenen Waren hat sich vervielfacht. Während sich in einem „Tante-Emma"- Laden nur mehrere hundert Produkte des täglichen Bedarfs fanden, umfasst allein der Quelle-Katalog heute mehr als 100000 Konsumartikel. Es können Entgrenzungen nachgezeichnet werden, die sowohl mit einer (sozialgeografisch analysierbaren) Trennung von Wohnen, Arbeiten und Leben zu tun haben, als auch die Orte selbst betreffen. In der historischen Entwicklung des Einkaufens kommt es seit Mitte des vergangenen Jahrhunderts oftmals zu einer Verschränkung von Freizeit und Konsum. An die Stelle rigider Markt- und Öffnungszeiten treten (in den USA seit 1956) überdachte, ausgeklügelt beleuchtete und klimatisierte Shopping-Malls mit aufwendig inszenierter Innenarchitektur, um den Kaufakt so angenehm wie möglich zu gestalten. In diesen gigantischen Erlebnisräumen haben neben Kaufhäusern und Einzelhandelsgeschäften auch Kinocenter, gastronomische Einrichtungen, Sport- und Freizeitparks Platz. Im Zuge dieser Entwicklung werden einstmals (halb-) öffentliche Räume wie Bahnhöfe, Flughäfen und Sportstätten in multifunktionale Anlagen verwandelt.

Risiken: Dennoch gibt es keine eindeutige Entwicklung hin zu immer größeren Konsumorten; gleichwohl lässt sich zeigen, dass den unterschiedlichen Dispositionen von Käufer/innen, Lebensstilen, Kaufgewohnheiten etc. zugleich ein differenziertes und diversifiziertes Angebot an Waren gegenübersteht. Mit der zunehmenden Ausbreitung gigantischer Einkaufszentren und Shopping-Malls nutzt sich deren Attraktivität ab und wird womöglich wiederum zum Auslöser für gegenläufige Tendenzen: Bedürfnisse nach Authentizität, Exklusivität, Überschaubarkeit des Warenangebotes und der Konsumorte verschaffen sich Geltung.

Ronneberger, K.: Disneyfizierung der Europäischen Stadt? Kritik der Erlebniswelten. In: Bittner, R. (Hrsg.): Die Stadt als Event. Edition Bauhaus, Band 10. Frankfurt/Main 2002, S. 87–97.
Spiekermann, U.: Hereinspaziert in die Welt Ihrer Träume! Das Warenhaus als Ort des Konsums. In: Praxis Geschichte, 11(4), (1998), S. 36–39

5. Supermarkt-Strategien

Eine unterrichtliche Auseinandersetzung mit den Orten des Konsums kann vertieft werden, indem die *Qualität* dieser Orte näher betrachtet wird. So handelt es sich bei Supermärkten meist um sensualistisch überwältigende Räume, in denen eine Inszenierung von Waren aller Art erfolgt: Wie werden welche Waren platziert (Quengelware an den Kassen, Grifflücken in den Regalen ...); welche ästhetischen und haptischen Arrangements aus Farben, Geräuschen, Gerüchen und Spiegeln (die Fülle vortäuschen) gibt es; wie sind welche Waren angeordnet ((Augen-)Höhe, Leserichtung ...); wo finden sich welche Produkte (Grundnahrungsmittel, Sonderangebote); welche Funktion haben Probierstände und auffällige Werbeinszenierungen; wie wird die Aufmerksamkeit der Konsument/innen auf welche Produkte gelenkt („Impulswaren")? Auch hier bieten sich (historische oder interkulturelle)Vergleiche in der Darbietung der Produkte (und Dekorationen) auf dem Tresen eines Tante-Emma-Ladens und in den Verkaufstheken eines Supermarktes an.

Risiken: Auch wenn die Gestaltung moderner Supermärkte (und anderer Geschäfte) von umfassenden verkaufs- und werbepsychologischen Strategien geprägt ist, lässt sich nicht immer ein unmittelbar linearer Zusammenhang zwischen Warenpräsentation einerseits und deren Rezeption andererseits konstatieren.

> **Lesetipp**
>
> Grunenberg, C.: Wunderland- Inszeniertes Spektakel der Warenpräsentation von Bon Marché bis Prada. In: Hollein, M./Grunenberg, C. (Hrsg.): Shopping, 100 Jahre Kunst und Konsum. Ostfildern-Ruit 2002, S. 17–37.

6. Einkaufstasche

Womöglich noch detaillierter lassen sich konsumhistorische Entwicklungen en miniature nachzeichnen. Am Beispiel der Entwicklung von Einkaufsbehältnissen lassen sich Reflexionen darüber anstellen, in welchem Verhältnis Formgebung und Funktion konsumbezogener Objekte zueinander stehen können. Es lässt sich eine Linie zeichnen vom geflochtenen Weidenkorb, über modische Einkaufstaschen und -netze, Plastiktüten als (zunächst kostenlose, später kostenpflichtige) Werbeträger, Jutetaschen als ökologisch-korrekt attribuierte Allzweckbeutel bis hin zum virtuellen Warenkorb in den Online-Shops. Auch der Einkaufswagen hat sich seit dem Aufkommen der ersten Selbstbedienungsläden in Deutschland in seinem Erscheinungsbild deutlich verändert. In den heutigen Supermärkten besteht die Wahl zwischen verschiedenen Modellen, so dass selbst Kinder mit speziellen „Rallye-" oder Kinder- Einkaufswagen durch das Warensortiment (ge-) fahren (werden) können. Der untenstehende Materialvorschlag kann als Gesprächs- und Reflexionsanlass eingesetzt werden.

„1948 wurden in Deutschland die ersten Selbstbedienungsläden eingeführt. Mitte der fünfziger Jahre, die als der Übergang von der Industrie- zur Konsumgesellschaft gelten, waren schon 75% der Geschäfte nach dem neuen Prinzip organisiert. Fertig

Material

Abb. 1: Einkaufswagen „Pick-Up-1" Wanzl Metallwarenfabrik GmbH, Leipheim 1948; Metall, Kunststoff, Gummi; 98 x 40 x 75 cm Leipheim, Wanzl Metallwaren GmbH (aus: Lepp 1999, S. 270)

abgepackte Regalwaren wurden zur Regel, und der Kunde mußte von nun an seine Waren selbst zusammensuchen und zur Kasse transportieren. Wie kein anderes Objekt steht der dazu erfundene Einkaufswagen als Vehikel für die Bedürfnisbefriedigung und individuelle Selbstverwirklichung, deren Spektrum allzu oft als proportional zur Anzahl der angebotenen Artikel mißverstanden wird. Neueste Versuche gehen dahin, die Bedürfnisse des Käufers mit Hilfe des Einkaufswagens noch genauer und effektiver zu ermitteln: Der mit einem Sender versehene Wagen wird permanent durch Sensoren im Supermarkt lokalisiert. Auf diese Weise lassen sich Kundenströme, Verweildauer etc. bestimmen. So ergaben z. B. amerikanische Analysen, daß Männer, die am Wochenende den Windeleinkauf für den Nachwuchs übernehmen, sich besonders gern mit Dosenbier belohnen. Folgerichtig rückte die Supermarktleitung Windeln und Bier zusammen und setzte die jeweiligen Sonderangebote für die Spitzenzeiten aus." (Lepp 1999, 270).

Abb. 2:
Maurizio
Cattelan.
Less than
Ten Items
1997
Galvanisiertes
Metall,
Plastik
und
Gummi,
107 x
211,5 x
57,2 cm
Sammlung
Olbricht.
(aus:
Hollein
2002,
S. 89)

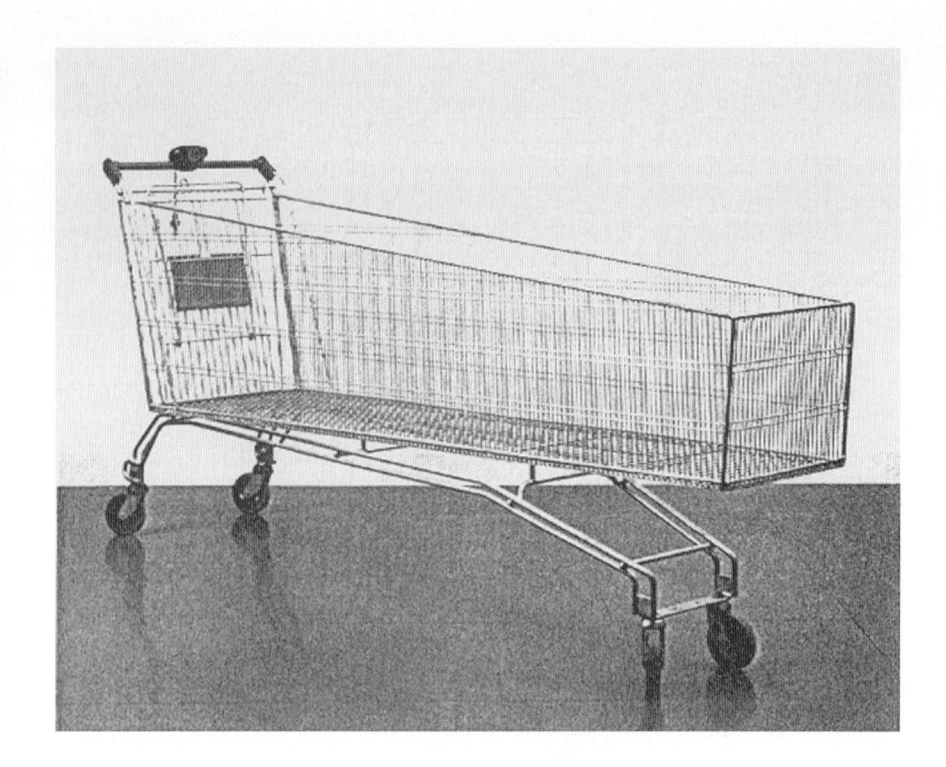

7. Konsumverzicht

Zum Konsum-Handeln kann ein Zugang gewählt werden, der gerade nicht die lebensweltlichen Erfahrungen der Schüler/innen zum Ausgangspunkt hat, sondern auf Verfremdung abzielt. Dazu können als Beispiele religiöse Bettelorden, die „Simplicity-Circles" (Selbsthilfegruppen, in denen sich die Mitglieder an die „wahren Werte" des Lebens erinnern), die nordamerikanische Amish-Gemeinschaft o.ä. herangezogen werden. Ihnen allen ist das Streben nach Einfachheit und das Ziel eines weitgehenden Verzichts auf Konsumgüter gemein. Daneben gibt es weitere Beispiele für Versuche, aus der Übermacht und Alltäglichkeit des Kaufens auszubrechen, indem Dinge des täglichen Bedarfs selbst hergestellt, getauscht, repariert, wiederverwertet oder in anderer (nicht immer legaler) Weise beschafft werden oder indem gänzlich auf ausgewählte Produkte verzichtet wird. Politisch oder religiös motivierte Boykott-Aktionen erstrecken sich meist über einen längeren Zeitraum oder sie finden regelmäßig an verabredeten Tagen („Buy-nothing-day") statt.

In Interviews mit Mönchen, Nonnen etc. und nachfolgenden Unterrichtsgesprächen können die jeweiligen Motive der Akteure herausgearbeitet werden (Wie leben die Leute, warum verzichten sie: worauf verzichten sie; worauf nicht ...), bevor Reflexionen darüber erfolgen, ob es für Konsumverweigerer überhaupt ein temporäres oder gar gänzliches Entrinnen aus den Strukturen des (kommerziellen) Bedürfens, Begehrens und Wünschens geben kann.

Abb. 3:
ESCAPE,
Marc de Jong
Quelle: www.adbusters.org

Risiken: Womöglich kann von anschaulichen Berichten oder einzelnen Schilderungen auch eine Faszination ausgehen, die weniger zur Aufklärung als eher zu einer Emotionalisierung beitragen würde. Auch hier gilt es Romantifizierungen und andere Verklärungen zu vermeiden; statt emotionaler Ergriffenheit muss den Lernenden immer auch Distanz möglich sein.

Breidenbach, J./Zukrigl, I.: Einfach leben. In: brand eins Wirtschaftsmagazin, 3 (1), (2001)
www.adbusters.org

Lesetipp

8. Konsumwünsche

Ein wesentlicher Teilaspekt des Konsumprozesses steht im Vordergrund, wenn die verschiedenen *Motive* von Konsument/innen betrachtet werden. Dabei kann deutlich werden, dass diese oftmals sehr disparaten Bedürfnisse Wünschen bis hin zu Süchten (Spielsucht, Ess-Störungen) entspringen können. Auch hier lenkt ein Denken in Alternativen die Aufmerksamkeit auf deren soziale Bedingtheiten (Wünsche nach Anerkennung, Zugehörigkeit, Abgrenzung etc.):
− Worauf kann besser/nicht verzichtet werden?
− Was geschieht, wenn Wünsche aufgeschoben/immer unmittelbar erfüllt werden?

Wie verändern sie sich (werden sie stärker/dringlicher, bleiben sie gleich oder verschwinden sie womöglich)?
– Wie verbinden sich individueller Konsum und persönlicher Lebensstil?

Risiken: In jeder Diskussion über handlungsleitende Motive besteht die Gefahr von (vorschnellen) Individualisierungen und Psychologisierungen. Stattdessen kommt es in der Umsetzung dieses „Bausteins" aber gerade darauf an, die sozialen, kulturellen und kommunikativen Voraussetzungen individuellen Konsumverhaltens auszuweisen.

> **Lesetipp**
> Baedeker, C./Kalff, M/Welfens, M.: Clever leben: MIPS für KIDS. Zukunftsfähige Konsum- und Lebensstile als Unterrichtsprojekt. München 2001
> SWZ (Sache-Wort-Zahl), Lehren und Lernen in der Grundschule. Wünschen und Brauchen, 25(12), (1997)

9. Produktentwicklung

Der Aspekt „Produktentwicklung" stellt abermals die Konsumgüter in den Vordergrund. Allerdings findet auch hier eine Perspektiv-Verschiebung statt: Die Idee hierbei ist, die Schüler/innen ein Produkt (zumindest gedanklich) selbst erfinden und entwickeln zu lassen. Wie in den Fantasiephasen von Zukunftswerkstätten stehen ihnen dazu (im Prinzip) alles Wissen, alle Ressourcen und ausreichend Zeit zur Verfügung: Was können/sollen andere Menschen (ge-)brauchen; welche Produkte werden nachgefragt? So kann es gelingen die nötige Kreativität zu entwickeln, aus der heraus sie völlig neue Konsumartikel entwerfen (und modellieren) können. Dies ist ein weiterer Versuch – nun anhand fiktionaler Produkte – über deren soziale Attribuierungen (symbolischer Wert, Gebrauchswert, Distinktion) in ein Gespräch zu kommen und dabei Kriterien ihrer Gewichtung zu reflektieren.

Weitergehend kann dieser Ansatz dazu genutzt werden, Grundschüler/innen Vielfalt und Komplexität der Bedingungen und Voraussetzungen moderner Konsumgüter-Produktion (Von der Idee zum Produkt) zu veranschaulichen. Evtl. ist es dazu nötig, den Schüler/innen vorab einen Einblick in die Verfahren industrieller (Massen-) Produktion zu geben. Hier bieten sich didaktisch aufbereitete Sequenzen an, wie sie bspw. für „die Sendung mit der Maus" entwickelt worden sind. Auch hierbei sollte neben der technischen, vor allem die soziale Genese von Konsumgütern (Entscheidungen, Unsicherheiten, Codierungen, Resonanzbedingungen) in den Fokus der Aufmerksamkeit gerückt werden.

Infotipp: www.die-maus.de/sachgeschichten

10. Marketing-Expert/innen

Dieser „Baustein" führt den Ansatz der „Produktentwicklung" fort und behandelt Werbung als spezifische Form der Kommunikation. Es soll hier davon ausgegangen werden, dass Schüler/innen die Perspektive von „Marketing-Expert/innen" einnehmen, um selbst (spielerische) Möglichkeiten und Strategien der Vermarktung (handelnd) zu eruieren. Arbeitsteilig können Kleingruppen für fiktionale oder faktisch vorhandene Waren (z. B. Bleistifte, Brausepulver, Bubble-Gum) ein „productplacement" (verkaufsfördernde Attribuierungen, mögliche Zielgruppen, Präsentationsformen etc.) konzipieren und einander wechselseitig vorstellen. Die sich anschließende Diskussion sollte weniger entlang der möglichen Erfolgsaussichten einer solchen „Werbekampagne" sondern insbesondere über die sozialen Mechanismen der (medialen) Kommunikation erfolgen. Indem die Schüler/innen Techniken zur Einschränkung einer Souveränität der Konsumenten kennenlernen und selbst versuchen, auf die Motive und Einstellungen von potenziellen Konsumenten Einfluss zu nehmen, erfahren sie, dass und auf welche Weise Präferenzen verschoben oder neue Bedürfnisse erzeugt werden können. Es ist denkbar, damit über den Informationswert hinaus ein stärker reflexives Verständnis zeitgenössischen Konsums zu fördern.

> Kleber, E.: Kinder und Werbung. In: Lernchancen, 3(14), (2000), S. 15–19
> Hier wird ein Projekt zur Herstellung eigener Werbespots beschrieben.
>
> *Lesetipp*

11. Trendsetting

Wieder unmittelbar von den lebensweltlichen Erfahrungen der Schüler/innen ausgehend können Fragen danach behandelt werden, wie Trends entstehen, sich etablieren oder „floppen". Allerdings ist dazu nicht selten der Überblick über eine längere Epoche von Jahren notwendig. Entsprechende Erfahrungen können jedoch bei Lernenden im Grundschulalter kaum vorausgesetzt werden. Ein Ausweg stellt die Thematisierung jener („kurzlebigen") Produkte dar, deren Aufkommen, nachfolgend ausgelöste Begeisterung, zunehmende Verbreitung und einsetzendes „Aus-der-Mode-kommen" auch Lernende dieses Alters bereits selbst erlebt haben könnten. Wenn bspw. Grundschüler/innen im Jahr 2004 erkunden, wann Tamagotschis, Pokémon-, Diddl-, Felix- und Harry-Potter-Artikel in ihr eigenes Leben Einzug hielten und worin deren gegenwärtige Bedeutung liegt, kann schon bei ihnen ein reflexives Verhältnis zu eigenen biografischen Konsumerfahrungen gefördert werden. Eine weitere Möglichkeit, um Kindern zu veranschaulichen, wann etwas „in" und „out" war, eröffnet ein intergenerationaler Vergleich: Bilder, Erzählungen und Interviews von und mit Eltern, Großeltern, Verwandten und anderen älteren Bezugspersonen illustrieren Kleidungs- und Modetrends. Die aus unterschiedlichen Generationen zusammen getragenen Fotos vom Einschulungstag, von Geburtstagen, (Weihnachts-)Feiern oder Urlaubsreisen sind ein Fundus für (historisch) vergleichende Analysen von Konsumobjekten (Bekleidung, Spielzeug, Nahrungsmittel, Accessoires, Möbel etc.).

> Andersen, A.: Der Traum vom guten Leben: Alltags- und Konsumgeschichte vom Wirtschaftswunder bis heute. Frankfurt a. M. und New York 1994
> Simmel, G.: Die Mode. In: Simmel, G.: Philosophische Kultur. Über das Abenteuer, die Geschlechter und die Krise der Moderne. Gesammelte Essays. Potsdam 1923. Neuausgabe Berlin 1998, S. 38–63

12. Merchandising-Strategien:

Viele Grundschulkinder sind vermutlich selbst schon „Opfer" der Leidenschaft des Sammelns von „Klebe-Bildchen" (Fußball- und Popstars, Comic- und Spielfiguren etc.), von „Fortsetzungsgeschichten" (in Comics und anderen Kinder-Zeitschriften) oder von (Spielzeug-)Produktserien geworden. Dieser spezifischen Form von (symbolischem) Konsum liegen Merchandising-Strategien zu Grunde, die ein Bedürfnis nach Vollständigkeit, Einheit und Konsistenz aufgreifen. Die Lernenden können ermitteln, welche solcher auf „Sammeln" angelegten Produkte sie selbst kennen. Wie verändert sich die Einstellung zu den einstmals begehrten Objekten: Kauferlebnis, Freude, Enttäuschung, Stolz, nachlassendes Interesse, fehlende Wertschätzung durch Freund/innen, zurückgehende Bedeutung in der (medialen) Öffentlichkeit, Gleichgültigkeit, aber auch deren Wiederentdeckung oder Wertsteigerung.

> Moisa, C.: Merchandising im Unterricht. Ein Modell zur Konsumerziehung in der Grundschule. In: Preuß, V./ Steffens, H. (Hrsg.): Marketing und Konsumerziehung – Goliath gegen David? Frankfurt und New York 1993, S. 299–323

13. Konsumieren ohne zu gebrauchen oder zu verzehren?

Wo beginnt Konsum; wo hört er auf? Die Erfahrung, dass Konsum nicht an Objekte gebunden sein muss und umgekehrt, etwas Begehrtes nicht immer zugleich gegen Geldzahlungen erworben werden muss, kann ein weiterer Ausgangspunkt für eine Diskussion über die Bedeutung und das Ausmaß von Konsum in der Gesellschaft sein. Die Teilnahme an Kino-, Kirmes-, oder Konzertveranstaltungen ist meist kostenpflichtig, aber können schöne oder ärgerliche, amüsante oder traurige Erinnerungen auch konsumiert werden? Selbst die Beobachtung, dass mit dem Besuch dieser und ähnlicher Veranstaltungen oftmals der Erwerb von (sehr typischen und tradierten) Konsumartikeln wie Limonaden oder Zuckerwatte einher geht, ändert nichts an dem Umstand, dass schon allein die Anwesenheit bezahlt werden muss. Andererseits sind die gemeinsam verbrachte Zeit mit Freund/innen beim Spielen, das Erlebnis von (sportliche) Erfolgen und der Spaß auf Feiern und Partys nicht käuflich.

14. Konsumieren ohne zu kaufen

Von der Einsicht, dass Konsumprozesse nicht immer an Käufe gebunden sein müssen, geht auch dieser „Baustein" aus. An Zahlungen gebundene Konsumprozesse können ganz oder teilweise umgangen werden, indem Produkte selbst hergestellt, getauscht oder geliehen werden. Kreative Bastelarbeiten, Handwerksartikel und Kunstobjekte, genähte oder gestrickte Kleidungsstücke, selbstgebackene Kuchen und -gekochte Speisen, selbst inszenierte Aufführungen und Musikdarbietungen, ausgeliehene Gegenstände und Geschenke sind ebenso Teil des Alltags von Grundschulkindern wie käuflich erworbene Waren. In Gesprächen der Lerngruppe über diese und ähnliche Beobachtungen und Erlebnisse können Beurteilungskriterien herausgearbeitet werden, anhand derer der Zusammenhang von Bedürfnissen, Wünschen, Zahlungen und Konsumprozessen differenzierter reflektiert werden kann.

15. Zeitenreise

Zielsetzungen historischen Lernens kann entsprochen werden, wenn die Entstehung und Veränderung von bekannten Konsumartikeln erarbeitet und nachgezeichnet wird: Welchem geschichtlichen Wandel unterliegen ausgewählte Konsumartikel; seit wann gibt es überhaupt bestimmte Produkte; wie haben sich Verpackung und Werbung verändert; mit welchen ästhetischen Mitteln (Farben, Formen) sollten wünschenswerte Eigenschaften (z. B. bei Jogurt-Verpackungen, die Frische und Gesundheit suggerieren) herausgestellt werden? Traditionell und gegenwärtig immer noch etablierte Spielwaren (Teddy-Bären, Puppen, Modelleisenbahnen, LEGO-Spielzeug etc.) oder Lebensmittel (Zwieback, Cerealien, Backzutaten etc.) dienen als Beispiele für den Wandel von konsumbezogenen Wahrnehmungs- und Handlungsmöglichkeiten in unterschiedlichen Generationen. Die Firmen- und Produktgeschichten sind z. T. gut dokumentiert. In didaktisch aufbereiteter Form können solche Materialien die Lernenden dabei unterstützen zu analysieren, wie sich einzelne Produkte ihrer Umgebung und deren Gebrauch im Laufe der Zeit verändert haben. Indem sie eine Vorstellung davon gewinnen, welche absichtsvollen und unbeabsichtigten Wirkungen menschlichen Handelns mit diesen Veränderungen einhergehen, werden Einsichten wie „Zeit-" und „Möglichkeitsbewusstsein" (GDSU 2002: 9) gefördert.

> Fenn, M.: Haribo macht Kinder froh ... Werbung im Wandel der Zeit. In: Grundschule, 32(9), (2000), S. 20–23
> Uhle, M.: Die Lego-Story. Der Stein der Weisen. Reinbek bei Hamburg 2000
> Hier wird u. a. die Lego-Story beschrieben; wie sich das Lego-Sortiment vierzig Jahre nach der Patentierung des ersten Achtknopfsteins in hohem Maße diversifiziert hat, so dass es im Jahr 1998 auf 2069 unterschiedlich geformte Elemente angewachsen ist.

Lesetipp

Abb. 4
aus:
www.brandt-
zwieback.de/
deutsch/presse/
main.htm

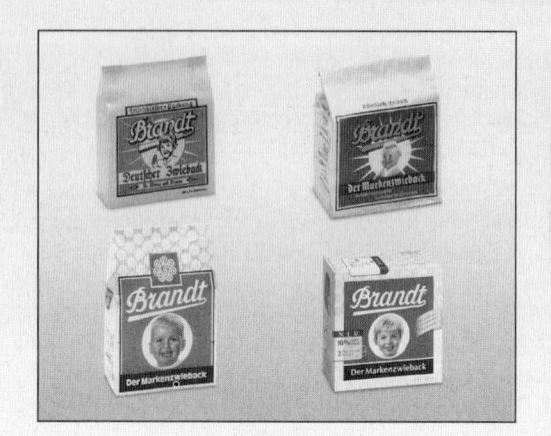

Lachende Kinder
Brandt-Zwieback wird 90 Jahre alt

Brandt Zwieback, die Marke mit dem lächelnden Kindergesicht, feiert in diesem Jahr ihr 90-jähriges Jubiläum. Längst Kult geworden, stehen das Kinderlachen auf orangenem Grund und der unverwechselbare Schriftzug für Frische und Qualität aus dem Hause Brandt. Zunächst nur als Zeichnung, ab 1952 mit neuen, pausbäckigen Zügen ganz im Stil der Wirtschaftswunderjahre strahlte das Kind von der Zwiebacktüte. 1973 wurde diese aktualisiert und ein neues Kinderlächeln fand sich neben dem seither weißen Brandt-Schriftzug und dem Siebenstern auf der Verpackung. Das heutige, wohl populärste aller Brandt-Kinder lächelt seit 1983 von der Zwiebackpackung. Brandt hatte also viele Gesichter. Doch eins haben alle gemeinsam: sie lächeln. Der Grund: das unvergleichlich knusprige Gefühl beim ersten Biss und der unverwechselbare Röstgeschmack, da fällt ein Lächeln wirklich nicht schwer.

Fotovermerk: Brandt-Zwieback/Digitales Fotomaterial erhältlich
Redaktion: ABC Euro RSCG, Kaiserswerther Str. 135, 40474 Düsseldorf
Tel.: 0211/9 14 98 50, Fax: 0211/9 14 98 55

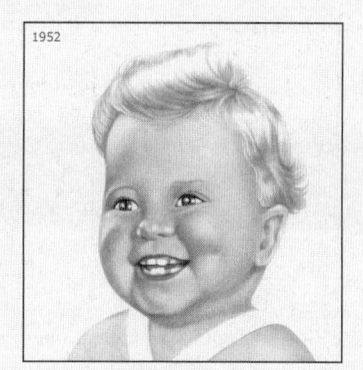

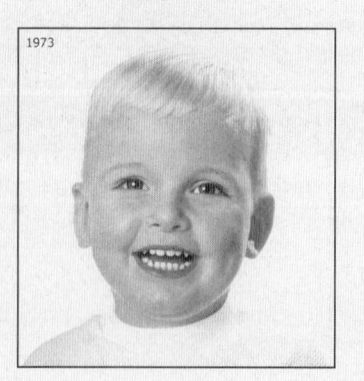

1929

1952

1973

1983

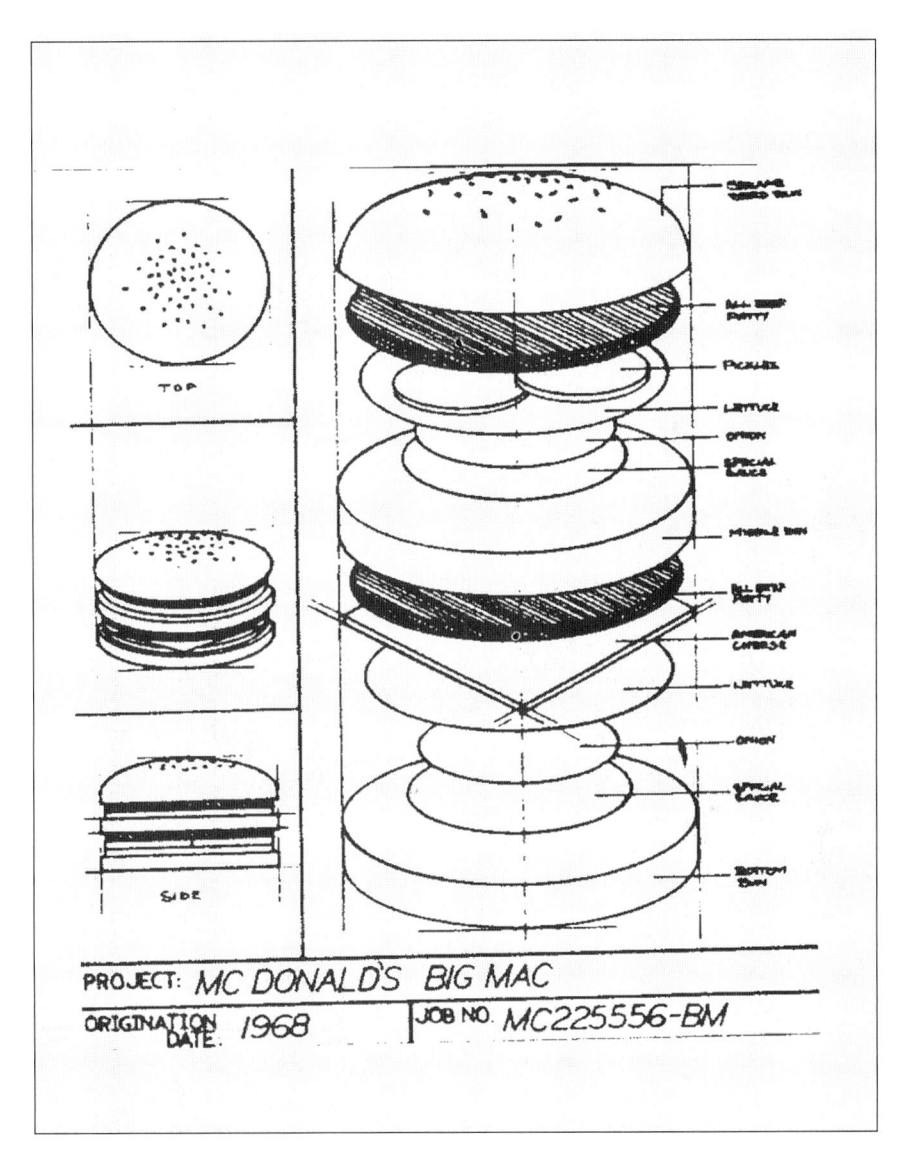

Abb. 5: „Bauanleitung" für einen McDonalds Bic Mac (aus: Bittner, R. (Hrsg.): Urbane Paradiese ..., 2001, 102)

16. Warentest

Die Konsumgüter selbst stehen erneut bei dem Aspekt „Warentest" im Vordergrund. Einen Ausgangspunkt bildet die Reflexion über subjektive und professionelle Kategorisierungen von Konsumobjekten (Herstellerangaben, Stiftung Warentest, Verbraucherzentralen). Mögliche Unterscheidungs- und Bewertungskriterien für Konsumartikel sollten von den Lernenden recherchiert und angeführt werden. Dabei

lassen sich einzelne Merkmale erneut differenzieren und analysieren. Zum Beispiel verbergen sich hinter dem Kriterium „Produktbeschaffenheit" meist sehr uneinheitliche und sich teils widersprechende Anforderungen, deren Gewichtung vor allem sozialen Einflüssen unterliegt:
– Ästhetik/Schönheit: Woran ermessen sie sich; wie lassen sie sich garantieren?;
– Qualitätsanforderungen (gesundheitliche, hygienische): Sind z. B. Frische, Haltbarkeit ohne (unerwünschte) Zusatzstoffe möglich; um welchen Preis ist eine gleichbleibende Qualität (insbesondere bei Naturprodukten wie Milch und Honig) zu gewährleisten?;
– Inhaltsstoffe: Welchen Zwecken unterliegt die Zusammensetzung eines Produkts?;
– Reparatur: Ist sie (einfach) durchführbar (oder handelt es sich um one-way-Artikel)?;
– Vereinheitlichung, Standardisierung (z. B. „Fischstäbchen" oder „Hamburger"): Worin liegen die Vorzüge; welche Nachteile und (ökologisch) ungewollten Nebenwirkungen ergeben sich?
– ...

> **Infotipp**
>
> www.verbraucherministerium.de: hier finden sich Hinweise auf regelmäßig initiierte Kampagnen (z. B. „FIT KID"), Projekte und Wettbewerbe, die sich z. T. direkt an Kinder richten.
> www.bvzv.de: Homepage des Bundesverbandes der Verbraucherzentralen e.V. mit links zu den Zentralen aller Bundesländer.

17. Gebrauchswerte

Um ein grundlegendes Verständnis und Bewusstsein der sozialen Attribuierungen von Waren und Dienstleistungen geht es, wenn die Relativität von Nutzenerwartungen und die Gewichtung einzelner Beurteilungskriterien von Konsumobjekten reflektiert werden. Impulsfragen („Wer braucht denn wohl überhaupt ein Produkt „xy...") können die Aufmerksamkeit auf Nützliches oder (angeblich) Unnützes aus der Warenwelt lenken. Ein in die Problematik einführender Erfahrungsaustausch ließe sich organisieren in der Form eines „Wühltisches" (alle bringen Sachen mit, die ihnen besonders gut gefallen), als „Schrottplatz" (alle bringen Sachen mit, die ihnen nicht (mehr) gefallen) oder als „Baustelle" (alle bringen Konsumobjekte mit, die (noch) nicht vollständig sind):
– welche Geschichten verbergen sich jeweils hinter den Gegenständen?
– woran mag es liegen, dass sie bislang unvollkommen sind?
– welchen Wünschen wurde entsprochen; welche Ansprüche sind enttäuscht worden?
– Mutmaßungen: warum wurde so etwas hergestellt; was ist passiert ... ?

Risiken: Weder zielt das vorgeschlagene Verfahren auf eine angeblich „objektive" Bewertung der unterschiedlichen Konsumobjekte ab, noch geht es ausschließlich darum, die ihrem Erwerb vorausgehenden Marketingstrategien offenzulegen. Es bestände die Gefahr, dass einzelne Kinder (vor anderen!) als willfährige Opfer von Werbung bloßgestellt würden. Der Unterrichtsbaustein „Gebrauchswerte" zielt insbesondere darauf ab, die sozialen, kulturellen und kommunikativen Voraussetzungen aller Bewertungen sichtbar darzustellen und so nachvollziehbar zu machen.

18. Symbolischer Konsum

Zwar können identische Produkte oftmals an ganz unterschiedlichen Orten (Jeans in Kaufhäusern, Boutiquen, Discountmärkten, Versandhäusern oder über das Internet) erworben werden, aber weniger die Konsumobjekte selbst als vielmehr diese Konsumorte und das durch sie symbolisierte Ambiente bestimmen z. B. deren vermeintlichen Wert.
Betrachtungen der Abläufe sozialer Zuschreibung (Wert schätzen, verächtlich machen etc.) können verdeutlichen, dass und wie Konsumobjekte symbolisch aufgeladen werden. Die Frage: „Wie reagieren wohl die anderen auf mich und meine Einkäufe?" lässt vielfältige Antworten je nach Bezugsgruppe (Eltern, Verwandte, Freund/innen, Lehrer/innen, Verkäufer/innen, Mitarbeiter/innen von Banken, (Zahn-)Ärzt/innen etc.) zu. Mindestens ebenso unterschiedlich würden die mutmaßlichen Reaktionen (und die darin zum Ausdruck kommenden Sichtweisen) ausfallen: Sie reichen wohl über Ärger, Neid, Stolz, der Ermahnung zur Sparsamkeit bis hin zu Hinweisen auf gesundheitliche und finanzielle Risiken. Auch dieser „Baustein" zielt darauf ab, die sozialen Mechanismen von Konsumprozessen zu veranschaulichen: Distinktion und Abgrenzung (von anderen) sowie Bedürfnisse nach gesellschaftlicher Anerkennung und das Bemühen um Zugehörigkeit (zu Gruppen) könnten herausgearbeitet werden.

> Unverzagt, G./Hurrelmann, K.: Marken, Stile und Gefühle. In: Unverzagt, G./Hurrelmann, K.: Konsum-Kinder. Was fehlt, wenn es an gar nichts fehlt. Freiburg im Br. 2001, S. 27–47   *Lesetipp*

19. Konsum-Konflikte

Alltägliche Fragen oder Diskussionen von Schüler/innen („Warum müssen Menschen, um konsumieren zu können, Arbeiten und Geld verdienen"; *„Ich habe viel mehr/viel teurere Spielzeuge, Kleidung etc. als Du!"*) können konstruktiv im Sachunterricht aufgegriffen werden. So ist es vorstellbar, die oftmals mit Konsumprozessen einhergehenden Spannungen und Konflikte zum Ausgangspunkt von Diskussionen werden zu lassen. Neben anderen Aspekten ökonomischen und sozialen Lernens eröffnen die Fragen vor allem auch vielfache Bezüge zu Phänomenen sozialer Ungleichheit (z. B. Markenartikel; Diebstähle; Unterschiede in der Zugänglichkeit zu Konsumorten; andere Benachteiligungen wie Wohnsituation, Mobilitäts- und Freizeitmöglichkeiten): Zu ergründen wäre u. a. *ob* und *wie* „Konsum" Verhältnisse sozialer Ungleichheit beeinflussen (erzeugen, verstärken, aufheben) kann.

Risiken: Um Etikettierungsprozesse aufgrund sozialer Unterschiede innerhalb einer Lerngruppe nicht noch zu verstärken, ist es nicht immer geboten, die lebensweltlichen Erfahrungen der Lernenden als Bezugspunkt zu wählen.

> Ollivier, M.: Papa mal anders. München 2002
> Beschrieben wird die Geschichte von Élodie und ihrer Suche nach Anerkennung. Im Mittelpunkt stehen die Gruppenzwänge in ihrer Clique, denen sie sich ausgesetzt sieht, nachdem ihr Vater arbeitslos wurde.

20. „Kaufrausch"

Die Reflexion eigenen Konsumverhaltens kann nicht nur aus der Perspektive der Extremposition „Konsumverzicht" (vgl. 7.), sondern auch aus dem kontrastierenden Erlebnis „Kaufrausch" erfolgen, um u. a. auch konsumkritische Positionen aufzugreifen. Verschiedene Fragen können hierbei als Diskussionsanlässe dienen:
– Was gefällt Dir/macht Dir Spaß wenn Du zum Schaufenster-Bummel/Einkaufen gehst?
– In welchen Situationen konsumierst Du?
– Was passiert im Anschluss an einen „Kaufrausch"?
– Kann/Soll man sich (Mut, Zuneigung, Lachen, Tiere, Zeit ...) kaufen/verkaufen?
– Aus welchen Gründen konsumieren Menschen (sog. „Shopaholics") unverhältnismäßig?
– Welche Wünsche lassen sich mit Käufen erfüllen; welche nicht?
– Was ist „Gutes Leben"?
– ...

Bei diesem „Baustein" können sich Verknüpfungen zum Philosophieren mit Kindern ergeben; etwa wenn es darum geht bspw. sprachphilosophische (Was ist „Konsum"?) oder erkenntnistheoretische (Was ist „Gutes Leben"?) Zusammenhänge aufzugreifen, um Erfahrungen des Zusammenlebens auszutauschen und differierende Meinungen auf ihre Voraussetzungen hin zu prüfen.

> Schriftenreihe der Arbeitsgemeinschaft Natur- und Umweltbildung e.V.: Bildung für eine nachhaltige Entwicklung in Umweltzentren. Thema: Konsum und Lebensstile, Band 10. Hiddenhausen 2001

Konsumbildung im Sachunterricht – ein Ausblick

Den Titel dieses Beitrages aufgreifend soll zum Schluss noch einmal betont werden, wie sehr die Konsumbildung im Sachunterricht der Grundschulen einer sozialwissenschaftlichen Fundierung und Konkretisierung bedarf, wenn sie tatsächlich die im Perspektivrahmen der GDSU (2002) formulierten und zu kategorialen Zielen bestimmten Kompetenzen von Schüler/innen anzustreben beansprucht.

Im Anerkennen und Aufgreifen der sozialkulturellen Rahmungen von sehr unterschiedlichen und teils auch widersprüchlichen Interessen, Lebensstilen und Deutungsmustern liegen – bei allen Unwägbarkeiten und Risiken – auch große Chancen: Im Falle des Taschengeldes ginge es dann wohl weniger um dessen vermeintlich altersangemessene Höhe oder die Anbahnung buchhalterischer Umsicht, sondern eher darum, dass Grundschüler/innen eine Vorstellung von dem Zusammenhang der sozialen Dynamik inmitten verfügbarer Ressourcen und der Ausgestaltung eines eigenen Lebens(-stils) selbstreflexiv erfahren können. Wenn das gelänge, hätte sachunterrichtliche Konsumbildung wohl ihren Anspruch auf Lebensweltbezug eingelöst und wesentlich beigetragen, Unterscheidungsvermögen und Selbstverfügbarkeit junger Konsument/innen in sozialer Verantwortung zu erhöhen.

Literatur

Bittner, R. (Hrsg.): Urbane Paradiese: Zur Kulturgeschichte modernen Vergnügens. Edition Bauhaus, Bd. 8. Frankfurt a. M. 2001

Bourdieu, P.: Die feinen Unterschiede. Kritik der gesellschaftlichen Urteilskraft. (Original: La distinction. Critique sociale du jugement. Paris 1979). (5. Aufl.) Frankfurt a. M. 1992

Ferchhoff, W.: Individualisierte Kindheit heute. Kindliche Entwicklungsbedingungen im Spannungsfeld von Konsumverhalten, Medienrezeption und öffentlichem Raum am Ende des 20. Jahrhunderts. In: Archiv für Wissenschaft und Praxis der sozialen Arbeit, 25(2), (1994), S. 108–123

Gabriel, Y./ Lang, T.: The Unmanageable Consumer. Contemporary Consumption and its Fragmentations. (Orig.: 1995) London u. a. 1997

GDSU (Gesellschaft für Didaktik des Sachunterrichts) (Hrsg.): Perspektivrahmen Sachunterricht. Bad Heilbrunn 2002

Hedtke, R.: Konsum und Ökonomik. Grundlagen, Kritik und Perspektiven. Konstanz 2001

Hollein, M./ Grunenberg, C. (Hrsg.): Shopping, 100 Jahre Kunst und Konsum. Ostfildern-Ruit 2002

Klein, H.-J.: Wirtschafts- und Konsumsoziologie, Lektion VII. In: Korte, H./ Schäfers, B. (Hrsg.): Einführung in spezielle Soziologien, Band IV. Opladen 1993, S. 141–166

Landa, N./ Rius, R.: So geht das im Supermarkt. Freiburg und Wien 2001

Lepp, N./ Roth, M./ Vogel, K. (Hrsg.): Der neue Mensch. Obsessionen des 20. Jahrhunderts. Stuttgart 1999

Reeken, D. v./ Schwier, V./ Hoppe, C.: Kinder und Konsum – Dimensionen der Integration im Sachunterricht und einige Konsequenzen für die Lehrerausbildung. In: Löffler, G. et al. (Hrsg.): Sachunterricht – Zwischen Fachbezug und Integration. Bad Heilbrunn 2000, S. 187–202

Literatur

Reeken, D.v./ Schwier, V.: Kritische Kauflust. Perspektiven einer Konsumbildung. In: Grundschulunterricht, 47(2), (2000), S. 23–28

Reisch, L. A.: Symbols for Sale: Funktionen des symbolischen Konsums. In: Deutschmann, C. (Hrsg.): Die gesellschaftliche Macht des Geldes. Leviathan, Zeitschrift für Sozialwissenschaft, Sonderheft 21. Wiesbaden 2002, S. 226–248

Schneider, N. F.: Konsum und Gesellschaft In: Rosenkranz, D./ Schneider, N. F. (Hrsg.): Konsum. Soziologische, ökonomische und psychologische Perspektiven. Opladen 2000, S. 9–22

13 | Georg Weißeno
Lernen über politische Institutionen – Kritik und Alternativen dargestellt an Beispielen in Schulbüchern

Problemstellung

Landläufig gilt die Vermittlung politischer Gegenstände im Sachunterricht als schwierig, als wenig motivierend, weil sie die Schülerinnen und Schüler in diesem Alter – so die Behauptung – noch nicht interessieren. Politik sei schwer verständlich, da sie zu abstrakt ist und sich z. B. im fernen Berlin oder Washington ereignet. Politik sei erst Älteren wichtig und noch nicht kindgemäß, da die Partizipation (z. B. durch Wahlentscheidung) erst später möglich wird. Überdies schade ein häufiger Medienkonsum der Entwicklung der Kinder, die ihre Aufmerksamkeit mehr den Kindersendungen schenken sollten. Nachrichten werden meist am Abend gesendet und sie bedienen sich eines Vokabulars, das Kinder noch nicht verstehen: Politik befinde sich deshalb außerhalb des Erfahrungshorizontes eines Kindes. Insofern seien allenfalls Annäherungen an die „große Politik" möglich durch die Analogiebildung von Familie und Politik, von Politik in der Gemeinde und Politik in Berlin oder Paris.
Das Aufsuchen der Politik im Kleinen vor Ort begrenzt sicherlich die Welterschließung. Der Kern der Politik, polity, politics, policy ist dabei meist nicht angesprochen. Möglicherweise wird der fatale Eindruck unterstützt, dass Politik ohnehin etwas wenig Erfreuliches ist, etwas aus dem man sich besser heraushält. So ist in der Praxis immer wieder zu beobachten, dass selbst existentielle aktuelle politische Probleme, wie Krieg und Terror, in der Grundschule nicht thematisiert werden. In vielen Klassen wurde weder über die Kriege in Jugoslawien und Afghanistan, noch über die politischen Folgen des 11. September 2001 gesprochen, obwohl es die meisten Kinder brennend interessiert haben dürfte. Die Nichtbeachtung zentraler aktueller poli-

tischer Ereignisse versucht Erfahrungsbereiche auszugrenzen und überlässt die politische Sozialisation anderen. Denn Kinder, die über einen Krieg von Mitschülern, Eltern oder Nachrichtensendungen nichts erfahren, gibt es eigentlich nicht. Auch Kinder wollen die Politik, das Handeln der Politiker/innen verstehen lernen.

Hier ist die Didaktik des Sachunterrichts gefordert, weil sie Antworten für die Erschließung der politischen Welt finden muss. Die allgemein gehaltene Forderung des „Perspektivrahmens Sachunterricht" der GDSU (2002, 6), das Lernen der Kinder „auf verantwortliches Handeln in öffentlichen und privaten Zusammenhängen" zu richten, scheint in der theoretischen fachdidaktischen Diskussion bisher wenig konkretisiert zu sein. Selbst der Perspektivrahmen schreibt den zur Zeit beobachtbaren Zustand fort, indem er lediglich fordert, „politisch-soziale Probleme angemessen zu behandeln, in die Kinder selbst eingebunden sind." (S.10) Die allgemeine Formel kann weit oder eng interpretiert werden. Wenn man hier herausliest, dass alle Themen, die die Kinder bewegen, behandelt werden sollen, liegt eine weite Interpretation vor, während eine enge die „Eingebundenheit" versteht als direktes Involviertsein, was z. B. bei Kriegen in der Ferne nicht möglich sein dürfte. Der Perspektivrahmen verweist in diesem Zusammenhang beispielhaft auf die „Rechte von Kindern (mit dem Ziel, in der Schule und im Gemeinwesen Rechte bewusst in Anspruch zu nehmen und dabei auch den Wert von Verantwortung für andere Menschen und für sinnvolle Ziele zu erfahren und zu praktizieren)" (S.10). Dies könnte man als eine enge Aufgabe verstehen.

Ob eine mögliche Beschränkung auf die unmittelbare Eingebundenheit der Kinder durchzuhalten und sinnvoll ist, wird zu diskutieren sein. In diesem Beitrag vertrete ich die These, dass die Beschränkung auf die politischen Institutionen vor Ort nicht ausreicht, um politische Prozesse verstehbar zu machen und um die viel weiter gehende Neugier der Kinder zu befriedigen. Hierzu prüfe ich exemplarisch die in den Schulbüchern vorherrschende „Institutionenkunde", indem ich die Erkenntnisse der Politikdidaktik berücksichtige. Grundsätzlich sollten Grundschülerinnen und -schüler nicht nur lernen eigene Rechte wahrzunehmen, sondern auch die unterschiedlichen Interessen bzw. Positionen in einem politischen Prozess zu verstehen. Die politische Urteilsbildung ist nicht erst ein Ziel für die älteren, sondern auch für die jüngeren Schülerinnen und Schüler. Zunächst diskutiere ich deshalb einige Überlegungen zum politischen Lernen im Sachunterricht und überprüfe dann an einem typischen Beispiel aus einem Schulbuch die konkreten Umsetzungsmöglichkeiten.

Didaktik des Sachunterrichts und politisches Lernen

Die Frage, wie politisch-soziale Probleme angemessen zu behandeln sind, wird in der Diskussion über die Didaktik des Sachunterrichts kontrovers beurteilt. Der Sachunterricht „will Fenster öffnen in unbekannte Bezirke und fremde Welten" (Duncker 1994, 29). Die politische Welt ist eine solche fremde öffentliche Welt, in der die Kinder noch nicht selbständig agieren können. Zudem folgt sie anderen Regeln als das private familiäre Leben. In der Didaktik des Sachunterrichts finden sich eine Reihe von Ansätzen, die mit diesem Problem unterschiedlich umgehen. Hier

unterscheide ich 6 verschiedene Grundmuster, die im Folgenden darauf hin zu überprüfen sind, wie sie dem Wesen des Politischen als fremder Welt gerecht werden:
- Interessenorientierter Ansatz
- Analogisierungsansatz
- Ansatz konzentrischer Kreise
- Erfahrungsansatz
- Lebensweltansatz
- politikorientierter Ansatz

Von vielen Didaktikerinnen und Didaktikern wird die Illusion genährt, dass die Kinder durch „die Teilnahme an Entscheidungen durch den Klassenrat" und/oder durch eine „problemorientierte Erkundung z. B. der Gemeindeverwaltung, des Umweltamtes, um deren Funktionsweise und Aufgaben kennen zu lernen und so diese Institutionen im eigenen Interesse nutzen zu können" (Prote 2000, 164) bereits zu Akteuren im politischen Leben werden. Aus politikwissenschaftlicher Sicht ist das engagierte Sich-Einbringen Einzelner oder kleiner Gruppen wünschenswert für das Gemeinwesen. Aber diese bürgerschaftliche Tugend muss abgestimmt sein mit anderen Tugenden wie z. B. Rechtsgehorsam, Loyalität, Gerechtigkeit und Solidarität (Buchstein 2002, 19). Erst dieses Set gemeinwohl-orientierter Einstellungen, die auch miteinander konkurrieren können, stößt zum Kern des Politischen vor. Die Engführung auf die Partizipation oder das Interesse reicht nicht aus, um das Verständnis des Politischen aufzubauen.

Die Formulierung eigener Interessen (z. B. die Forderung eines Spielplatzes) – selbst wenn sie gemeinschaftlich von einer Klasse vorgetragen wird – führt überdies nicht zwangsläufig zum Erfolg im öffentlichen Konzert der vielen Alternativen, die andere gesellschaftliche Gruppen formulieren. Meldet eine Klasse eine Forderung in der politischen Arena der Gemeinde an, so muss dies von den anderen Akteuren nicht einmal aufgegriffen werden, da sie andere Probleme für vordringlicher halten (z. B. die Finanzierung einer U-Bahn) und mächtigere Interessengruppen dahinter stehen. In diesem Zusammenhang muss vor der Weckung zu hoher Erwartungen an die Politik gewarnt werden, um nicht schon im Grundschulalter die Politikverdrossenheit durch die nicht zu vermeidenden Frustrationen zu befördern. Denn „Politik ist die Gesamtheit der Aktivitäten zur Vorbereitung und zur Herstellung gesamtgesellschaftlicher verbindlicher und/oder dem Gemeinwohl orientierter und der ganzen Gesellschaft zugute kommender Entscheidungen" (Meyer 2000, 15). Das Interesse eines Einzelnen oder sogar einer Klasse kollidiert immer mit anderen Interessen. Insofern ist die Formulierung von Einzelinteressen lediglich ein Baustein in der Gesamtheit der öffentlichen Aktivitäten. Politik ist mehr als Forderungen stellen.

Der weit verbreitete interessenorientierte Ansatz in der Didaktik des Sachunterrichts greift deshalb zu kurz und birgt eine große Gefahr für die Entwicklung des Politikverständnisses in sich, da er zu einer falsch verstandenen Anspruchsmentalität führen kann. Alle Bürgerinnen und Bürger, Schülerinnen und Schüler jeden Alters sollten lernen, dass die in einem demokratischen Verfahren produzierten Entscheidungen in ihrem Entstehungsprozess zwar immer offen, aber in ihrem Ergebnis für alle Betroffenen verbindlich sind. Die Förderung eines Betroffenheitskultes, der nur nach Aktionen ruft, würde den Aufbau eines realistischen Verständnisses von demokratischem Handeln unterlaufen, denn die Partizipation führt keineswegs zwangsläufig zum Erfolg. Zu beachten ist des Weiteren, dass man vor der Veröffentlichung von Forderungen eine rationale Abschätzung der Erfolgsaussichten vornehmen sollte. Hierzu benötigen die Lernenden Wissen über das Verfahren und die Inhalte. „Unterschiede, die sich in den verschiedenen Sichtweisen ausdrücken, die wir als Staatsbürger haben, und denjenigen, die unseren Umgang mit jenen partikularen Belangen unseres Alltagslebens bestimmen, sind Lernenden zu verdeutlichen, wenn sie kritik- und handlungsfähig werden sollen, damit sie nicht inadäquate Ansprüche an (politische) Handlungsbereiche in der Gesellschaft stellen" (Richter 2002, 168). Statt einer idealistischen Überhöhung des Partizipationsgedankens ist eine mutige und zugleich realistische Einschätzung der Partizipationschancen angezeigt. Jenseits von Interesse und Partizipation bedarf es hierzu weiterer Kategorien wie Macht, Herrschaft, Recht usw.

Die Muster des Handelns im Alltag und im öffentlichen Leben sind grundverschieden. Deshalb greifen des Weiteren Ansätze zu kurz, die eine Analogisierung zwischen Privatem und Öffentlichem vornehmen. Immer wieder finden sich in der Literatur Beispiele, die vorgeben Politik zu erklären. „Als ich Klassenlehrerin eines ersten Schuljahres war, bekam eines Tages jede Klasse von der Schule einen Softball geschenkt (…). In meiner Klasse entstand bald das Problem, dass die Mädchen mit dem Ball Fangen, die Jungen dagegen lieber Fußball spielen wollten. (…) Ich besprach das Problem in der Klasse. (…) Wenn wir zwei Bälle hätten, dann könnte jede Gruppe jeden Tag in der Pause Ball spielen. (…) Dieser Vorschlag überzeugte uns. (…) Diese Beispiel zeigt, dass Kinder, wenn sie selber direkt betroffen sind, bereits ein Bewusstsein bzw. eher ein intuitives Empfinden für Gleichheit entwickelt haben" (Prote 2000, 160f.). Die Autorin stellt dies als Demokratie-Lernen dar. Indes beschreibt sie eigentlich die Regelung eines sozialen Handlungsproblems, denn alle Attribute einer öffentlichen politischen Diskussion fehlen. Die Klasse ist keine politische Öffentlichkeit, sondern ein im Vergleich eher intimer Bereich. Soziales Lernen wird in dem Beispiel analogisierend gleichgesetzt mit politischem Lernen. Als Beleg hierfür wird oftmals behauptet: „Die Kinder sind mehr an gesellschaftlichen Problemen interessiert als an im engeren Sinne politischen Fragestellungen" (Moll 2001, 261). Der Analogisierungsansatz bleibt unpolitisch und ignoriert die Differenz in der Lösung sozialer und politischer Probleme.

In diesem Zusammenhang wird auf die Notwendigkeit verwiesen, dass sich die Schülerinnen und Schüler in politische Verfahren einüben sollen. Dies ist sicher wichtig, doch darf man nicht dabei stehen bleiben, wenn die Lernenden den Sinn von Politik verstehen lernen sollen. Das politische Lernen kann sich „nicht mit der Nachahmung von Ritualen (wie Wahlkampf), auf das Rollenlernen (Klassensprecher-Rolle) und die Unterscheidung von Verfahren (offenes, verdecktes und geheimes Abstimmen) bescheiden. Politisches Lernen muss vielmehr den Sinn des Sprecher- oder Vertretungsprinzips (Vertrauensrolle, Arbeitsteilung) und der demokratischen Beteiligung und Entscheidungsverfahren (Freiheits- und Gleichheitsprinzip) erschließen" (Behrmann 1996, 123). Diese tiefer gehenden Ansprüche machen bekannt mit unterschiedlichen Perspektiven auf ein Verfahren und eröffnen so erst die politischen Dimensio-

nen eines Vorgangs. Die Mehrperspektivität in der Betrachtung ist notwendig, um demokratische Prozesse verstehen zu lernen.
Ein in der Praxis verbreiteter Ansatz folgt dem Prinzip der konzentrischen Kreise. Das Kind soll zunächst im eigenen Erfahrungsbereich Erfahrungen sammeln, bevor es sich mit weiter entfernten Ereignissen beschäftigt (Vom Nahen zum Fernen). Von der Familie über die Gemeinde zur Politik in Berlin und später in Brüssel. Dabei werden aber die strukturellen Unterschiede der verschiedenen Ebenen nicht gesehen. Heidelberg ist nicht Berlin. Die Familie ist ohnehin nicht demokratisch verfasst. Überdies ist „die Annahme, dass das räumlich Nahe auch das psychisch Nahe sei, durch die Massenkommunikationsmittel sehr fragwürdig geworden" (Ackermann 1976, 14). Aktionen von Greenpeace in aller Welt oder der Krieg in Jugoslawien oder die Bundestagswahl interessieren die Schülerinnen und Schüler aus aktuellem Anlass sogar mehr als ein Unterrichtsgang ins Rathaus. Medienereignisse beschäftigen die Kinder genauso wie die Erwachsenen. Die Aktualität politischer Ereignisse motiviert und der Unterricht darf diese Erfahrungsobjekte nicht ausblenden mit der Begründung, der Lebenskreis der Familie sei näher und deshalb besser verstehbar.
Nicht weniger problematisch sind Verfahren, die konkret-sinnlich-anschauliche Erfahrungen grundsätzlich als Anknüpfungspunkt für den Erkenntnisgewinn ansehen. Dieser Erfahrungsansatz bleibt in der Erlebniswelt der Schülerinnen und Schüler. Politik allerdings ist selten unmittelbar oder eigentätig erfahrbar. Der Unterrichtsgang ins Rathaus ist keine politische Erfahrung, da dort keine politischen Prozesse miterlebt werden, es sei denn die Kinder demonstrieren im Rathaus. Die kindliche Wirklichkeit ist nicht allein auf den Heimatort bezogen. So ist es nämlich durchaus möglich, mit einem Fall aus der Vorstellungswelt der Kinder zu beginnen, um dann zum eigentlichen politischen Problem fortzuschreiten. Die Vorstellungswelt ist nicht auf die Heimatgemeinde begrenzt, auch wenn altersbedingt z. B. Berlin räumlich noch nicht zugeordnet werden kann. Der Politikbegriff ist vom Raumbegriff zu unterscheiden. Das Politikverständnis kann sich nur dann aufbauen, wenn es keine politischen Frageverbote gibt, die mit fehlenden konkret-sinnlichen Erfahrungen begründet werden. Politik ist meistens auch für die Erwachsenen nicht konkret-sinnlich erfahrbar. Es gibt gleichwohl Brücken zwischen der Beschäftigung mit subjektiv erfahrbaren Ereignissen und der komplexen politischen Wirklichkeit.
Solche Anknüpfungspunkte im Erfahrungsbereich der Schülerinnen und Schüler, die zwar keinesfalls schon die Erklärung in sich tragen, über die es indes erst einmal aufzuklären gilt, gibt es viele. Fälle, Ereignisse und Konflikte im politischen Bereich gelangen immer auch in die Familien und erst recht in die Schulklassen. „Die politisch-soziale Welt ist ein wesentlicher Bereich in den Lebenswirklichkeiten von Kindern, über die aufzuklären ist, da sie mit subjektiven Erfahrungen meist nicht zu verstehen ist. Begriffe und Kategorien helfen beim Verstehen, da sie Wirklichkeit differenzieren" (Richter 2000, 34). Wenn aber die meisten politischen Zusammenhänge im Alltag nicht eigenständig verstanden werden, so muss es Aufgabe des Unterrichts sein darüber aufzuklären. Es gibt keinen unverfälschten Kinderblick auf die Politik, wohl aber viele Fragen und noch Unverständnis. Die interpersonalen Beziehungen in Familie und Schulklasse geben hier nicht immer Hilfestellung. Dies gilt

besonders für benachteiligte Lebenszusammenhänge. Während in intellektuellen Milieus heute, auch bei politisch nicht Engagierten, selbstverständlich über Politik diskutiert wird, gilt dies für andere so nicht. Es gibt auch weiterhin Elternhäuser, die die Bürgerrolle nicht annehmen, sondern sich als „private citizen" zurückziehen. Sie können kein ernsthaftes Leitbild für die öffentliche Schule und ihren Erziehungsauftrag abgeben.

Damit haben wir bereits den Blick auf die unterschiedlichen Lebenswelten gerichtet, die gleichfalls als Anfangspunkt für Fachdidaktiken des Sachunterrichts dienen. Der Lebensweltansatz hat nichts mehr mit der Reduzierung der Wahrnehmungen auf konkret-sinnlich-anschauliche Erfahrungen zu tun. Die subjektive Seite der Lernenden mit ihren Bedürfnissen, Interessen und Emotionen ist vielmehr mit der Systemwelt der Politik und ihren Herausforderungen zu verknüpfen. Dieser Brückenschlag wird wie folgt gesehen: „Die Lebenswelt ist weder nur eine subjektive oder beliebige Interpretation der Menschen, noch ist sie allein von ihnen gestaltet oder zu verantworten. Es lassen sich Strukturen der Lebenswelt identifizieren, die verallgemeinerte Bedürfnisse aufzeigen und auf Bedeutsamkeit hinweisen. Beeinflusst wird die Lebenswelt des Weiteren von Systemen wie Wissenschaft, Wirtschaft oder Politik, was sich zwar der Wahrnehmung aus der Perspektive der Lebenswelt entziehen kann, jedoch nicht ohne Wirkung auf die Lebenswelt ist" (Richter 2002, 19). Der Auftrag des Sachunterrichts liegt demnach in der Sozial- und Systemintegration: Das Sozialverhalten soll das gute Zusammenleben aller ermöglichen, die Systemintegration Wissen über Gesetze und Institutionen vermitteln, um die Lebenswelt verstehen zu können.

Dieser Ansatz von Dagmar Richter geht über die rein erfahrungsorientierten Ansätze in der Didaktik des Sachunterrichts hinaus und stellt Anknüpfungspunkte zur gesamten gesellschaftlichen Wirklichkeit her. Die Komplexität des politischen Lernens erfordert eine methodisch-systematische Unterweisung in die Funktionszusammenhänge der Politik, die nicht mehr über eigenes Probehandeln oder konkrete sinnliche Wahrnehmung erkennbar sind. Politische Aktionen oder Inszenierungen (z. B. für Tempo 30 vor der Schule) sind nur ein Teil der öffentlichen Diskussionen. An der Entscheidung sind viele Institutionen und Interessengruppen beteiligt. Ein Blick in die Funktionszusammenhänge ist im übrigen auch in anderen Fächern nötig: Die Welt des Magnetismus in der Physik erschließt sich genauso wenig über das Tun und die bloße Anschauung, da dieses Phänomen auf elektrische Ströme zurückzuführen ist. Auch im naturwissenschaftlichen Sachunterricht können die beobachtbaren Phänomene nicht isoliert abgehandelt werden. Der lebenskundliche Ansatz, so wie er von den Lehrerinnen und Lehrern in der Praxis meist verstanden wird, kommt indes selten über das Vorwissen der Kinder hinaus. In der Praxis wird die Lebenswelt häufig mit der Erfahrungsorientierung verwechselt und dadurch der Unterricht unter einem anderen Schlagwort weiterhin entpolitisiert.

Notwendig erscheint mir eine Repolitisierung des Sachunterrichts. Die fachlichen Perspektiven sind in den vergangenen Dezennien zu sehr aus dem Blickfeld geraten. Deshalb möchte ich den mit dem Lebensweltansatz beschrittenen Weg konsequent weitergehen und mit einem politikorientierten Ansatz den Fokus auf das Wesen des

Politischen lenken. Dieser Vorschlag erhebt nicht den Anspruch, für alle Bereiche des Sachunterrichts ein schlüssiges Konzept anzubieten. Er ist vielmehr politikdidaktisch motiviert und will einen Beitrag aus domänspezifischer Perspektive liefern. Diese bewusst vorgenommene Akzentuierung der Politik will den Blick für einen politischen Sachunterricht öffnen und einer Tendenz entgegenwirken, die die Grundschülerinnen und -schüler von vornherein dümmer kreiert als sie sind. Dem Credo, „Grundschulkinder sind in der Regel überfordert, wenn sie Politik als notwendig kontroversen Prozess betrachten sollen" (Herdegen 1999, 46), muss man widersprechen. Vielmehr gilt es die ursprünglichen, spontanen Meinungen der Kinder nicht abzuqualifizieren, sondern ernst zu nehmen und auf diejenigen Elemente hin zu untersuchen, die eine Entwicklung politischer Erklärungsmuster ermöglichen. Das Argument der Überforderung kann vorschnell als „Killerphrase" benutzt werden.

Es muss und kann schon in der Grundschule gelingen, die Normen und Sinngebungen der Politik als Übereinkünfte herauszustellen und dabei die unterschiedlichen Interessen gesellschaftlicher Gruppen darzustellen. Die Behandlung politischer Themen darf nicht nur kindbestimmt sein. „Sätze über die Alltagswirklichkeit, in der Alltagssprache ausgesprochen, werden nach den Maßgaben der Wissenschaften abgeklärt" (Soostmeyer 1988, 63). Es ist Aufgabe der Lehrerin oder des Lehrers, hier Übersetzungsarbeit zu leisten und die kindlichen Sichtweisen durch politikwissenschaftliche Erklärungsmuster zu ergänzen. Die Kinder können durchaus Weltinterpretationen in ihr ursprüngliches Verstehen übernehmen. Dies darf keine Überwältigung sein, aber ein fachliches Deutungsangebot.

Es fehlen den Schülerinnen und Schülern meist Begriffe, mit denen sie ihre Alltagsrealität entschlüsseln und systematisieren sowie ihr Alltagswissen in politisches Fachwissen überführen können. Dieses Begriffsinstrumentarium muss eingeführt werden, damit die Schülerinnen und Schüler nicht weiterhin mit ihren Begriffen aus der Lebenswelt arbeiten müssen und sich deshalb schwer tun mit der Formulierung weiterreichender Einsichten. Das nötige Sachwissen muss der Lehrende anbieten. Der Austausch unterschiedlichen Wissens unter den Kindern scheitert oftmals an den wenigen sprachlich bereits verfügbaren Begriffen. Erfahrung ist angewiesen auf Reflexion und Strukturierung. Deshalb müssen formale und abstrahierende Denkbewegungen auch im Sachunterricht angestoßen werden. Sicherlich dürfen daran keine zu hohen Erwartungen geknüpft werden, aber zumindest ansatzweise kann die bloße Anhäufung von Erfahrungen durchbrochen werden.

Nicht nur für politisches Lernen gilt, dass die Lehrer/inrolle viel Empathie und die Fähigkeit ein Gespräch zu führen erfordert. Ermuntert man die Kinder zum Reden und Mitteilen dessen, was sie aus ihrer Lebenswelt mitbringen, achtet man ihre lebenspraktische Autonomie. Da aber das politisch relevante Wissen „asymmetrisch verteilt ist, müssen Informationen und Deutungen weitergegeben werden. Für jeden Lehrenden bedeutet es eine Herausforderung, die Balance zwischen der lebenspraktischen Autonomie der Kinder und der Vermittlung von Wissen zu finden" (Weißeno 2000, 183). Es bleibt Aufgabe der Grundschule, das Alltagswissen durch fachliches Wissen zu erweitern. Die Welt politischer Institutionen verweist immer auf Funktionszusammenhänge, die politikwissenschaftlich interpretiert werden müssen. Martin

Wagenschein spricht daher von der „Einwurzelung" (1970, 464) wissenschaftlicher Weltinterpretationen in das ursprüngliche Verstehen des Kindes. Gerade das Kennenlernen von politischen Institutionen erfordert diese gedankliche Anstrengung in zweifacher Hinsicht: Zum einen verschließt sich beispielsweise den Kindern meist das System der Gemeindeverwaltung, zum anderen erfordert politisches Lernen, das über die Lebenshilfe hinauskommen will, eine Institutionenkunde, die die Gemeindeverwaltung im Zusammenhang mit politischen Prozessen und Politikverhalten beschreibt. Dies soll im Folgenden an einem Beispiel genauer untersucht werden.

Die Gemeinde im Schulbuch des Sachunterrichts

Bereits der Perspektivrahmen der GDSU verweist auf den Gegenstand der Gemeinde, der in vielen Schulbüchern für das 3. oder 4. Schuljahr unter dem Aspekt der Gemeindeverwaltung aufgegriffen wird. Meist ist dies sogar der einzige Gegenstand im Schulbuch, der direkt auf die Politik verweist, da eine öffentliche Institution genannt wird. Damit verbinden die meisten Schulbücher die Öffnung des Unterrichts zu ihrem lokalen Umfeld. Denn es ist „im Normalfall nur vor Ort eine direkte Begegnung mit Politikern, politischen Institutionen und Prozessen einschließlich deren Beeinflussung durch Kinder möglich" (von Reeken 2001, 88). Von Reeken gibt eine Vielzahl von unterrichtspraktischen Hinweisen zur Behandlung kommunalpolitischer Themen (S. 88 f.).

Genauer untersuchen möchte ich im Folgenden eine Doppelseite aus einem Schulbuch für das 3. Schuljahr (Bausteine Sachunterricht 3. Verlag Moritz Diesterweg, Frankfurt am Main 1997, 38-39). Dieses Schulbuchkapitel wurde ausgewählt, da es einen typischen Zugang zum Gegenstand zeigt und eine sehr hohe Auflage hat. Hinzu ziehen werde ich die Erläuterungen im Lehrerband (Bausteine Sachunterricht 3. Kommentare und Erläuterungen, Frankfurt a. M. 1997, 87-90), denen in der Praxis deshalb entscheidende Bedeutung zukommt, da die meisten Lehrerinnen und Lehrer fachfremd unterrichten und sich auf die Aussagen verlassen dürften. Auch in anderen Schulbüchern wird ähnlich verfahren. Sie können aber aus Platzgründen nicht alle herangezogen werden. Die exemplarische Analyse folgt bewusst nur dem politikorientierten Ansatz um den neuen Deutungshorizont für die Didaktik des Sachunterrichts klar herauszuarbeiten. Die abschließende Entwicklung alternativer Vorgehensweisen soll die Überlegungen veranschaulichen.

Der Lehrerkommentar folgt einem Mix aus verschiedenen professionellen Überlegungen des Sachunterrichts. Am meisten scheint er noch dem didaktischen Ansatz der konzentrischen Kreise zu folgen. Unberücksichtigt bleiben im Kern die anderen Ansätze. Die vorgeschlagenen Aufgaben und Erkundungen folgen dem Prinzip „Was ist was?": Welche Aufgaben gibt es und wer beschließt was? Zielkonflikte der Politik werden auf diese Weise ausgeblendet und die Welt des Politischen als harmonisches Gebilde dargestellt. Der Lehrerkommentar rechtfertigt dies damit, dass die „fremden Bereiche Politik und Verwaltung" (Lehrerband, 87) erst noch verständlich gemacht werden müssen. Politik ist also etwas Fernes, das den Kindern mit „sie selbst betreffenden Beispielen" (S. 87) erklärt werden muss.

Lernen über politische Institutionen | **219**

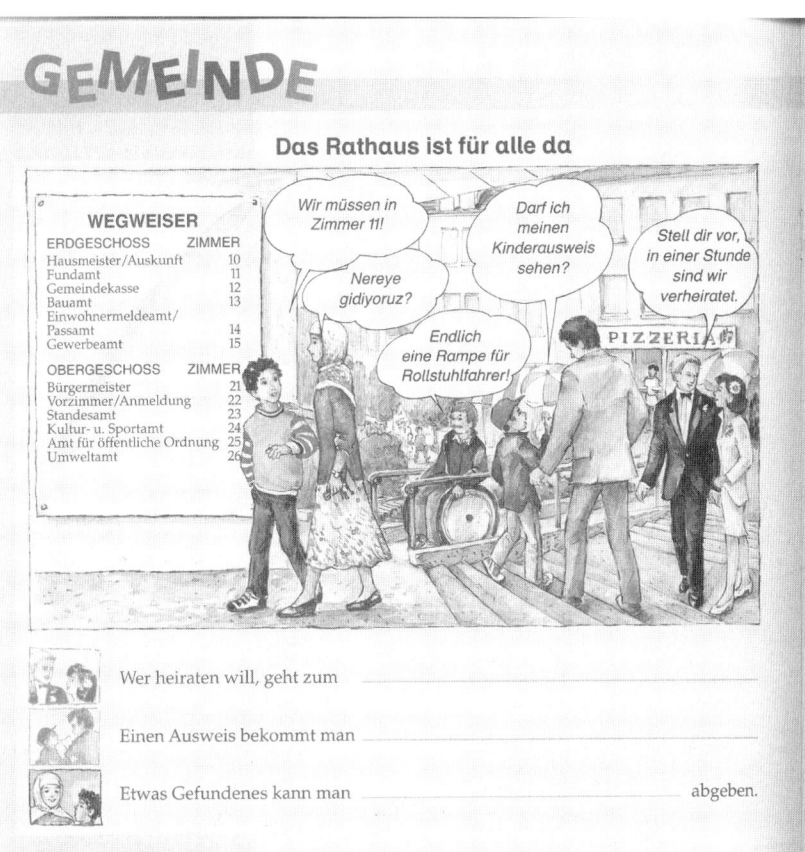

Abb. 1
aus:
Bausteine
Sachunterricht 3 ©
Verlag Moritz
Diesterweg,
Frankfurt am
Main 1997

GEMEINDE

Das Rathaus ist für alle da

WEGWEISER

ERDGESCHOSS ZIMMER
- Hausmeister/Auskunft 10
- Fundamt 11
- Gemeindekasse 12
- Bauamt 13
- Einwohnermeldeamt/Passamt 14
- Gewerbeamt 15

OBERGESCHOSS ZIMMER
- Bürgermeister 21
- Vorzimmer/Anmeldung 22
- Standesamt 23
- Kultur- u. Sportamt 24
- Amt für öffentliche Ordnung 25
- Umweltamt 26

Sprechblasen:
- Wir müssen in Zimmer 11!
- Nereye gidiyoruz?
- Darf ich meinen Kinderausweis sehen?
- Endlich eine Rampe für Rollstuhlfahrer!
- Stell dir vor, in einer Stunde sind wir verheiratet.

Wer heiraten will, geht zum _____

Einen Ausweis bekommt man _____

Etwas Gefundenes kann man _____ abgeben.

1 Was haben die Leute im Rathaus zu tun? Erzähle zu dem Bild und ergänze den Lückentext.

2 Trage ein, welches Amt jeweils zuständig ist. Beachte den Wegweiser.

3 Plant einen Besuch in eurem Rathaus. Welche Ämter gibt es dort? Welche Ämter wollt ihr besuchen?

Welches Amt ist zuständig?	
Die Eltern deines griechischen Freundes wollen ein Lokal eröffnen, wo müssen sie hin?	
Die Klasse 3b will beim Flohmarkt in der Fußgängerzone einen Stand aufbauen. Sie braucht dazu eine Genehmigung.	
Die Kinder aus der Bolzstraße wollen, dass auf ihrer Spielfläche Fußballtore aufgestellt werden. Sie schreiben einen Brief.	
Einige Kinder haben festgestellt, dass im Bach viele tote Fische sind. Sie wollen das telefonisch melden.	

38

Georg Weißeno

Abb. 2
aus:
Bausteine Sachunterricht 3
© Verlag Moritz Diesterweg, Frankfurt am Main 1997

Wer beschließt in unserer Gemeinde?

Im Sitzungssaal des Rathauses tagt _____

Die Sitzung wird geleitet von _____

Er/Sie heißt: _____

Die Ratsversammlung hat bei uns _____ Mitglieder.

Es sind _____ Frauen und _____ Männer.

Namen von Ratsmitgliedern:

SITZUNG AM 28. JUNI
TAGESORDNUNG
1. Mitteilungen
2. Turnhallenerweiterung Schillerschule
3. Behindertengerechter Ausbau der Kirchäcker-Schule
4. Erweiterung der Gemeindebücherei (Video- und Kassettenausleihe)
5. Ausbau des Radwegnetzes
6. Neufestsetzung der Müllgebühren
7. Fußgängerunterführung Schulstraße
8. Feuerwehrabgabenverordnung
9. Sonstiges

Können die Stadträte auch raten, was ich in meiner Hand habe?

Interview mit dem Ratsmitglied

Herr/Frau _____.

Er/Sie ist für ☐ Jahre in die Ratsversammlung gewählt.

Die nächste Wahl ist im Jahr ☐ .

Er/Sie setzt sich als Ratsmitglied besonders ein für:

Er/Sie setzt sich für Dinge ein, die auch für Kinder wichtig sind, z. B.:

1 Wer beschließt in eurer Gemeinde? Erkundigt euch im Rathaus. Kennt ihr Ratsmitglieder mit Namen?

2 Unterstreiche auf der abgebildeten Tagesordnung die Punkte, die auch für Kinder wichtig sind.

3 Macht mit einem Ratsmitglied ein Interview.

4 Ladet Ratsmitglieder in eure Klasse ein. Bereitet Fragen vor und überlegt Wünsche, die ihr vorbringen könnt.

Die Zielsetzung, dass „bei den Kindern auch schon eine gewisse Handlungsfähigkeit in Angelegenheiten, die sie selbst betreffen, aufgebaut werden" (S. 87) kann, bleibt unpolitisch, da dieses Handeln sich im konkreten Fall weitgehend auf das Fund-, Standes-, Gewerbeamt usw. bezieht, mithin auf den Bereich der Lebenshilfe (Breit/ Weißeno 2003, 34) in Bezug auf Behördengänge. Die Schülerinnen und Schüler erhalten Hinweise zur Bewältigung einer zukünftigen alltäglichen Lebenssituation. Dies gehört sicher auch in den Unterricht, wird aber dann misslich, wenn der Unterricht nicht zur Dimension des politischen Lernens vorstößt. Dies gilt um so mehr, da diese Unterrichtseinheit in dem Schulbuch die einzige ist, die sich auf Politik bezieht. Das Rathaus wird als unpolitische Verwaltungseinheit und der Gemeinderat auf seine Einnahmequellen wie Hunde- und Getränkesteuer sowie auf den Bau von Straßen und Turnhallen reduziert. Die Diskussionen in einer Gemeinde über ein Bauprojekt o.ä. finden keine Erwähnung. Den Schülerinnen und Schülern werden die Auseinandersetzungen einer lebendigen politischen Gemeinde nicht zugemutet.
Die Lokalpolitik kommt als unpolitische Arena daher und die Gemeinde wird als Institution vorgestellt, die die Aufgaben des Staates ausführt. Sicher ist es wichtig zu wissen, dass die Gemeinde die Aufgabe hat, Kindergartenplätze (Lehrerband, 88) bereit zu stellen. Viel wichtiger für das politische Lernen ist indessen der Konflikt um eine ausreichende Anzahl an Plätzen und um den Sinn dieser sozialpolitischen Maßnahme. Ein Elternteil, meist Mütter, kann oftmals erst bei vorhandenen Kindergartenplätzen den Beruf weiter ausüben. Angesichts knapper Gelder entstehen in den Gemeinden zwangsläufig Konflikte z. B. zwischen dem Bau eines Kindergartens oder dem Bau einer Turnhalle. Die Gemeinde muss dies regeln und zu einer breit akzeptierten Lösung voranbringen. In diesem Prozess wird der Sinn der Politik und ihrer Entscheidungen konstituiert. „Die Frage nach dem Sinn von Institutionen ist für den Politikunterricht entscheidend. Dies bedeutet nicht, dass Fragen nach dem Aufbau und nach der Funktion der Institutionen vernachlässigt werden sollen" (Massing 1997, 291). Die Diskussion über den Gestaltungsspielraum in der Erfüllung von Aufgaben und das Aushandeln der Lösungen macht politisches Lernen möglich. Eine solche Problemstellung betrifft Angelegenheiten, die nach den politikorientierten Ansätzen in der Didaktik des Sachunterrichts behandelt werden können.
Auch die Unterrichtseinheit „Wer beschließt in einer Gemeinde?" wird im Lehrerband unpolitisch dargeboten. „Einzelne Gemeinderäte (…) können angesprochen und nach ihren Schwerpunkten, Initiativen und nach den Ausschüssen, in denen sie tätig sind, befragt werden" (Lehrerband, 88). Die Aufgabe der Kinder besteht darin Fragen zu stellen und zur Selbstdarstellung zu ermuntern, nicht jedoch das Befragen im Hinblick auf tagespolitische Ereignisse in der Gemeinde, die in der Bürgerschaft kontrovers beurteilt werden. Natürlich können die Schülerinnen und Schüler noch nicht mit einem Gemeinderat diskutieren, aber die Fragen könnten dazu dienen sich ein Bild von der Position des Befragten in einer aktuellen Frage zu machen. Dabei geht es dann in der Tat um die Finanzkompetenz und den politischen Spielraum, den eine Gemeinde hat. Die Schulbuchautoren bleiben indessen bei ihrem „Was ist was?" Prinzip: „Woher hat die Gemeinde all das Geld für Schulen, Schwimmbäder, die Turnhallen u. dgl.?" (S. 88) Politische Zusammenhänge im engeren Sinn stellen sie

nicht her, der politische Prozess der Entscheidungsfindung in der Gemeinde (politics) kommt ebenso wenig vor wie die sozialpolitischen Inhalte (policy) in der Kindergartenfrage. Die Autoren haben allenfalls die Form des Politischen (polity) im Blick.

Im Schulbuch wird auf Seite 38 in den Gegenstand Gemeinde eingeführt. Das Bild zeigt Bürgerinnen und Bürger auf dem Weg zum Rathaus, eine Türkin ist auch dabei. Die Menschen wollen zum Standesamt („verheiratet"), zum Passamt („Kinderausweis") und zum Fundamt („Zimmer 11"). Eher aus dem Rahmen fällt ein Rollstuhlfahrer, der sich über die Rampe freut. Sein Problem wird nicht durch Fragen erschlossen. Mit Rathaus verbinden die Autoren nur Ämter als Dienstleistungsorte, die die Bürger aufsuchen können, um sich Dokumente zu besorgen oder Anträge zu stellen. Der Sinn der Institutionen wird nicht hinterfragt. Warum ist ein Gewerbeamt für die Lokaleröffnung und -überwachung wichtig? Warum darf ich meine Sachen nur auf dem genehmigten Flohmarkt verkaufen? usw. Der Sinn solcher Regelungen für das Gemeinwesen liegt in den Wettbewerbsregeln, den Hygienevorschriften, den Steuereinnahmen, den sicheren Verkehrswegen etc. Erst ein Konfliktfall macht den Sinn deutlich, der in der bloßen Umsetzung eines Gesetzes nicht unbedingt aufscheint – schon gar nicht, wenn wie im vorliegenden Fall die Lückentexte nur Einsetzübungen für richtige Begriffe sind.

Dass die Autoren den politischen Sinn der Institutionen nicht sehen, darauf deutet auch der Lehrerband hin: „Die Klasse kann sich eine vorbereitete Erklärung, dass sie auf dem Einwohnermeldeamt war, mit einem amtlichen Stempel bestätigen lassen" (S. 89). So sehr man diesen Hinweis auf die kindliche Freude verstehen kann, so sehr geht diese Botschaft am politischen Lernen vorbei. Konkretistisch begründen die Autoren auch den Besuch im Fundamt: „Das Fundamt ist für Kinder interessant, weil sie selbst auch dorthin gehen können" (S. 89). Dies ist weder ein erfahrungsorientiertes noch ein lebensweltlich orientiertes politisches Lernen. Auch die Vorschläge „in das Trauzimmer zu gehen" sowie den Sitzungssaal der Gemeinde und das Zimmer des Bürgermeisters zu besichtigen (S. 90), interessieren die Kinder sicherlich, aber politisches Lernen im Sinne des politikorientierten Ansatzes findet dabei nicht statt. Bis hinein in die Vorschläge für Fragen an den Bürgermeister („Was hat er/sie an diesem Tag alles schon gemacht, was muss er/sie noch erledigen? Hat er/sie eine Amtskette und ein Dienstauto?", S. 90) wird deutlich, dass sich die Autoren wohl mehr von der kindlichen Neugier lenken lassen, damit aber die Chance des Brückenbauens vom Alltäglichen zur Politik vergeben. Natürlich müssen die Kinder lernen, welche Aufgaben ein Bürgermeister hat, aber bei einem Besuch im Rathaus sollte die Begegnung mit der Person als Politiker und seine politischen Begründungen für die Entscheidungen in Sachfragen im Vordergrund stehen. Die von den Autoren vorgesehene Besichtigung von Amtsräumen ist lebenskundlich und folgt zudem keinem der o.g. fachdidaktischen Ansätze.

Die Methoden müssen nicht nur motivieren und Spaß machen, was hier sicherlich gegeben sein dürfte, sie dürfen im Kontext anspruchsvollen schulischen Lernens aber nicht nur Lebenshilfe sein, sondern einen politischen Gegenstand erschließen. Die Autoren kommen in diesem Kapitel nicht von der Lebenshilfe zu Politik. Auf Seite 39 des Schülerbuches geht es um die Frage: „Wer beschließt in unserer Gemeinde?" Prä-

sentiert wird eine „kindgerechte" Tagesordnung, die so niemals in der Realität vorkommen dürfte. Es geht darin um Schulen, Radwege, Müllgebühren, Feuerwehr, Bücherei, nicht hingegen um Genehmigungen, Bauordnungs-, Satzungs-, Erschließungsfragen. Im Lehrerband (S. 90) wird dies damit begründet, dass diese Angelegenheiten für die Kinder wichtig sind. Tangieren die Müllgebühr oder die Feuerwehrabgabenordnung tatsächlich die Interessen der Kinder? Stattdessen müsste die Frage im Sinne eines interesseorientierten Ansatzes oder auch eines politikorientierten Zugangs zu einer Tagesordnung lauten: Welche Interessensgruppen betreiben oder verhindern warum die Lösung der auf die Tagesordnung gesetzten Punkte? Solch ein Unterricht kommt zum Kern des politischen Lernens und zeigt das Funktionieren eines demokratischen Gemeinwesens. Er stellt nicht nur die „Was ist?" oder „Wer ist?" Fragen, sondern auch die „Warum?" Frage.
Der Gemeinderat ist ein wichtiges gewähltes demokratisches Entscheidungsgremium. Er ist als Institution der Bürgerschaft für die Austragung und Lösung der Konflikte zuständig. „Für die Kommunalpolitik gibt es in der Dimension polity vor allem die Gemeindeordnungen der Länder und die Hauptsatzungen der einzelnen Gemeinden, in der Dimension policy eine Vielzahl von konkreten Einzelaufgaben, die als Umweltpolitik, Kulturpolitik, Sozialpolitik, Baupolitik und Stadtentwicklungspolitik zusammengefasst werden. (…) Schließlich sind in der Dimension polities u. a. Entscheidungsprozesse über Konflikte zwischen Parteien und Bürgerinitiativen, über die Interesse von Vereinen oder Ortsteilen zu betrachten" (Nassmacher 1999, 15 f.).
Aus diesem breiten Spektrum wählen die Schulbuchautoren keinen Gegenstand aus. Stattdessen lassen sie die Schülerinnen und Schüler Informationen sammeln über die Zusammensetzung des Gemeinderats. Die Kinder sollen auch mit einem Gemeinderat ein Interview führen über das, was ihm wichtig ist und dabei ihre Wünsche vortragen. Kein Inhalt der Politik wird explizit thematisiert, die möglicherweise vorhandenen Interessen der Klasse nicht vorgetragen und artikuliert. Ein Ansatz der Didaktik des Sachunterrichts ist hier schwierig zu identifizieren, denn das „Wünsche äußern" ist nicht mit dem öffentlichen Artikulieren von Interessen identisch. Die Wünsche sind vielleicht noch der Lebenswelt entnommen, weisen aber keinesfalls auf politisch Bedeutsames hin, da das soziale Lernen in der Begegnung mit einem Gemeinderat nicht zum Kern des Politischen vordringt und die konkret-sinnlich-anschaulichen Erfahrungen nicht für einen politischen Erfahrungsgewinn genutzt werden.
Abschließend möchte ich einen Weg zur Behandlung des Gegenstandes Gemeinde im Sinne des politikorientierten Ansatzes skizzieren. Ein Streitfall in (fast allen) Gemeinden ist beispielsweise die Ansiedlung eines Supermarktes, eines Einkaufszentrums, eines Aldi-Marktes. Wer sind die Akteure in diesem Prozess? 1.) Solch ein Projekt beschäftigt eine Vielzahl von *Ämtern*: Stadtentwicklung, untere Wasserbehörde, Ordnungsamt, Bauamt, Liegenschaftsamt. Sie müssen ein Konzept für die ausgewiesene Fläche entwickeln und die organisatorischen Voraussetzungen schaffen (z. B. Ankauf von Flächen, Bebauungsplan). Der Gemeinde steht die Gewerbesteuer zu. 2.) Dies ruft die unterschiedlichsten *Interessengruppen* und Bürgerinitiativen im Beteiligungsverfahren auf den Plan: Umweltschutzgruppen wollen die Ansiedlung am Ortsrand auf der grünen Wiese aus ökologischen Gründen ver- oder behindern

(Artenvielfalt, versiegelte Flächen, Verkehrsanbindung, Lärmschutz etc.), Geschäftsleute im Ortskern befürchten Umsatzrückgänge und eine zusätzliche Konkurrenz mit einer breiten Produktpalette. Die IHK wird um ein Gutachten über die Wirtschaftlichkeit gebeten. 3.) Die *Nachbargemeinden* fürchten den Abzug von Kaufkraft und Steuereinnahmen. 4.) Die Wünsche der *Kaufinteressenten* machen den Ämtern der Gemeinde zu schaffen und beschäftigen die Bürgerinnen und Bürger. 5.) Die *Parteien* wollen verschiedene Investoren locken, vielleicht nicht alle die Aldi-Gruppe, vielleicht wollen einige keine Ansiedlung und zugleich schielen sie auf die öffentliche Meinung und die Stimmung in der Bevölkerung. 6.) Die Art und Häufigkeit der Berichterstattung in der *Gemeindepresse* beeinflusst die öffentliche Meinungsbildung genauso wie das Auftreten von Bürgerinitiativen. 7.) In Veranstaltungen, *Vereinen* und Kirchengemeinden (Öffentlichkeit) wird darüber diskutiert. Die sozialen Schichten in der Wohnbevölkerung werden das geplante Angebot unterschiedlich nutzen und sich entsprechend artikulieren. 8.) Da der *Bürgermeister* meist direkt gewählt ist, wird er versuchen eine breite Mehrheit für seinen Vorschlag bei möglichst vielen Akteuren zu gewinnen. Er führt mit allen Gespräche, informiert die Presse, macht in festgefahrenen Situationen Vermittlungsvorschläge etc. Er ist darauf bedacht, als großer Mediator und tatkräftiger Politiker zu erscheinen.

Nun können alle diese Aspekte nicht Gegenstand des Sachunterrichts im 3. Schuljahr werden. Im Sinne eines politikorientierten Ansatzes ist es allerdings hilfreich, eine Fallanalyse mit mehreren (3–4) Akteuren vorzunehmen. Bei der Ansiedlung eines Aldi-Marktes können beispielsweise die Interessen der Umweltschützer, der Geschäftsleute und von zwei Parteien näher untersucht werden. Der Sinn der Gemeindeverwaltung als politische Institution kommt zum Tragen, da bei den verschiedenen Ämtern Stellungnahmen erfragt werden (Bau-, Gewerbe-, Umweltamt und Amt für öffentliche Ordnung). Der Gemeinderat wird als Entscheidungsgremium eingeführt und vorgestellt. Die Parteien dienen als Brücke. Methodisch lässt sich dieses Szenario mit Erkundungen, Interviews, Flugblättern, Lückentexten, Satzergänzungen etc. umsetzen. Zwar benötigt diese Unterrichtssequenz mehr Zeit (4–6 Stunden), aber dafür können Grundlagen der Demokratie exemplarisch erarbeitet werden. Die Struktur einer solchen Unterrichtssequenz könnte wie folgt aussehen:

1. Stunde Kennenlernen der konfligierenden Interessen

Unterrichtsschritte	Arbeitstechniken	Materialien
Beschreibung des Problems in der Gemeinde: Gegner und Befürworter des Aldi-Marktes. Einbeziehung des Vorwissens	Textanalyse	Artikel im Gemeindeblatt/Zeitung
Analyse des Fallbeispiels	Aus dem Text die 4 Positionen der Akteure in einem eigenen Text beschreiben	Arbeitsblätter
Ergebnissicherung	Schülervorträge	Schlüsselwörter an der Pinwand
Hausaufgabe	Satzergänzungsaufgabe	Arbeitsblatt

2./3. Stunde Erkundungen bei den Akteuren

Unterrichtsschritte	Arbeitstechniken	Materialien
Formulierung von Fragen an Umweltgruppe, Sprecher der Geschäftsleute, CDU und SPD-Ratsmitglied	Entwicklung eines Fragebogens	Arbeitsblätter
Durchführung der Erkundungen	Erkundung	Kassettenrekorder Protokollblatt
Auswertung der Erkundungen	Berichte der Gruppen	
Ergebnissicherung	Argumente sammeln	Tafel/Heft

4. Stunde Befragung eines Verwaltungsangestellten

Unterrichtsschritte	Arbeitstechniken	Materialien
Beschäftigung mit den Verwaltungsabläufen	Informationen aus Schaubildern und Texten gewinnen	Schaubilder zur Gemeinde
Probleme der Gemeinde bei der Ansiedlung von Aldi	Expertenbefragung	
Auswertung des Gesprächs	Argumente sammeln	Tafel/Heft

5. Stunde Rollenspiel einer Gemeinderatssitzung

Unterrichtsschritte	Arbeitstechniken	Materialien
Erarbeitung der Positionen CDU, SPD, FDP, Grüne	Informationen aus Texten übernehmen und Hineindenken in die Rolle	Schaubilder zum Gemeinderat Rollenkarten
Simulation einer Diskussion im Gemeinderat	Rollenspiel	
Auswertung des Rollenspiels und Sichtung der Argumente	Unterrichtsgespräch	

Die Unterrichtssequenz stellt Politik in ihren Zusammenhängen dar. Die einzelnen Stunden erfordern viel methodisches Geschick der Lehrerinnen und Lehrer. Insbesondere die Textauswahl muss alterstufengemäß sein. Die Lehrenden können die Abläufe keinwegs nur moderieren oder alles den Externen überlassen. Im Gegenteil: Es kommt immer darauf an „Übersetzungen" der abstrakten Zusammenhänge in konkrete, personenbezogene zu liefern. Fälle mit ähnlicher Struktur finden sich in jedem Jahr in jeder Gemeinde. Ein Neubauprojekt im Kreis oder in der Gemeinde ist in allen Investitionshaushalten vorgesehen. Insofern kann ein flexibel einsetzbares Schulbuch an einem Beispiel den Weg zeigen und dabei zusätzlich wieder verwendbare Informationen vorsehen. Dann kann die Lehrerin bzw. der Lehrer durch eine aktuelle Recherche das Schulbuch schnell ergänzen und umschreiben. Politikorientierter Sachunterricht ist möglich und nötig.

Ausblick

Ein politikorientierter fachdidaktischer Zugang zeigt die Politik in ihren Abläufen und Regeln sowie in ihrer Interessengebundenheit. Soziales Lernen und Lebenshilfe werden darin integriert, ohne dass beides zum alleinigen Unterrichtsmuster wird. „Wichtig ist, dass politische Prozesse auch auf lokaler Ebene als interessengeprägt und konfliktträchtig wahrgenommen werden, damit nicht in die Gemeinschaftsideologie und die Harmonisierungstendenzen der alten Heimatkunde zurückgefallen wird (wozu manche Kommunalpolitiker mit ihrer Betonung der eigentlich „unpolitischen" Arbeit vor Ort kräftig beitragen könnten!)" (von Reeken 2001, 88). Kinder verstehen politische Vorgänge in ihrer Gemeinde – und in Berlin oder anderswo. Dies allerdings ist aus ihren Beiträgen nicht immer leicht herauszuhören. Durch den Unterricht wird erst noch „aus ihren Geschichten das Politische herausgearbeitet, indem z. B. ihre Geschichten „entprivatisiert", Verallgemeinerungen und Besonderheiten diskutiert oder Zusammenhänge und Differenzen zwischen verschiedenen Fallbeispielen aufgeklärt werden" (Richter 1999, 137). Schülerinnen und Schüler sollen kritik- und handlungsfähig werden. Zu hoffen ist, dass wieder mehr Lehrerinnen und Lehrer den Mut zu einem politikorientierten Lernen finden. Auch die Schule kann ihren Beitrag zum Abbau der Politikverdrossenheit leisten.

Literatur

Ackermann, P.: Einführung in den sozialwissenschaftlichen Sachunterricht, München 1976
Behrmann, G.: Demokratisches Lernen in der Grundschule. In: George, S./ Prote, I. (Hrsg.): Handbuch zur politischen Bildung in der Grunschule. Schwalbach 1996, 121–150
Breit, G./ Weißeno, G.: Planung des Politikunterrichts. Eine Einführung. Schwalbach 2003
Buchstein, H.: Bürgergesellschaft und Bürgerkompetenzen. In: Breit, G./ Massing, P. (Hrsg.): Die Rückkehr des Bürgers in die politische Bildung. Schwalbach 2002, S. 11–27
Duncker, L.: Der Erziehungsanspruch des Sachunterrichts. In: Duncker, L./ Popp, W. (Hrsg.): Kind und Sache. Zur pädagogischen Grundlegung des Sachunterrichts. Weinheim 1994, S. 29–40

GDSU (Gesellschaft für Didaktik des Sachunterrichts): Perspektivrahmen Sachunterricht. Bad Heilbrunn 2002
Herdegen, P.: Soziales und politisches Lernen in der Grundschule. Donauwörth 1999
Massing, P.: Institutionenkundliches Lernen. in: Sander, W. (Hrsg.): Handbuch politische Bildung. Schwalbach 1997, S. 287–300
Meyer, Th.: Was ist Politik? Opladen 2000
Moll, A.: Was Kinder denken. Zum Gesellschaftsverständnis von Schulkindern, Schwalbach 2001
Nassmacher, H./Nassmacher, K.-H.: Kommunalpolitik in Deutschland. Opladen 1999
Prote, I.: Für eine veränderte Grundschule. Schwalbach 2000
Reeken, D. v.: Politisches Lernen im Sachunterricht, Baltmannsweiler 2001
Richter, D.: Interessenskonflikte und Machtverhältnisse: Rekonstruktionen kategorialer Konzepte bei Grundschülerinnen und Grundschülern. In: Frohne, I. (Hrsg.): Sinn- und Wertorientierung in der Grundschule. Bad Heilbrunn 1999, S. 117–140
Richter, D.: Sachunterricht – Ziele und Inhalte, Baltmannsweiler 2002
Richter, D.: Politisches Lernen in der Grundschule. In: Grundschule (32), (4), (2000), S. 30–34
Soostmeyer, M.: Zur Sache Sachunterricht, Frankfurt 1988
Wagenschein, M.: Ursprüngliches Verstehen und exaktes Denken, Stuttgart 1970
Weißeno, G.: Historisch-politisches Lernen im Sachunterricht – Fachdidaktische Analyse einer Unterrichtsstunde. In: Richter, D. (Hrsg.): Methoden der Unterrichtsinterpretation. München 2000, S. 163–76

Kommentiertes Literaturverzeichnis zum Lernen über Kultur und Gesellschaft

Hier wurden keine Zeitschriftenartikel aufgenommen – sie sollten jeweils in aktuellen Ausgaben selbst recherchiert werden, da sie auf neueste Entwicklungen mit konkreten Unterrichtsvorschlägen reagieren können. Weitere wichtige Literaturhinweise sind den jeweiligen Beiträgen hier im Band sowie den angegebenen Internetadressen zu entnehmen.

Einführungen/Handbücher

George, S./ Prote, I. (Hrsg.): Handbuch zur politischen Bildung in der Grundschule. Schwalbach/ Ts. 1996
Dieses inzwischen zum „Klassiker" gewordene Handbuch geht von einem „weiten" Politikbegriff aus. Lernbereichsübergreifend – und damit modernem Sachunterricht entsprechend – wird in den Artikeln Grundsätzliches u. a. zu sozialem, moralischem, historischem oder geographischem Lernen aus gesellschaftlich-politischer Perspektive sowohl theoretisch als auch in Form von knappen Unterrichtsvorschlägen präsentiert.

Kuhn, H.-W. (Hrsg.): Sozialwissenschaftlicher Sachunterricht. Konzepte, Forschungsfelder, Methoden. Ein Reader. Herbolzheim 2003
Ein Überblick über theoretische, forschungspraktische und methodische Fragen im sozialwissenschaftlichen Sachunterricht.

Reeken, D. v.: Politisches Lernen im Sachunterricht: didaktische Grundlegungen und unterrichtspraktische Hinweise. Baltmannsweiler 2001
Es wird in den für Sachunterricht relevanten Bereich der Politikdidaktik eingeführt und eine Orientierung über mögliche Inhaltsfelder gegeben, zu denen zahlreiche Literaturhinweise gehören.

Richter, D.: Sachunterricht – Ziele und Inhalte. Ein Lehr- und Studienbuch zur Didaktik. Baltmannsweiler 2002
Mit dem Ziel einer systematischen Sichtweise auf das Fach Sachunterricht werden neben didaktischen Themen die Inhaltsbereiche des Sachunterrichts, zu erwerbende Kompetenzformen und verschiedene Zugangsweisen zu Unterrichtsthemen vorgestellt.

www.sachunterricht-online.de

Schwerpunkt: Werte, Konflikte, Friedenserziehung

Breit, G./ Schiele, S. (Hrsg.): Werte in der politischen Bildung. Schwalbach/Ts. 2000 (auch gegen einen geringen Betrag zu beziehen über die Bundeszentrale für politische Bildung, Berliner Freiheit 7, 53111 Bonn; www.bpb.de)
Demokratische Grundwerte sind in der Schule zu vermitteln: Fragen nach den Werten und ihrem Wandel sowie nach Möglichkeiten der Schule und des Unterrichts werden so diskutiert, dass dieser Band eine gute Einführung in den heutigen Stand der „Werteerziehung" vermittelt. Die schulpraktischen Beispiele beziehen sich auf politischen Unterricht in den Sekundarstufen, können aber auch in Teilen als Anregung für Sachunterricht genutzt werden.

Frohne, I. (Hrsg.): Sinn- und Wertorientierung in der Grundschule. Bad Heilbrunn/Obb. 1999

Die Erfahrungen der Grundschüler/innen so zu fördern, dass ihrem Sinnstreben und ihren Bedürfnissen nach Orientierung in der heutigen Gesellschaft entsprochen werden kann, ist der gemeinsame Nenner aller Beiträge dieses Bandes. Fragen des Bildungsanspruchs, der Perspektiven der Kinder und fachdidaktische Zugänge werden diskutiert.

Harecker, G.: Werterziehung in der Schule. Wege zur Sinnfindung im Unterricht. (2. Aufl.) Wien 2000
Dargestellt werden der theoretische Ansatz von Kohlberg, Möglichkeiten seiner Umsetzbarkeit in der Schule sowie praktische Beispiele.

Hentig, H. v.: Ach, die Werte! Über eine Erziehung für das 21. Jahrhundert. Weinheim und Basel 2001
Im Zentrum dieses Bandes stehen ein kulturhistorischer Abriss, Aufgaben der Pädagogik, die Vermittlung von Werten, Wissen und Fähigkeiten, die Aufgaben der parlamentarischen Demokratie sowie das Verhältnis von Religion, Ethik und Philosophie. Gefolgt wird erneut einer Pädagogik der Erfahrung und der Frage: Was für eine Welt wollen wir?

Walker, J.: Gewaltfreie Konfliktaustragung. Konstruktive Konfliktbehandlung im Klassenzimmer. Berliner Institut für Lehrerfort- und weiterbildung und Schulentwicklung (Hrsg.). Berlin 1998
Zahlreiche Spiele und Übungen werden vorgestellt (mit Zeitrahmen, Material und Variationsmöglichkeiten) zu den Bereichen ‚Konflikte verstehen', ‚Konfliktverhalten von Mädchen und Jungen' und ‚Konflikte gewaltfrei austragen', die sich gut in eigene Unterrichtskonzeptionen einfügen lassen.

Schernikau, H./ Zahn, B. (Hrsg.): Frieden ist der Weg. Bausteine für das soziale und politische Lernen. Weinheim und Basel 1990
Neben zahlreichen Bilderbüchern, die für Sachunterricht geeignet sind, werden Texte, Bilder, Lieder und Spiele vorgestellt, die sich als ‚allgemeine' Unterrichtsbausteine zum Bereich Krieg und Frieden mit dem Schwerpunkt ‚soziales Lernen' eignen. Moralische Implikationen oder didaktische Konzeptionen fehlen, so dass Lehrkräfte sich hierüber zuvor andernorts informieren müssen (z. B. im Handbuch von George/ Prote, s.o.).

Große-Oetringhaus, H.-M.: Kinder im Krieg – Kinder gegen den Krieg: Materialien für den Unterricht. Geschichten, Reportagen, Gedichte, Aktions- und Unterrichtsideen. Mühlheim an der Ruhr 1999
Dieser Autor stellt zahlreiche Unterrichtsideen vor, die Lehrkräfte sehr gut als Materialsammlung für ihren Sachunterricht nutzen können, wenn sie sich über ihre Ziele im Klaren sind.

Gugel, G.: Kriegsangst bei Kindern: Information für Eltern, LehrerInnen und Erzieherinnen; wie Sie mit der Angst Ihrer Kinder vor Krieg umgehen können, Tübingen: Verein für Friedenspädagogik 2001
Gut geeignet für die Elternarbeit, für eigene Reflexionen über Kriegsängste und anregend für Unterrichtsvorbereitungen.
www.friedenspaedagogik.de

Schwerpunkt: Ähnlichkeiten und Differenzen der Kulturen

Büker, Petra: Erziehung zu europäischer Verständigung in der Grundschule. Bedingungen – didaktische Konkretisierung – Realisationsmöglichkeiten, Frankfurt a. M. 1998
Umfassend wird auf wichtige didaktische Ansätze und grundlegende Fragen eingegangen. Lernvoraussetzungen werden analysiert und ein didaktischer Ansatz mit dem Schwerpunkt

‚Verständigung' entwickelt, der in der Schulpraxis erprobt und in zwei Werkstattberichten dargestellt wird.

Büttner, Chr. (Hrsg.): Erziehung für Europa. Kindergärten auf dem Weg in die multikulturelle Gesellschaft. Weinheim und Basel 1997
Zwar für die Vorschulerziehung geschrieben, jedoch werden zahlreiche Aspekte dieses Themenbereichs so fundiert dargestellt, dass sich auch Anregungen für die Grundschule ergeben.

Kasper, H./ Kullen, S.: Europa für Kinder. Europäisches Lernen in der Grundschule. Frankfurt a. M. 1992
Leitvorstellungen zu Bildung und europäischem Lernen, ein Planungsmuster für ein europäisches Curriculum und Fallberichte sowie Unterrichtsbausteine werden vorgestellt, die auch heute noch interessant sind.

Le Goff, J.: erzählt Die Geschichte Europas. Frankfurt a. M. 1997 (Lizenzausgabe für die Bundeszentrale für politische Bildung, Bonn)
Unterhaltsam und anschaulich erzählt Le Goff von Europa, den Europäern und ihren Erfindungen, ihren Geschichten, ihrer Kultur. Zur interdisziplinären Einführung und als Ausgangsmaterial für selbst zu schreibende Texte zu empfehlen.

Tibi, B.: Europa ohne Identität? Leitkultur oder Wertebeliebigkeit. München 1998 (Taschenbuchausgabe 2001)
Als europäische Leitkultur wird eine demokratische Zivilgesellschaft vorgestellt, die Menschenrechte, Freiheit und Toleranz garantiert, aber auch Wehrhaftigkeit gegenüber ihren intoleranten Gegnern. Ein engagiertes Buch, als sozialwissenschaftliche Einführung in diesen Themenbereich geeignet.

Diehm, I./ Radtke, F.-O.: Erziehung und Migration. Eine Einführung. Stuttgart u. a. 1999
Eine theoretisch orientierte Einführung in die erziehungswissenschaftliche Perspektive auf Migration. Die Leitbegriffe ‚Defizit', ‚Differenz' und ‚Diskriminierung' werden grundlegend diskutiert.

Fountain, S.: Leben in Einer Welt. Anregungen zum globalen Lernen. Braunschweig 1996
Viele praktische Unterrichtsbeispiele, Kopiervorlagen und Literaturhinweise zu Themenfeldern wie Konflikte und Konfliktlösungen, soziale Gerechtigkeit oder wechselseitige Abhängigkeit.

Glumpler, E.: Interkulturelles Lernen im Sachunterricht. Studientexte zur Grundschulpädagogik und -didaktik. Bad Heilbrunn 1996
Der hier gegebene Überblick, der die geschichtliche Entwicklung und aktuelle Aspekte dieses Bereichs im Sachunterricht umfasst, kann noch immer als gute Einführung in diese Thematik gelten.

Jäger-Gutjahr, I.: Unterrichtsideen Miteinander. Wir sind Kinder aus vielen Ländern. Leipzig u. a. 1995
Zahlreiche fächerverbindende Unterrichtsmaterialien und Kopiervorlagen, die als „Ideenkiste" verstanden werden sollen und entsprechend der eigenen didaktischen Vorstellungen und des eigenen Unterrichtsstils verändert werden können.

Marquardt-Mau, B./ Schmitt, R. (Hrsg.). Chima baut sich eine Uhr. Dritte-Welt-Erziehung im Sachunterricht: Thema Zeit. Weinheim und Basel 1990
Am vielschichtigen Phänomen Zeit werden fächerübergreifend und interkulturell orientiert Unterrichtsprinzipien, -materialien und -beispiele vorgestellt.

Schmitt, R. (Hrsg.): Eine Welt in der Schule. Klasse 1–10. (2. Aufl.) Frankfurt a. M. 1999
Die in unregelmäßiger Folge erschienenen Beilagen „Dritte ..." bzw. später „Eine Welt in der Grundschule" in den Grundschulzeitschriften sind hier zu einem Sammelband gebündelt. Sie enthalten zahlreiche didaktische Hinweise und Unterrichtsideen.

Hufer, K.-P.: Argumentationstraining gegen Stammtischparolen. Materialien und Anleitungen für Bildungsarbeit und Selbstlernen. Schwalbach/ Ts. 2000 (auch über die Bundeszentrale für politische Bildung zu beziehen)
Sucht man Argumente oder Hilfe beim Argumentieren in der Auseinandersetzung beispielsweise mit einzelnen Eltern, so ist dieser Band geeignet, sich gezielt vorzubereiten. Zahlreiche Literaturhinweise zu Vorurteilen, Aggressionen oder Autoritarismus ergänzen die Abschnitte.

Jelloun, T. B.: Papa, was ist ein Fremder? Gespräch mit meiner Tochter. (3. Aufl.) Berlin 1999
Alles über „Fremde", wie wir sie wahrnehmen, welche aktuellen Problemlagen existieren usw. werden in diesem Band für ältere Kinder erklärt. Zur Vorbereitung für eigene Erklärungen im Unterricht geeignet.

Schäffter, O. (Hrsg.): Das Fremde: Erfahrungsmöglichkeiten zwischen Faszination und Bedrohung. Opladen 1991
Ein fundierter theoretischer Überblick über das Fremde. Deutungen des Fremden, gesellschaftlich virulente Beispiele oder auch Reflexionen zum Begriff Heimat sind einige Facetten, die im Band vorgestellt werden.

www.welthaus.de/gs.html
www.eine-welt-unterrichtsmaterialien.de

Schwerpunkt: Leben in der Gesellschaft

Brüning, B.: Mit dem Kompass durch das Labyrinth der Welt. Wie Kinder wichtigen Lebensfragen auf die Spur kommen. Bad Münder 1990
An Gesprächsbeispielen wird das Philosophieren mit Kindern in der Familie und in Gruppen verdeutlicht. Eine gut lesbare Einführung, die zur Vorbereitung für Gesprächsführungen in der Klasse hilfreich ist.

Martens, E./ Schreier, H. (Hrsg.): Philosophieren mit Schulkindern. Philsophie und Ethik in Grundschule und Sekundarstufe I. Heinsberg 1994
Der Band, mit Beiträgen wichtiger Vertreter/innen des Philosophierens mit Kindern, gibt eine fundierte Orientierung über theoretische Begründungen, verschiedene Ansätze und mögliche Praxiszugänge.

Kiper, H: Selbst- und Mitbestimmung in der Schule: das Beispiel Klassenrat. Mit zwei Beiträgen von Thekla-Sofie Pozar und Hauke Piper. Baltmannsweiler 1997
Formen der Demokratisierung in der Schule und der Förderung der Partizipation von Schüler/innen werden an interpretierten Beispielen von Klassenratssitzungen vorgestellt. Schüler/innen sollen Demokratie in der Institution Schule so gut es geht erleben. Eine Hilfe für das Planen und Realisieren von Klassenratssitzungen.

Kiper, H.: Sachunterricht – kindorientiert. Mit zwei Beiträgen von Annegret Paul und Rüdiger Korf. Hohengehren 1997
Der Bereich des sozialwissenschaftlich-politischen Sachunterrichts wird ausgehend von der Perspektive der Kinder aufgefächert. Die Themenfelder Gewalt, Friedens- oder Sexualerziehung,

das Leben in der Stadt, Massenmedien u. v. m. werden praxisorientiert vorgestellt.

Schwerpunkt: Ökonomisches und politisches Lernen

Hengst, H./ Zeiher, H. (Hrsg.): Die Arbeit der Kinder. Kindheitskonzept und Arbeitsteilung zwischen den Generationen. Weinheim und München 2000
Das Thema Arbeit wird auf die Lebenswelt der Kinder bezogen: Schul- und Hausarbeit, die Situation im europäischen Ausland, aber auch Kinderarbeit in der Dritten Welt werden in den Beiträgen vorgestellt.

Kiper, H./ Paul, A.: Kinder in der Konsum- und Arbeitswelt. Bausteine zum wirtschaftlichen Lernen. Weinheim und Basel 1995
Vorgestellt werden verschiedene konzeptionelle Ansätze, die Entwicklung ökonomischen Denkens sowie die wirtschaftliche Sozialisation von Kindern. Darauf aufbauend werden Unterrichtsbausteine detailreich entwickelt.

Unverzagt, G./ Hurrelmann, K.: Konsum-Kinder. Was fehlt, wenn es an gar nichts fehlt. Freiburg, Basel und Wien 2001
Eine gut verständliche aktuelle Einführung rund um Konsum: Geld, Marken, Stile, aber auch Armut werden in ihrer Bedeutung für heutige Kinder thematisiert.

Breit, G./ Schiele, S. (Hrsg.): Demokratie-Lernen als Aufgabe der politischen Bildung. Schwalbach/ Ts. 2002 (zu beziehen über die Bundeszentrale für politische Bildung; Anschrift s.o.)
Wer sich gründlicher theoretisch mit Demokratie-Lernen befassen möchte, dem ist dieser Band zu empfehlen. Viele theoretische Facetten werden diskutiert, die Beispiele aus der Praxis sind interessant, aber auf die Sekundarstufen bezogen.

Büttner, Chr./ Meyer, B. (Hrsg.): Lernprogramm Demokratie. Möglichkeiten und Grenzen politischer Erziehung von Kindern und Jugendlichen, Weinheim und München 2000
Zu den Lernfeldern Familie, Kindergarten, Schule und Kommunalpolitik werden Ideen, Konzepte und pädagogische Erfahrungen vorgestellt – auch für Grundschule interessant, aber ohne konkreten Bezug zum Sachunterricht.

Meendermann, K./ Meyer, U.: Lernwerkstatt Politik. Politische Bildung in der Grundschule. Münster u. a. 1999
Die konzeptionellen Überlegungen sind spärlich, aber das Themenangebot kann Anregungen geben, obwohl einige der Bausteine zum Bürgermeister, zum „Schicksal Arbeitslosigkeit", zu politischen Vorbildern (Martin Luther King) oder berufstätigen Müttern recht konventionell aufbereitet sind. Sie wären jeweils noch im hier vertretenen Sinne zu politisieren.

www.kinderarmut.de
www.politische-bildung.de
www.bpb.de
www.sowi-online.de
www.HanisauLand.de

Autorinnen und Autoren

Calvert, Kristina, Dr.
Philosophieren mit Kindern Hamburg e.V., Rissener Landstraße 44c, D-22587 Hamburg
e-mail: team@philosophieren-mit-kindern-hamburg.de

Gläser, Eva, Dr.
Technische Universität Braunschweig, D-38106 Braunschweig
e-mail: e.glaeser@tu-bs.de

Hempel, Marlies, Prof. Dr.
Hochschule Vechta, D-49364 Vechta
e-mail: marlies.hempel@web.de

Kaiser, Astrid, Prof. Dr.
Carl von Ossietzky Universität Oldenburg, D-26111 Oldenburg
e-mail: astrid.kaiser@uni-oldenburg.de

Kiper, Hanna, Prof. Dr.
Carl von Ossietzky Universität Oldenburg, D-26111 Oldenburg
e-mail: hanna.kiper@uni-oldenburg.de

Kuhn, Hans-Werner, Prof. Dr.
Pädagogische Hochschule Freiburg, D-79117 Freiburg.
e-mail: hw.kuhn@ph-freiburg.de

Luchtenberg, Sigrid, Prof. Dr.
Universität Duisburg-Essen. D-45117 Essen; z.Zt. Lehrstuhlvertretung, Universität München

Meier, Richard, Prof.
Rodauerstraße 24, D-64673 Zwingenberg
e-mail: richard-meier@t-online.de

Michalik, Kerstin, Dr., Juniorprofessorin
Universität Hamburg, D-20146 Hamburg
e-mail:Kerstin.Michalik@t-online.de

Prote, Ingrid, Dr.
Studienseminar Wetzlar, Brühlsbachstr. 15, D-35578 Wetzlar
e-mail: ingrid.prote@t-online.de

Richter, Dagmar, Prof. Dr.
Technische Universität Braunschweig, D-38106 Braunschweig
e-mail: d.richter@tu-bs.de

Schwier, Volker,
Universität Bielefeld, D-33619 Bielefeld
e-mail: volker.schwier@uni-bielefeld.de

Weißeno, Georg, Prof. Dr.
Pädagogische Hochschule Karlsruhe. D-76060 Karlsruhe
e-mail: weisseno@ph-karlsruhe.de